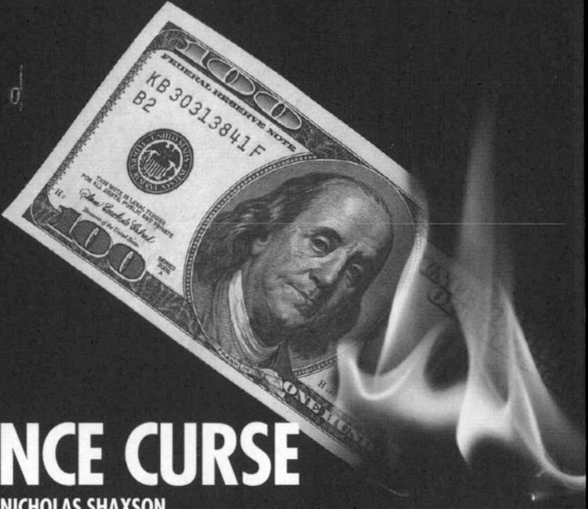

FINANCE CURSE

NICHOLAS SHAXSON

透過賄賂、壟斷及資源錯置，
過度膨脹的金融體系正在使我們越加貧窮

目錄

推薦序

「金融深化」的危機　吳惠林／5

危機不遠　張晉源／13

序章／19

第一章　破壞／37

大資本家不喜歡有效率的競爭，也不喜歡自由市場。他們說自己喜歡，但真正的競爭會拉低價格並提高工資，進而壓縮利潤。這些人喜歡的其實是對自己有利的市場──不利勞工、不利消費者、不利納稅人，那才是最有賺頭的地方。

第二章　新自由主義風靡全球／55

在這個新型態的權力體系頂端，坐著一群金融玩家，他們購買並販售全球企業，對那些喝了新自由主義萬靈丹的政府具有投下反對票的權力。這種意識形態帶來最深遠而潛移默化的結果，就是金融化（financialisation）這個影響層面廣大的現象。金融化是金融詛咒的核心，它不只關乎金融業規模的大幅成長，也包括把金融技巧和競爭注入所有無法處理（與很多可以處理）的事物當中。

第三章　大英帝國再起／83

「英國運用開曼群島與其他類似轄區，為世界其他地方的富人創造免稅空間，讓他們把資產拿到英國管理。」雖然英國並沒有直接對這些外國人或外國資產課稅，但以倫敦為據點的經理人因為管理那些境外「一包包鼓鼓的漏稅資本」賺取豐厚報酬，英國政府可以對這些經理人課稅。因此，英國可以從外國人在他處漏繳的稅中，分到一杯羹。

第四章　看不見的拳頭／109

我們把斯密（Adam Smith）所說的、功能健全的市場中那隻看不見的手，抽換成壟斷力量看不見的拳頭。這些改變與金融法規鬆綁、央行業務獨立、「歐元市場」崛起等發展聯手，創造了颶風，推動大銀行與跨國企業向前航行，幾乎每一次都傷害了較小的本土競爭者與納稅人。

第五章　第三條路／137

第三條路自始至終都是境外模型，這套方程式讓國家成功化身避稅天堂，以在動盪的全球化海洋中繁榮發展。這套模型因著競爭力訴求而生。競爭力訴求的想法或意識形態就是國家必須「對企業開放」，各國因為害怕大型跨國企業、銀行和無根的全球熱錢會轉移陣地到更友善或更「具競爭力」的地方，如：杜拜、新加坡或日內瓦，只好不斷推出各種誘因（如：減稅、金融法規鬆綁、對罪行視而不見）來留住它們。

第六章　賽爾提克之虎／169

賽爾提克之虎的故事看似一道雷電般的證據，筆直劈向本書的其中一個重要論點：如果你想要創造廣泛的繁榮經濟，你不需要利用削減公司稅率或者放寬金融規則這一類的方式去「競爭」。

第七章　倫敦的漏洞／203

在每一個案例中，英國與其附庸避稅天堂都在貿易狀況良好時從中獲取利益，接著當風險終於變成了災難之後，「災難帶來很大的衝擊，像巨浪打在我們的沙灘上一樣。」根斯勒說。「當美國的納稅人替摩根大通紓困，也就等於是在替倫敦的公司紓困。」美國民主黨黨員卡洛琳．馬洛尼（Carolyn Maloney）表示：「倫敦真的變成金融貿易災難的中心了。」她說我們能從中看見「一種令人不安的模式」。

推薦序 「金融深化」的危機

吳惠林
中華經濟研究院特約研究員

進入二十一新世紀之後，貧富懸殊惡化的速度加快，一%對抗九九%的極端對比也早已浮上檯面，而打著「公平正義」旗幟抗議的場面也是全球化的司空見慣。勞資對立、庶民對抗權貴的階級鬥爭更成為政客們在選舉時最好用、最有效的訴求，而期待強而有力的政府主持公道，利用政策工具來消弭這種現象，就是最標準的答案，尤其對低薪、買不起房的青壯年更具吸引力。不過，這可能是治絲益棼、甚至是通往地獄之路的「飲鴆止渴」做法，因為診斷錯誤、抓錯了藥。那麼，癥結究竟在哪呢？

「五鬼搬運」出籠

其實，早在「五鬼搬運法」這一名詞出現時，就已抓到了病根，那是已故的蔣碩傑院士在一九八二年七月十八至二十日，於《中央日報》發表的〈紓解工商業困境及恢復景氣途徑之商榷〉一文中提出的，蔣先生是這樣寫的：「假使有人既不從事生產或服務，又不肯以適當的代價向人告貸，而私自製造一批貨幣，拿到市場上來購買商品。就等於憑空將別人的生產成果攫奪一份去了一樣。這不和竊盜行為一樣嗎？而這種竊盜行為是神秘而不露痕跡的。它能不啟人門戶，不破人箱籠，而叫人失去財物。吾人不妨戲稱之為『五鬼搬運法』。」蔣先生又說：「但如果銀行擅自增製新貨幣（此處新貨幣並不單指鈔票、硬幣而言，應包括銀行活期支票存款在內）以之貸放借款人的話，那就等於銀行幫助借款人施展『五鬼搬運法』去搬運別人財物來供他們使用。」

蔣先生更直白的說，「五鬼搬運法就是金融赤字」，就是金融機構以各種方式將錢搬給少數有權有勢富人。金融機構原本扮演「資金的橋樑」或「金融中介」角色，也就是右手接受民間的存款，左手再將這些存款貸放給從事「實質生產」的業者，而且要盡心盡力找到既有誠信又有能力，亦即生產力高的業者。就像二〇〇八年諾貝爾經濟學獎得主克魯曼（P. Krugman）在二〇〇九年三月底發表於《紐約時報》的〈金融市場的魔法迷思〉一文中所說的：

「這種金融業是沈穩、甚至是無趣的企業。銀行在便利存款者的地點設立，而用諸如兩台免費的烤麵包機吸引存款戶，再用引來的錢提供貸款，情況就是這麼的簡單。」

這樣子的金融體系不但無趣，規模也是小的，在二十世紀美國股市興起的六〇年代，金融和保險業合計也只占不到GDP的四％，而這種無聊、原始的金融體系卻維繫了在一個世代之間，使生活水平倍升的經濟體。對照二〇〇八年金融海嘯發生前夕，金融和保險業占GDP的八％，更有規模巨大的公司，而且吸引社會中頭腦最好的人才，他們讓金融世界光鮮亮麗，其背後的證券化過程，使貸款不再專屬於借方，而是繼續給其他人，這些人把貸款細切、分割，並把個人的債務整合成新資產，於是次級房貸、信用卡卡債、車貸等等都進入金融體系中，結果讓風險倍增、金融體系弱化，終而慘遭崩解，進而危及各產業，禍延全人類。

金融產業角色錯亂

不過，二〇〇八年全球金融海嘯的教訓，並沒讓金融業走回正軌，且在衍生性金融繼續創新下，金融業掌控的權力更大。《時代》和《金融時報》專欄作家拉娜．福洛荷（Rana Foroohar）在二〇一六年出版的《大掠奪》（Makers and Takers），書中告訴我們，金融業掌控的權力大到不成比例，它代表七％的經濟產值，但拿走了大約二五％的企業獲利，而且只創造四％的工作，但它塑造政府官員、監管機構、執行長，甚至很多消費者的想法和心態的能力更為強大。二〇〇八年之後，行政部門的決策為金融業帶來龐大利潤，並造成房屋所有人、小公司、勞動者和消費者的損失。金融業已經成為經濟成長的阻力，而不是催化劑，因為它的成長使得企業和整個經濟社會都受到損害。

拉娜告訴我們，以「蘋果」這家美國最大企業為首的大公司都偏向如何從「財務」工程，而不是從「傳統（生產）」工程來賺錢，熱衷從事金融遊戲，已採取華爾街的思維，開始運作得像銀行，用大筆借來的現金，購買企業債券。蘋果回購股票和發放股利，已經成為稀鬆平常的事，這個策略讓公司的高階主管和最大股東變得更富有，但長期下來經常扼殺了創新的能量，也削減了創造就業的機會，並慢慢侵蝕了它的競爭地位。

今天，在美國，是金融家在對企業發號施令，在金融市場創造財富已變成目的，而非把金融市場當成工具，以達成共享經濟繁榮的目的。金融思維已在美國企業根深柢固，即使最大和最有前景的公司也開始運作得像銀行。現在的美國企業只要搬動現金，就能比以前賺到更多錢，光是從單純的金融活動，像是交易、對沖買賣、稅負優化和銷售金融服務，就能產生比二次世界大戰後的時期差不多五倍的收入。我們的金融體系已無法對實體經濟發揮作用，只對其本身產生功用。這是一種經濟疾病，以「金融化」（financialization）這個名詞來稱呼，意味著華爾街和它的思維趨勢，不僅滲透到金融業，更已滲透到各行各業。這種非常重視短期又高風險的想法，在二〇〇八年幾乎翻覆了全球經濟，現在還拉大了貧富差距，阻礙了經濟成長。

「金融化」是經濟疾病

「金融化」現象只在美國發生嗎？當然也不是，它已成為另一種「全球化」。英國作家尼可拉斯．謝森（Nicholas Shaxson）出版的這本《金融詛咒》（The finance curse: How global finance is making us all poor）很直接明確用書名宣示，「金融化」不但是全球性，而且「全球金融化」已讓全人類都趨向貧窮，甚至已經成為「金融詛咒」了！

謝森告訴我們，一九七〇年代正式浮上檯面的「金融化現象」，如今已緩慢、安靜地不知不覺影響了你我，它經由金融（financial）、保險（insurance）、房地產（real estate）這三大火紅產業，在規模與權力上的大幅擴張。同時，金融市場操作技巧、動機與思考模式進一步深入我們的經濟、社會、甚至文化之中。他以Trainline這家企業為例，企業主製造小裝置和鏈輪、找到瘧疾的解藥、販售玩具或旅遊行程、建構高效率的火車票售票平台，藉此在經濟體系中創造實際財富。但這群人越來越常受到鼓吹，要他們不再專注於提高生產力這種苦差事與實質的企業家精神，而是轉向更容易獲利，快速見效的財務工程，幫企業主賺更多錢。

半個世紀前，各界普遍相信經營企業的目標不只是賺錢，還要服務員工、社區與整體社會。過去幾十年來，進入金融化時代，企業宗旨縮小到只剩下盡可能為股東與企業主創造財富。複雜的企業結構實際上是金融結構，架在真實、具實質功能的工作之上，用創新又複雜的方式把錢向上層輸送。

「金融詛咒」蓄勢待發

在金融化時代，企業主與他們的顧問，還有整體金融業，已從為經濟體創造財富，轉向利用金融技巧從經濟體提取財富。當金融不再扭當傳統上服務社會並創造財富的角色，轉而從經濟體其他地方榨取財富，不但利潤更高，金融業也因而獲得龐大的政治權力、設定法令規章，甚至形塑整個社會以滿足自身需求。結果就是經濟成長放緩、貧富差距擴大、市場缺乏效率、公共服務受創、貪腐更嚴重，其他經濟部門被掏空、民主和社會整體受害，「金融詛咒」就出現了。

如今，世界上諸多國家都已深陷於「金融詛咒」之中而不自知，仍然為了創造大筆的財富與飄渺的國家競爭力而詛咒自身。謝森在書中探訪諸多國家的關鍵人物，並在各個避稅天堂、企業、政府機關中逐步探索，為我們揭開隱藏在其中的「詛咒」真相，它究竟如何發生？我們如何滋養了它？它將帶來什麼恐怖的未來？而我們又該如何挺身防範？

台灣是否也陷入「金融詛咒」黑洞？或該如何防範、化解？讀這本書會讓我們清楚、明白。盍不興乎來？尤其有關政策制定者和年輕朋友更不可錯過。

推薦序　危機不遠

張晉源
知名金控前財務長、資深金融人士

本書從英國的角度描述過度金融化發生時，國家的金融（financial）、保險（insurance）、房地產（real estate）這三大FIRE產業在規模與權力上的擴張如果超過了最適規模，就不再只扮演社會所需的角色，而會開始傷害國家。FIRE的影響力大到有辦法制定法令規章，讓金融監理者對他們採取寬鬆的立場甚至包庇他們的罪行。他們不但拋棄社會責任極盡所能擴大自身利益，還透過各種精巧設計讓整個社會向他們付出隱形的稅款。金融不再服務社會並創造財富，他們開始向社會詐取財富，掠奪更多財富，進而對社會更有控制力。此時整個國家的經濟成長會放緩甚至停滯，貧富差距擴大，市場缺少效率，公共服務受創，貪腐嚴重，社會被掏空，民主受害，這就是「金融詛咒」。

金融虜國

雖不是為台灣而寫，但描述的正是我們的現況：台灣GDP從二〇〇〇年新台幣十點三五兆到二〇一八年的十七點七九兆成長七二％，同期金融機構資產從二十四點三二兆到七十八點一八兆卻三倍於GDP的成長達到二三一％，保險業資產更從二點七四兆變成二十六點六八兆，是GDP成長的十二倍，飆到八七四％，台灣保險資產／GDP的比重早就超過世界金融中心的英國，達到一五〇％的危險比例，金融化速度快到讓英國瞠目結舌，國際媒體針對台灣將大多數的保險資產投資到海外的危險做法多次提出警告。作者所說的金融與實體經濟脫鉤的現象在台灣GDP、金融機構資產以及保險資產嚴重的不對稱成長中得到清楚的驗證，銀行甚至捨棄傳統上為客戶承擔風險的角色，反而替客戶帶來風險並且從中獲取鉅額的利潤，二〇〇八年銀行銷售雷曼債導致投資人數百億的損失，二〇一四年銀行銷售人民幣TRF更造成超過千億損失，大批中小企業因為信任銀行而受傷慘重。

作者指控新自由主義風靡全球讓許多國家被大批機構學者專家們用「競爭力訴求」（Competitive Agenda）迷惑而選擇容忍金融、地產的過度膨脹，讓生活過得更差。這種競爭力訴求在台灣則以「拼經濟」的名義出現。作者指控競爭力訴求欺騙了英國人民讓企業減稅並且鬆綁許多金融法規，甚至掌握政策制定工具並攻佔媒體版面。作者稱這類非常細微而且環環相扣的控制現象為「擄國」（country capture）。台灣也普遍傳說有一個由退休及現任財經官員、學者與金融豪門緊密連結形成的財經幫，他們替無良的金融豪門圍勢，主導輿論與法令走向，俘虜了台灣。

本書作者最痛恨政府透過縱容富豪藉由境外紙上公司及信託進行逃稅、遮掩犯罪。這方面台灣也不遑多讓，即使諸多金融犯罪都用境外隱匿模式五鬼搬運台灣人民的財產，但是二〇一八年的公司法修正案依然拒絕各界揭露公司最終受益人的請求。逃稅容易，例如二〇一七年台灣的稅收／GDP的比重不到一三%，不但遠遠低於英國的三三%，也不到日本、韓國的一半，處於世界最低水平，事態嚴重。更可怕的是犯罪團體以及非法政治獻金得以藉此洗錢，金融犯罪更得以使用境外空殼公司隱藏犯罪秘密，放任不透明的外國利益團體透過境外空殼公司控制我們的媒體、金融等敏感產業，可能會嚴重危及國家安全。

本書也正好解釋為什麼台灣長期拼經濟，用各種政策強化國家競爭力，導致金融膨脹卻貧富懸殊的現象。除日本之外台灣的經濟成長在亞洲長期敬陪末座。然而台北的超級富豪人數竟然排名世界第十一，豪宅林立超跑滿街的同時，低收入戶數卻從二〇〇〇年的六萬六千四百六十七戶暴增到二〇一八年的十四萬三千九百四十一戶。

弱勢掠奪

房地產非實價課稅，非實價登錄，非實際使用面積計算價格，資訊不透明，金融過度寬鬆，監理無力，導致房價不斷狂飆，可支配所得繳完房貸後經過物價調整計算，過去二十年台北市首次購屋的房貸族其生活購買力竟然腰斬，原來年輕世代的絕望不是因為不努力，而是在拼經濟與強化國家競爭力的包裝下，政府積極弱化了法規以保護了金融地產大亨，年輕世代在金融詛咒下被嚴重掠奪。大亨不但取走大部分的餅，還因為勞工失去購買力，導致餅縮水了，勞工買不起產品，最終減少對企業產出的需求。就像台灣被金融房地產詛咒，社會的儲蓄與消費力被少數人剝奪，不止貧富懸殊更使經濟萎靡不振。住宅土地狂飆只好用工業區蓋住宅，生產者沒辦法負荷工業區地價，跑到農地種工廠。未來世代更像奴隸，還沒出生就註定要勞動數十年才有自己的屋頂，擠在蝸居裡吃著工業污染食品。掠奪了龐大的利益讓金融地產大亨操控政治的能力更強，吃人的剝削讓弱勢永遠無法翻身，年輕人自顧不暇，他們的下一代可能根本沒有機會出生。

當公平正義價值崩解，媒體又被操弄掌控，生活辛苦的群眾更容易迷失，甚至膜拜被造神成功的政治寵物，令人擔憂恐懼。因此作者反對用均衡發展的經濟交換不均衡發展的經濟。他破解「國家競爭力」的迷思，指出金融地產大亨的財富不等於大家的財富，想辦法鬆綁法規，放寬監理讓他們變得更有錢，不會讓社會進步人民快樂，反而因為地價租金上漲壓迫了工資，貧富懸殊，實質生活水平反而下降。

作者建議對避稅天堂做出反擊，不讓金權巨頭竊取的國家財富，同時要聰明的選擇流入經濟體的資本，例如完全禁止外國資本對房地產進行投資，強迫揭露房地產的最終受益人，使資訊透明化，這些建議值得飽受金融詛咒的台灣參考。

序章

如果你近期曾透過Trainline這個線上售票網站訂購火車票，可能被收了一筆七十五便士的小額訂購費。你的鐵道之旅或許再直接不過，但那筆小小訂購費從你的戶頭離開之後，倒展開了一段非凡的旅程。

Trainline.com有限公司總部設在倫敦，負責提供購票服務。它的母公司是一家叫做Trainline Holdings Limited的控股有限公司，這間公司隸屬於另一家企業，那家企業之上還有一家，如此向上延伸。你那筆訂購費到了Trainline.com之後，會再往上經過五家企業之手，接著跨過英倫海峽，抵達避稅天堂——澤西島（Jersey），再回到倫敦，又經過另外五間公司，再跳回澤西島，從那裡進入歐陸，抵達二間企業位於盧森堡的戶頭。盧森堡也是個避稅天堂。

這一路上，各種細流加入或離開潺潺金流。層層流動的過程中，各家企業向銀行或彼此貸款，或者注資並互為借貸關係，貸款利率可能高得驚人。勇敢的七十五便士抵達盧森堡之後，進入了金融隧道，變得較難追蹤，但很快又探出頭來，這回他來到加勒比海，在這裡跳著跳著又跳進了三到四間神祕又深不可測的開曼群島企業。在那裡，從你戶頭離開後、足跡遍及二十幾間公司的款項加入來自世界各地的多支金融溪流與河川，大筆資金匯流後，一同流入美國投資企業巨頭——KKR的血盆大口。

金流河到此仍未止步，它會繼續流進KKR股東的口袋，這些股東包括世界最大的幾間銀行、投資基金與富豪——包括KKR仍健在的兩位創辦人、身價數十億美元富豪羅伯茲（George Roberts）和克拉維斯（Henry Kravis）。KKR在一九七七年做成第一宗交易，爾後購買了近三百家真實存在的企業全數或部分股份，美國大型連鎖超市Safeway、美國連鎖玩具店Toys R Us、瑞士藥業零售商Alliance Boots、美國食品商Del Monte foods、美國音響公司Sonos的無線hi-fi音響系統製造商、藥妝店Boots與Trainline都名列其中。KKR主要收入來源是重組這些公司、幫助企業提振獲利，如果這些企業沒有倒閉，就轉賣給別人。依據最新數據，KKR目前仍擁有超過一百八十家真實存在的公司。我會說「真實存在」是因為KKR實際上擁有或掌控超過四千家企業，其中超過二十家位於澤西島、二百多家在盧森堡、八百多家在開曼群島，大部分都與真實的人類生活脫節，只存在會計師的虛擬實境中。KKR帝國旗下、穩健營運的企業，像Boots或Trainline，頭上都頂著複雜又難以追溯的企業架構，一連串法人名稱往往採用了艱澀的金融用語。像Trainline的結構中，就有Trainline Junior Mezz Limited夾層融資有限公司，或Victoria Investments Intermediate Holdco Limited控股有限公司。

我所形容的這一切完全合法。事實上，有越來越多企業選擇這麼做。但Trainline這種企業結構確實引出了幾個重要問題。

金融化帶來的詛咒

第一個問題是：這一切的目的為何？

要回答這個問題，就得了解「金融化」（financialisation）這個詞。金融化的現象在一九七〇年代首度正式浮上檯面，緩慢、安靜地在不知不覺間影響了你我。金融化現象指的是金融（financial）、保險（insurance）、房地產（real estate）這三大「FIRE」產業在規模與權力上的大幅擴張，同時，金融市場操作技巧、動機與思考模式進一步深入我們的經濟、社會、甚至文化之中。Trainline的企業結構反映上述的第二個面向，企業主製造小裝置和鏈輪、找到瘧疾的解藥、販售玩具或旅遊行程、建構高效率的火車票售票平台，藉此在經濟體中創造實際財富，但這群人越來越常受鼓吹，要他們不再專注於提高生產力這種苦差事與實質的企業家精神，而是轉向更容易獲利、快速見效的財務工程，幫企業主賺更多錢。

半個世紀前，各界普遍相信經營企業的目標不僅是賺錢，還要服務員工、社區與整體社會。過去幾十年來，進入金融化時代，企業經歷了翻天覆地的轉變。企業宗旨縮小到幾乎只剩下盡可能為股東與企業主創造財富。Trainline複雜的企業結構實際上是**金融**結構，架在真實、具實質功能的工作之上，用創新又複雜的方式把錢向上層輸送。這只是其中一個金融化的案例，我們被這樣的現象環繞，金融化幾乎無所不在。

這種複雜的企業結構，還引發了第二個問題。Trainline集團成員二〇一七年從英國顧客手中獲得約一點四八億英鎊的收益，對比每筆七十五便士的訂購費，是個非常可觀的數字。Trainline提供了實用的服務：買張票，不麻煩。但它是否應該透過提供這樣的服務，在二〇一七年從英國鐵道通勤者手上獲取一點四八億英鎊的收入？有沒有可能只收一半的錢也能提供同等服務？這一點四八億英鎊中，有多少反映實質的附加價值加上公司因冒險而獲得的合理報酬？又有多少代表這家公司靠著在鐵路售票上取得特權地位而獲得的不當財富？這個問題不容易回答。關鍵原因是它的金流大多藏在澤西島、盧森堡和開曼群島。除此之外，這還是個富含哲學意味的問題：我們的社會要把線畫在哪裡？如何定義賺太多？我們只知道這群被圍困的英國鐵道旅行者付了很多錢給Trainline，而KKR和它的投資人賺進大把鈔票。不管我們如何認定超額獲利，那些錢對英國火車通勤族而言，都是一筆隱性稅款。

在金融化時代，企業主與他們的顧問，還有整體金融業，已經從**為**經濟體創造財富，轉向利用金融技巧**從**經濟體提取財富。金融化為企業主開鑿了一口獲利噴油井，那口井底下的經濟體——我們多數人生活與工作的場所——卻停滯不前。

獲利與停滯，是「財富榨取」（wealth extraction）的一體兩面。

這是我所謂「金融詛咒」（finance curse）的核心。金融詛咒的概念很單純：當金融業的成長超過最適規模、不再只是扮演社會所需的角色，這個產業就會開始傷害它所在的國度。金融不再擔綱傳統上服務社會並創造財富的角色，轉而從經濟體其他地方榨取財富。這種行為往往利潤更高，金融業也因此獲得龐大的政治權力，設定法令規章，甚至形塑整個社會以滿足自身需求。結果就是經濟成長放緩、貧富差距擴大、市場缺乏效率、公共服務受創、貪腐更加嚴重、其他經濟部門被掏空、民主和社會整體受害。

為了解構金融詛咒的概念，我們將踏上橫跨一世紀、遍及全球的旅程，從二十世紀初期美國的強盜大亨時代（robber baron），穿越至一九五〇年代，探索大英帝國沒落後，倫敦金融城（City of London）如何以全球金融中心之姿重生。再看一九六〇年代加勒比海海域、當代英國避稅天堂的成形，接著探討一九七〇、一九八〇年代，愛爾蘭「賽爾提克之虎」（Celtic Tiger）經濟成長模式的早期根源，最後揭露一些驚人事實，說明倫敦在促成全球金融危機上扮演多麼重要的角色。走過金融危機，再讓我們一窺財富管理人員的世界，檢視對身家十億的富豪友善的伎倆與會計師事務所龍頭強大的力量，沿著蜿蜒的企業小徑從英國北部的照護人員開始，走向倫敦梅菲爾（Mayfair）頂級富豪聚集區內、私募股權巨擘閃亮亮的辦公室。一路上我們將看到各種證據如何被抹滅、扭曲、濫用以欺瞞大眾，說服我們，種種行為都屬正常、必要，甚至是件好事

——那絕對不是事實。

金融詛咒的概念歷史悠久，一九九〇年代初期到中期間就已萌芽。當時，我在盛產石油與鑽石的安哥拉擔任《路透社》（Reuters）記者，在那段時期，聯合國指稱安哥拉正受全球最嚴重的戰火所苦。從西方國家來的訪客，每一個都用不同方式問我同一個問題：一個富含礦產財富的國家，人民為什麼會如此駭人地一貧如洗？貪腐絕對是其中一個原因，腐敗的領導人透過石油致富，在首都羅安達的海灘上大嗑龍蝦、豪灌香檳，放任衣衫襤褸、營養不良的同胞在黃土塵塵的省分相互殘殺。但還有其他的因素。

當時我不曉得，學界正在醞釀一套新的理論——「資源詛咒」（resource curse），而我就站在最前線直擊這個現象。學者發現，很多像安哥拉一樣盛產礦產的國家，豐沛的天然資源似乎拖累了經濟成長、造成更多腐敗情勢與衝突，也助長了威權政治，最終使得它們比資源稀缺的國家更為貧窮。請至少記得一件事：資源詛咒不只關乎礦產資源豐沛的國家未能善用財富來嘉惠人民，或有權有勢的騙子劫取財富、藏到境外，雖然那都是事實，但最重要的還是仰賴得天獨厚的天然資源所創造的金錢，反而讓全體人民比沒有發現這些資源的時候**過得更慘**。簡言之，錢多反而讓國家更貧窮，這就是為什麼資源詛咒的概念又被稱為「因富有而貧困的悖論」（Paradox of Poverty from Plenty）。資源對各國的影響不盡相同，有些國家——像挪威——看起來就因礦產而受惠，而安哥拉人民當時幾乎未曾懷疑，餵養戰火的礦產會對他們的國家立下深遠的詛咒。

在我描寫安哥拉的資源詛咒之際，英國避稅天堂澤西島的官方經濟顧問克里斯汀森（John Christensen）讀到了我的文章，並發現我筆下的安哥拉跟他看到的澤西島有許多雷同之處。憶起當時，他說，「我對於石油或天然氣蘊藏量過多會讓你變窮、這套違反直覺的理論很感興趣，讀得越多，越不禁想著『這根本是在講澤西島嘛！』與澤西島的相似之處很弔詭。」接著，他有了更重大的發現：受到與安哥拉的資源詛咒類似境遇所苦的不只是仰賴金融業的澤西島，還有英國。（克里斯汀森在澤西島這個避稅天堂見識到唯利是圖的場景，感到驚恐而離開，並在二〇〇三年協助設立「稅收正義網」（Tax Justice Network）組織對抗避稅天堂。）

英國和安哥拉的相似之處，關鍵在於兩地都被單一大型經濟部門主導：安哥拉是石油業，英國則是金融業。從數字來看，在一九七〇年以前約一個世紀，英國銀行總資產約當全國年收入（或國民生產毛額〔GDP〕的五〇％），爾後隨著金融化時代來臨，這個數字扶搖直上，到了二〇〇六年、全球金融危機爆發前夕，英國銀行總資產已經達到GDP的五〇〇％（也就是五倍），至今仍沒有太大變化。這個數字是歐洲整體平均的二倍、美國的四到五倍，如果把範圍放大，在銀行之外納入保險公司與其他金融機構持有的資產，總額遠超過GDP的十倍。

在安哥拉與非洲西部沿海、富含石油的國家，我看到石油產業吸走了其他產業的生機，教育程度最高的人被拉出其他產業、農業、政府、公民社會、媒體，紛紛踏入高薪的石油產業。

那些在安哥拉政府服務的聰明人，很快就對國家發展這種艱難的挑戰失去興趣。反正前景早已被石油摧殘，政治也不過是貪腐、衝突不斷的遊戲，只為了爭奪石油帶來的金錢。倫敦金融城也帶著全英國最厲害、最聰明的一群人走向類似的結果。在金融業起飛、經濟成長的時期，一份知名學術研究的作者群寫到，「金融業確實把火箭科學家拖離衛星產業。結果就是那群原本可能成為科學家的人、在另一個年代夢想著治療癌症或帶人類踏上火星的人，現在的夢想是要當對沖基金經理人。」在各種要事之外，金融業也把人才從政治圈吸往高薪金融圈，這也是為什麼近期的英國首相都這麼糟。許多優秀的候選人轉而投身對沖基金，他們的才能被金錢洪流給洗刷。政治焦點劇烈轉向後，國家發展的均衡性受到第二層衝擊。

在安哥拉，石油帶來的財富向下竄流，推升當地物品與服務價格，從買房子到理髮都漲價了。高價環境對當地工業與農業造成第三波破壞，當地業者更難與進口貨品競爭。同理，流入倫敦金融城（與在金融城中創造的）的金流推高了房價與當地物價，導致英國出口商難以與外國競爭者競爭。

油價大起大落也對安哥拉造成災難性結果。油市蓬勃發展時，起重機點綴羅安達的天際線，市場一旦下挫，就會遺留一片未完成的混凝土廢墟。好日子瘋狂借款，壞日子欠款高築，使問題雪上加霜。英國的狀況是，金融業的起落時間不定，波動理由不盡相同，但就像油市的好光景，金融業的波動也會造成棘輪效應。狀況好的時候，主導的產業破壞其他經濟部門，崩壞時，過去被摧毀的產業卻無法輕易重建。以「雨天收傘」聞名的銀行員在璀璨的時刻大肆放款，擴大好時局的影響，一看苗頭不對就把好康福利全收光，使經濟摔得更重。

像法國這樣比較「正常」的經濟體中，財富由底層、各行各業的工作人口創造，來自工廠、營造業、銀行、漁業或餐飲業。政府的貢獻在於付錢雇用警察、修路、蓋學校、制定法規、整治下水道等。政府必須和有投票權的公民與當地企業協商才能加稅，協商過程創造了健康的問責體系。但當石油帶來的金流在政治體系之上流竄，官員根本無須向人民協商，這筆金流洗去制衡系統與機構體制，讓管理者得以採用粗糙的政治方程式：由他們分配財富，或決定誰可以取得財富，以換取人民的忠誠。如果人民抱怨，就拿油錢僱軍警叫他們認份一點。（因此，仰賴石油的經濟體往往是威權政體。）有時候，我會把安哥拉這種被石油業主導的經濟體想像成一條河流，上面漂著船隊，每艘船都滿載寶藏——石油財——漂向下游，這一路上站著好幾名守門員收取過路費，在極上游的地方就已經分成幾條大支流，向下流動之後又分成更多細流，越分越少。多數人住在遙遠、河流底部的三角洲，已經幾乎看不見水流。

類似的場景也在英國上演。英國經濟遠比安哥拉多元，許多財富由底層創造，但頂端仍有口財富噴泉，噴泉水並非來自伸向地底的水管，而是由金融業創造，大多從經濟體其他地方汲取。這股由上而下、來自金融業的財富水流並沒有把英國變成威權政體（雖然在一些比較小的避稅天堂，金融業主導程度更高，絕對已在一定程度上轉成威權體制），但我們看到的**是**金融業往往與經濟體其他部分有所衝突，而金融業幾乎立於不敗之地。

種種因素集結起來，破壞了安哥拉與英國主導產業之外的經濟體。英國產業沒落的情況輕微得多，但安哥拉的經驗預示著我們的未來。單一主導性產業過度蓬勃發展時，會壓垮其他產業，而那汨汨流入國內的金流長遠來看很可能阻礙經濟成長，從各方面危害你的國家。

毀滅其他產業的杜鵑鳥

英國製造業自一九七〇年代起，衰弱的速度比其他工業國家來得更快，同一時間金融業資產占整體經濟比例大增，較其他西方國家更為龐大。這並非偶然。幾兆美元資金流過倫敦金融城，光鮮亮麗的大佬擠滿餐廳與戲院，英國整體卻不如同儕，甚至過得更差，亦非偶然。英國不僅人均國內生產毛額較北歐國家低，不平等的情況也更為嚴重，健康與福祉整體評分亦不如人。

你或許會想，國內金融產業大幅成長會為其他產業創造源源不絕的投資資本，事實卻完全相反。一個世紀以前，八〇%的銀行放款用在企業融資，現在，銀行放款主要用於相互借貸，以及住宅與商用不動產貸款：英國銀行放款中，借給非金融業的企業金額占比僅略高於一〇%。英國非金融業的投資額比義大利還少，甚至在七大工業國（G7）中敬陪末座。而且這是一個長期趨勢：從一九九七年起，英國對非金融業投資的比重就是經濟合作暨發展組織（OECD）中最低的。OECD由三十四個富裕國家組成，成員包括墨西哥、智利與土耳其。英國低稅率、高度金融化的經濟理論上「具競爭力」，許多英國人也以此為榮，但以人均收入來看，英國經濟幾乎輸給所有北歐國家，生產力也比高稅率的法國整整低了二五％。走出倫敦，英國其他地方的生產力更低，這個狀況已經非常久了。為了彌補這種遲緩的狀態，並避免做出困難的政治決定，一任又一任的政府不斷透過鬆綁金融業的政策來填補缺口，導致從一九六〇年代起，銀行信貸成長速度達到底層經濟的三倍。然而，多數信貸都在金融業中流轉，與實體經濟和金融業理應服務的人民脫鉤、斷鏈。金融化時代的轉變與一般企業或一般人民的需求幾乎毫無關聯。

這時又引發相同的問題，只是規模更大：**這一切的目的為何？**英國最著名的金融評論家之一——凱（John Kay）如此自問，並加上他的觀察，「如果在一個封閉的圈圈裡，一群人不斷相互交換紙片，用常理推斷就知道，這些紙片整體的價值不會有太大變化。如果這個封閉圈圈內的成員獲得了驚人的利益，必然是犧牲了圈圈內其他人才取得的。」

但金融詛咒的分析顯示，狀況比這個更糟：在過大的金融產業中四處流轉的金錢，似乎讓我們所有人更加貧困。英國主流的說法是，倫敦金融城是隻會下金蛋的母雞，但金融詛咒現象告訴我們，這座城是另一種鳥類——把其他產業逐出鳥巢的杜鵑。

我們都需要金融。我們仰賴金融業來繳帳單、存退休金、把我們的存款送到企業手上讓他們投資、買保險以抵擋未知的災難，對投機者而言，有時也可以靠金融業嗅到經濟體中新的投資機會。我們需要金融，但這件事情卻沒有告訴我們金融中心應該要多大，或者該扮演什麼角色。要衡量金融業對經濟的貢獻，是看它能否以合理的價格提供我們所需的服務，而不是它有沒有創造大筆獲利和高薪工作。試想，如果電信公司突然變得超級賺錢，孕育出好幾個身家數十億的富翁，這個產業越長越大，大到可以俯瞰其他產業，但我們的通訊品質仍舊差強人意、所費不貲，服務也不值得信賴，很顯然一定有什麼地方出了問題。

金融與金融化的崛起始終不是場零和遊戲，單純把財富從較貧困的多數人手上移轉給相對小眾的金融業相關人士。這是一場長期、總和為負的遊戲。現在已經有許多證據與研究問世，顯示一旦某個國家的金融產業過大、超過最適規模，就會開始從提供關鍵、實用的服務，轉向利潤高、具破壞力的目標。超過最適規模後，持續擴張的金融業往往會使該國經濟成長放緩，並帶來各種傷害。英國的金融業早在八百年前就超過最適規模了，這就讓我們面臨幾個更重大的問題。第一，轉捩點在哪裡？第二，破壞多嚴重？

針對第一個問題，我主要會從歷史與政治的角度來回答。在本書中，我將說明一九五〇年代，第一顆禍種是怎麼種下的。當時英國丟失了帝國的地位，而倫敦金融城面臨內部強大的民主化壓力，壓抑城市的獲利與權力，這種狀況為經濟體中其他部分締造前所未有的成長。金融城接著開始建立嶄新的全球化金融模型，這一套做法大獲成功，甚至有人形容金融城的重生等於為第二代大英帝國揭開序幕。走過草創初期，這個新金融模型在一九七〇年代開始浮現，傷害也逐漸擴大，勝過以往。

針對第二個問題，我們可以採用較數據導向的分析方法。二〇一六年，兩位美國金融學者——美國最負盛名的金融化權威、麻州大學教授艾伯斯坦（Gerald Epstein），以及哥倫比亞大學學者蒙特希諾（Juan Montecino）——共同發表了一份名為《狠削一筆：昂貴的高度金融》（Overcharged: The High Costs of High Finance）的文件。這是美國版本的金融詛咒分析，兩位學者試著用既有方法估算美國規模過大的金融產業造成的整體傷害。結論是什麼？在一九九〇到二〇二三年間，美國金融體系對美國經濟造成十二點九兆美元到二十二點七兆美元間的超額費用，因此「目前這種形式的金融業整體來看會拖累美國經濟」。計算美國金融業為全國經濟帶來的收益扣除對經濟造成的成本後，相當於每個美國家庭平均背負十萬五千美元到十八萬四千美元的成本，如果不用負擔這些損失，一般的美國家庭退休後的財富會翻倍。如果美國政府乾脆支付這些高薪金融從業人員全額薪資，把他們丟到超高級、有圍欄保護的社區天天打高爾夫球，現在美國經濟會更加強盛。

二〇一七年，克里斯汀森和我一起跟艾伯斯坦與蒙特希諾討論，是否可以對英國做類似的計算。他們做了研究，我將在此揭露結果。整體而言，他們預估英國因為金融業規模過大而承受的損害成本是四點五兆英鎊有餘。更清楚地說，這個數字等同於英國兩年半的經濟產出，或每家戶承擔十七萬英鎊的成本。這就讓我們大概有個概念，知道如果英國金融業規模適當（比現在小得多）並好好服務這個社會，一般家庭可以省下多少錢。

這些數字都很保守，只看數據說話，還有各種難以量化、龐雜的成本沒加上去。其中一個是金融詛咒對種族、性別、地理、世代議題造成的嚴重影響。我會在書中說明，金融化現象與金融業的崛起幾乎每次都意味著弱勢族群的財富與權力被榨取，向上送給那些最不需要的人，加重各方面財富與權力不均的情形。另一項無法估算的潛在成本是，金融過剩擴大了不平等的現象，進而讓英國人普遍感覺社會不正義，這種心態成為公投脫歐的重要原因。

容忍犯罪

還有一項無法估算的成本是倫敦金融城內組織型犯罪與其他惡行節節攀升。這項成本到底有多高難以言喻，但有個不錯的指標，我們可以看名為「詹金斯部分銀行罪行列表」的清單。這張不斷更新的清單由「財經觀測站」（Finance Watch）組織公布並更新，詹金斯（Robert Jenkins）是前英格蘭銀行金融政策委員會成員，也曾於花旗集團與瑞士信貸集團任職，什麼都見識過了。詹金斯提出的表單一一羅列銀行的罪行。舉例而言，清單之首是「一、不當銷售還款保障險（PPI）」（「不當銷售」通常是用來美化「詐騙」的同義詞）。就這樣一條一條寫明，罄竹難書。

每一項都很驚人。第十一項是「濫用對小型企業的貸款操作」，那是現代金融的標誌。第十六項，輕描淡寫地說「協助並慫恿避稅行為」，這項做法讓全球國庫損失幾千億美元。第十七項是「協助並唆使暴力販毒集團洗錢」，指涉包括匯豐（HSBC）幫助俄羅斯幫派與墨西哥錫納羅雅販毒集團洗白幾億美元一事。第十九項是「操縱倫敦同業拆放利率——LIBOR」，LIBOR被用來計算規模達八百兆美元的衍生性金融商品市場中的款項，與其他各種數值。第六十一項稍微沒那麼嚴重，是「為了獲取主權財富基金客戶青睞，提供買春服務」。再往下一點，第一百零九項是「大規模加劇非洲洗錢情事」。

在我寫這本書的時候，這張清單共列出一百四十四項罪行，還在持續增加。每一項都是裝滿惡蟲的大罐子，而這還只是銀行罪行的**部分**清單，甚至僅僅說明了**銀行**的作為。試圖了解這一切，感覺有點像要跟一個孩子說明在我們所知的宇宙中，各個星系之間的距離。這些行為對社會造成的成本有許多都沒有被計入我們目前估計的損害值——四點五兆英鎊。

四點五兆英鎊這個鉅額估值當然有很多可受攻擊之處，也必然會成為倫敦金融城捍衛者的箭靶，但這個數據已經比金融城提出的、標準主流說明來得**好**了。政府計算的時候，純粹把總工作數、稅收，或金融服務出口剩餘加起來，小心翼翼地撇除所有成本，把計算結果稱為金融業對經濟的「貢獻」，餵給媒體報導。如果只看利益，卻不計算金融業規模過大造成的成本，金融城的數據就毫無意義。官方數據只是毛額，這項新研究提供的是淨額，計算結果是個超大的負值。當然，還需要更深入研究，但至少目前看來，這已經是最佳的量化估值，探究倫敦金融城在所需扮演的角色之外，過度擴張的程度有多嚴重。這也是要了解金融詛咒的規模時，很好的起點。

現在新的問題來了：為什麼我們始終選擇容忍這個過度膨脹、讓我們過得更差的產業？關鍵是政治人物與倫敦金融城相關人員提供給我們的資訊，他們說：金融城不可或缺，這裡充滿聰明的財富創造者，必須細心呵護。這套說詞受到另一套普及思想的支持，那就是「國家競爭力」，這種想法在英國與其他國家用一種獨特而邪惡的樣貌出現，我把它稱為「競爭力訴求」（Competitive Agenda）。過去幾十年來，這套論述從各方面滲透英國政治與經濟。

「英國必須維持競爭力。」這個基本主張極度吸引人，但在此基礎上建構的「競爭力訴求」卻是歷史上最讓人摸不著頭緒的經濟論述。它欺騙了許多英國人民，說服大家這個國度必須持續提供倫敦金融城補助、進行法規鬆綁、給予各種好處，才能避免銀行家跑到「更有競爭力」的地方，像是新加坡或日內瓦。當有人反對企業減稅、金融法規鬆綁，或質疑政府規範髒錢與金融犯罪的態度軟弱，這種要維持金融城「競爭力」的頻繁呼籲，儼然成為一把短棍，重擊反對聲浪。這是金融業最強而有力的意識武器，讓它可以掌握英國政策制定工具並攻佔媒體版面。這類掌控行為多半很細微、環環相扣，仰賴精心設計的贊助行動支持。銀行、保險公司和對沖基金贊助帶領輿論的智庫、為來訪貴賓辦晚宴，或帶政治人物、都會名嘴去喝酒打獵。我把這種現象稱為「擄國」（country capture），因為它已經遠超越政治體系，深入我們的經濟、文化與社會。大部分的人都接受亟需維持倫敦金融城「競爭力」的說法，也就解釋了為什麼我們的銀行大到不能倒、銀行家重要到關不得，又為什麼醫院總是缺資金、你最愛的當地書店會倒閉，避稅天堂的問題又如此難解。

「國家競爭力」的概念複雜又微妙，我會在本書中探討這個概念的歷史與意涵。許多人被欺騙，因而相信我們可以把英國比做一間大型企業，彷彿在全球市場上有一間稱為「英國公眾有限公司」（**UK PLC**）的企業，要與德國、中國、盧森堡做全球競賽。這些都是胡說八道，而這本書就會揭露那些深層的謬論與誤解如何催生這套廣為人知的理論、進而支撐了金融詛咒的現象。

金融詛咒直接反轉這套主流說法。依照目前的邏輯，擁有「具競爭力」的金融業是為了讓倫敦金融城盡可能茁壯，但如果金融業對英國造成不良影響，理論上就要讓金融城**縮小**，才能使國家繁榮發展。因此，追求這種「競爭力」根本是緣木求魚，與我們應該做的事情背道而馳。瞭解這一點，民主就有了全新的生命。如果英國和金融業不需要在「全球賽場」上「競爭」這些事，國家就可以**單方面**為社會的利益規範金融業並對其課稅，以提升社會全體福祉。我將說明這種做法整體而言會留下好處並剔除傷害我們的事物。這是很棒的獎賞。

本書中還蘊藏一個天大的好消息：那份獎賞唾手可得。

第一章　破壞

骯髒的破壞

有些經濟學家就像住在太空船裡的外星人，從高空中透過超級望遠鏡俯視、縝密紀錄我們的一舉一動，再建構理論和數學模型解釋那些作為，卻沒有把邪惡、殘酷、性愛、友情、輕信的特質與我們瘋狂人生中屢見不鮮的挫折及艱困納入考量。

變種經濟學家暨思想家范伯倫（Thorstein Veblen）觀點不太一樣。他也與常人生活格格不入，但這種習慣讓他距離人性夠遠，因而得以更清晰地觀察我們的怪癖，並從這些怪癖開始，進一步了解金錢與商業的世界。他從各方面對抗傳統智慧，對經濟學的態度尤其是如此。有些人把范伯倫譽為美國馬克思或經濟學界的達爾文，但實際上他形形色色的產出太特別又奇怪，以至於難以歸類。然而，他對人類行為亂糟糟的理解，正是讓他的想法如此不凡的關鍵。透過連結經濟學與人類行為、思想醜陋的一面，范伯倫歸納出許多深埋在金融詛咒背後的原理。

范伯倫是挪威裔美國人，是名經濟學家、社會學家、風流之人，與社會格格不入。他自己做家具、從來不把床整理好，還會把髒盤子疊成一座座搖晃的小山，最後再一口氣放進水桶裡用水管清洗。有傳聞說，他曾經跟鄰居借了個大布袋，拿來裝馬蜂窩再還回去。他以那華麗又獨特的寫作風格，把宗教比做「在第N個維度中，創造出可銷售卻不可估量的事物」，並稱主流教會為「連鎖店」、旗下各個教會是「零售通路」。在宗教色彩濃厚、位於美國明尼蘇達州的卡爾頓學院（Carleton College Academy），范伯倫要求一名學生估算她所屬的教會對她的價值等同於幾桶啤酒，又以「為食人族上訴」（A Plea for Cannibalism）為題進行演講，引爆眾怒。范伯倫這個怪咖天才頂著一頭長直髮，他觀察到，二十世紀初宗教教條、經濟傳統或裝腔作勢的風氣，使得底層勞工無法翻身，讓仕紳階層取得正當地位，社會卻沒有受到阻礙。范伯倫的格格不入，讓他視他人所不能見、言他人所不敢言。

范伯倫一八五七年出生在威斯康辛州郊區，父母是挪威移民，他在家裡十二個孩子中排行第六，是最聰明的一個。他成長的農舍極為偏僻，遠到有一名歷史學家說，他離開那座農村「移民到美國」。范伯倫的聰明讓他從卑微的出生走到耶魯大學，於一八八四年取得博士學位，接著神隱幾年，毫無目標地閒晃。他的手足回憶，「他閱讀並閒晃。隔天就閒晃和閱讀。」有人說范伯倫找不到工作是因為他痛恨基督教，或對挪威人有偏見。他那詭異又愛冷嘲熱諷的特質，加上公然表達對經濟學家與其他學者的輕蔑，讓他更難就業。范伯倫多次與大學校方起衝突，又很享受學術上的唇槍舌戰，自稱是「知性和平的擾亂者」和「在知識無人島上的流浪者」。

但范伯倫也不是完全自我封閉。他被芝加哥大學踢出來的原因，是和同事與學生搞婚外情。有傳言說，系主任在一九〇五年把范伯倫叫到辦公室來談。

系主任：關於教職員的老婆，我們遇到了一些問題。

范伯倫：喔對，我知道。她們很糟，我每個都睡過了。

范伯倫的風流倒不是靠外表，長髮兩側中分、濃眉、亂修一通的八字鬍配上落腮鬍，不難看出他並不努力擺脫挪威農夫的背景。據說還有位情人把他形容為黑猩猩，其他人則說他有股神奇的草根魅力。「他穿著寬鬆的浴袍遊走，看起來完全不像穿外出服的時候那麼無精打采而脆弱，他那下垂的大鬍子讓人立即聯想到好客的維京人，在自家火爐邊發懶。這種時候他狀況最好，拋出有趣的資訊、扯一些傷人的八卦，想想他平時離群索居，就知道那些八卦鐵定是他不知怎地從空氣中嗅出來的，他用生動的俚語配上絕妙的自創詞彙，殷勤地照顧著來訪者的感受，」一位訪客如此說明。

范伯倫這種魅力延伸到他提出的各種構想，並為他吸引到追隨者，直到他過世超過一個世紀後，仍有粉絲。他剖析資本主義，戳破維多利亞時代學者與新古典經濟學家沾沾自喜的傳統，這群人認為人類是完全相同、擁有完整資訊、追求「效用最大化」的個人與企業。他們將這些個人與企業視為數據，帶入他們建立的數學版香腸製造機中。范伯倫酸言酸語地說，在這些經濟學家眼中，人類成為「光速計算快樂與痛苦的計算機，受到外界刺激時，就像完全相同、渴望幸福的小球一樣搖擺」。他嘲諷這些經濟學家會帶走「一群阿留申群島島民，這些島民在破碎船體中劈砍、用耙子衝浪再唸幾段魔法咒語，藉以捕捉貝類」，經濟學家把這群島民帶走後，全扔進寫滿租金、薪資與利息的方程式中。他感嘆，應該要回歸歷史、回歸政治、回歸真實生活。當時，范伯倫就已提到重點，至今依然適用。

范伯倫最廣為人知的著作《有閒階級理論》（The Theory of the Leisure Class）出版於一八九九年，惡狠狠地彰顯這個世界裡，具生產力的勞工長時間辛勤工作，讓像寄生蟲般的菁英享受他們勞動的果實。富人也進行「炫耀性消費」與「炫耀性休閒」，都是些浪費的活動，只為了顯示他們有錢到不需要工作。他提到，富豪總是渴望更多財富與權力，更糟的是，他們的任性與鋪張浪費往往不會引人氣憤，而是崇敬！受到壓迫的大眾並沒有試圖推翻比自己社會地位高的人，而是想複製那群人的做法。（《天涯小築》〔Made in Chelsea〕和《與卡黛珊同行》〔Keeping up with the Kardashians〕這些影集會爆紅，或許說明當代景況與當年如出一轍。）他的結論是，簡言之，二十世紀的人類和原始人祖先並沒有太大差別。

范伯倫的另一本大作《企業理論》（The theory of Business Enterprise）出版於一九〇四年，不如前一本書有名，卻更激進且重要，也包含了幾段和金融詛咒相關的內容。在書中，他拿產業與「機械流程」（machine process）——也就是那些捲起袖子、製作實用產品、實際具生產力的工程師和企業家——和他所謂賺錢的「事業」（business）做對比。在生產的基礎之上，出現了超級金融架構，涵蓋信用、貸款、所有權、賭博與市場，這個架構被操控並讓操控者從中得利。馬克思把焦點放在勞工與工廠所有者之間的衝突，范伯倫的焦點不同但衝突點類似，他關注的是財富**創造者**與財富**汲取者**之間的對立。製造者對抗取用者；生產者對抗掠奪者。想像一群老人帶著高帽子操縱著漫畫家羅賓遜（Heath Robinson）式、用細長水管組成的詭異裝置，那東西蜷曲在經濟之上，從在底層勤奮工作的勞工與消費者的口袋裡，吸出硬幣、紙鈔和借據。

好幾個世代的經濟學思想家都發現了這個特性，最早至少可以追溯到一七七六年、斯密（Adam Smith）出版《國富論》（Wealth of Nations）的時候。但問題是大家對於誰才是財富創造者意見分歧，保守派認為財富創造者是有錢人、金錢與資本的擁有者，這群人蓋工廠、繳稅給政府，再由政府把財富分配給窮人及接受補助者。從這個觀點來看，窮人與弱勢者才是水蛭，掠奪資本家。

然而，范伯倫完全不接受這套說法。他把富有的財富汲取者比做自負的蟾蜍，這些蟾蜍「在蒼蠅與蜘蛛來來去去的路徑上，找到牠專屬的位置」，然後跨出一大步，進到更具爭議的地區。

他接著說，許多商人不只靠榨取他人賺錢，像隻等著抓住過路蒼蠅的懶惰蟾蜍，還積極搞破壞——或者用范伯倫那尖酸的口吻說，「認真地降低效率」。他說，這些角色干擾了一般產出的流動，透過搖晃樹木讓自己得以更輕易地竊取果實。

批評者不屑地說，胡說八道。誰會做這麼爛又愚蠢的事？

答案是，所有人。范伯倫粗暴地展現資本主義公開的一大秘密：大資本家不喜歡有效率的競爭，也不喜歡自由市場。他們**說**自己喜歡，但真正的競爭會拉低價格並提高工資，進而壓縮利潤。這些人喜歡的其實是對自己有利的市場——不利勞工、不利消費者、不利納稅人，那才是最有賺頭的地方。「現在，這些曠職的企業主並沒有相互競爭，殺到兩敗俱傷，而是集結他們在競爭上的努力，共同對抗消費者。這場競爭不再是業內競爭，而是所有業者與社會其他成員的競爭，」范伯倫寫到。這樣的衝突，正是金融詛咒的核心。

《企業理論》出版的時間點是在一份調查報導問世之後。那份報導在當時（到目前為止可能也）堪稱世界史上最令人驚艷的調查報導。記者塔貝爾（Ida Tarbell）寫了一份報導，揭露洛克斐勒（John D. Rockefeller）創辦的標準石油公司壟斷市場，報導中詳述世界前所未見的陰謀與壟斷行為。她在報導中揭露，洛克斐勒超擅長使用范伯倫所說的「搞破壞」，操縱石油與精煉石油產品的產銷市場，無情甚至暴力地收購競爭對手，或將其逐出市場，藉此創造了獨占全美市場的企業。塔貝爾的文章在一九〇二至一九〇四年間，連載於《麥可盧爾》（McClure）雜誌，文章以一張照片開頭，圖中的健壯青年正在賓州油田開拓新邊城。

這些男人快樂又神采奕奕，他們仍年輕，大多不到四十歲，剛發現自己具備的能力而充滿年輕人的熱情，帶著這股熱情期待未來幾年的努力與發展，他們即將把自己的城鎮打造成美麗新世界。

信心正高昂的時刻，一隻大手突然不知從何處而來，奪走他們的領土、摧毀他們的未來。這起對他們的事業所發動的攻擊來得太過突然，又來自暗處，直搗他們的雄心壯志與對公平競賽的認知。

一八九二年，洛克斐勒某次行動中，數百名暴徒進入特拉華州的漢考克鎮，阻止競爭者鋪設管線。有份紀錄指出，「他們的武器中有炸藥，也有多爪錨、鉤梃等用來拔起既有管線的工具。大砲……在燃油槽上炸出孔洞。為了讓『獨立人士』（independents）做好心理準備，晚上十點放炮。據載，那聲砲響震到幾英里外的人和窗戶都感覺得到。」這些獨立作業者逃離漢考克。很難想像有比這個更高調的商業破壞行動了。

塔貝爾這一系列投下震撼彈的文章，源自她愛恨交織下的努力。她看著自己的父親——一名不起眼的石油開發商富蘭克林．塔貝爾——因為洛克斐勒的無情手段而變了一個人，從溫和喜樂的父親轉變為愁眉苦臉、毫無幽默感的軀殼。「收下標準石油的股票，你的家庭就會過得無比富足，」洛克斐勒低聲、柔情地說，說服因為他這遊走在法律灰色地帶的做法而受害的人。洛克斐勒提出條件，用標準石油的股票交換對方已失去價值的商業利益，幾毛換一塊，保證他們跟著自己會更好，因為「我知道怎麼用你們不知道的方法賺錢」。塔貝爾的父親拒絕了這項提議，因此付出巨大代價，他的商業夥伴甚至因此自殺。塔貝爾回憶，她的父親「再也不會分享一天中有趣的所見所聞，不再吹奏口簧琴，也不再對坐在椅子扶手上的小妹唱歌。」

洛克斐勒行賄又給回扣，他透過監視、毀謗技倆、暴力和惡性收購等方式消滅對手；他迫害原油生產者、囤油、毀掉中間人；他私下資助政治人物並高傲拒絕官員質詢；他掩蓋足跡，把骯髒事都交給下面的人做，同時避免在內部文件中使用任何可能讓事跡敗露的文字；他把觸角伸向海外，閃避法規並利用全球稅制的漏洞，如同一名傳記寫手所形容地，成為「富可敵國的主權勢力」。

塔貝爾指出，要把追求合法交易的人徹底摧毀需要時間。「但洛克斐勒先生最令人驚豔的特質之一，就是有耐心。他就像一名將軍，包圍了一座四面環山的城市，山丘都有人駐守。他從氣球上俯瞰整片土地，並思考如何取下這點、毀掉那點；攻下這座山頭，又奪下那座堡壘。沒有任何東西太過微不足道。布朗斯鎮的轉角雜貨店、油溪上那不起眼的煉油裝置、最短的私有管線全都不嫌小，因為小東西也會長大。」

洛克斐勒經商初期，美國企業不能跨州營運，但他找到了法令漏洞。他把在各州設立的公司綁在一起，納入信託旗下，信託機制既富彈性，又強而有力，可以集中控制，控制中心可以進行全國性的營運並享受極大的隱密性。（這是為什麼從那時起，反壟斷相關的法令與行為就被稱為

「反托拉斯」措施了。）＊透過信託機制，洛克斐勒順利掌控全美九成以上的煉油業，從消費者身上大量榨錢，創造源源不絕的獲利，這些錢從核心業務向外輸送到鐵道業、銀行業、鋼鐵業、銅業等多項產業。如果這個場景讓你想到今天的亞馬遜，那你的思考方向十分正確，洛克斐勒會成為美國最大壟斷者，也是第一個達到十億身家的富豪並非偶然。不管是過去或現在，壟斷事業都能讓人發大財。

但洛克斐勒其實只是范伯倫所處的時代中，其中一個主要的強盜大亨而已。當時美國還有人壟斷牛肉、糖、威士忌、海運、鐵道、鋼鐵、棉花、紡織與毛皮產業，這些領地的領主（如：洛克斐勒、卡內基、范德堡）累積大筆財富，有錢到留名青史。但有一股勢力讓這些人相與失色，那就是金融業的壟斷者。

權力壟斷

一九一三年——范伯倫出版《企業理論》後近十年，美國國會其中一個委員會出版了現在

＊ 譯註：英文中的「trust」一般取其意思，譯為「信託」，但在討論反壟斷——即「antitrust」——的時候，習慣取其音，譯為「反托拉斯」。

十分著名的「金錢信託調查報告」（Money Trust Investigation），揭露美國企業主欲操縱五成國家經濟的巨大陰謀。報告暗指洛克斐勒，但實情遠超過洛克斐勒或標準石油。金錢信託（Money Trust）是駭人、錯綜複雜的網格，至少有十八個主要金融業者涉入其中，並牽涉超過三百個交叉任職的總監職位與數條控制鏈，掌控全美大半產業並操控金融結算所與紐約證交所。這個體系奠基在一群秘密無賴制定的章程中，這個章程被視為「銀行倫理」，參與者同意不相互競爭。體系之上坐著一位銀行家——摩根（John Pierpoint Morgan）。

報告中提出令人不寒而慄的警語，直言世界上有比壟斷產業更危險的力量：有人壟斷了分配信用給產業與整體經濟的權力。筆者提出警告，只要掌握信用，就掌握了經濟。報告中寫到，「這些團體受到掌控，製造障礙，導致信用的動脈被堵住了，幾乎要窒息。這個小團體的舉動比信託對競爭造成的危害更大，因為在所有受到他們保護的產業中，這群人都直接攻擊可能創造競爭者的關鍵點。」

報告一公開遂引發眾怒。政治漫畫家畫了八爪章魚用觸手包圍建築的畫面，描繪帶著高帽子的人掌控世界，又或者銀行家坐在錢堆上，等窮人排隊交出存款。高舉尖叉的惡魔拿著幾袋現金昂首闊步。擁有八隻手臂的摩根皺著眉頭、隨手旋轉八根把手，轉動八間銀行內的機械，又或者他化身超大魔笛手，引領群眾開心跳舞，邁向一片荒蕪。「過去，大家總認為下金蛋的鵝是最珍貴的資產，但更賺錢的其實是別人家的鵝下了金蛋、由你拿走金蛋的特權。現在，投資銀行家就享受著這樣的特權……我們的金融業寡占市場中，最主要的一環就是投資銀行家，」范伯倫時代最知名的律師布蘭戴斯（Louis Brandeis）如此為這份報告作結。

布蘭戴斯還提到另外一點，也是在說明金融詛咒的歷史時，反覆出現的一課。在各種榨取與掠奪的核心，往往存在真正有用的功能。真正的問題不是金融，而是未受民主體制檢查的金融**過剩**、**權力過大**、**種類錯誤**。

市場壟斷是最重要的破壞手法之一，但范伯倫所處的時代不乏其他破壞手法。其中一個最主要的、《金錢信託調查報告》未提及的手段，也和摩根開設的銀行有關。這段故事要從一八九九年、摩根的法律顧問——克倫威爾（William Cromwell）——創立美國巴拿馬運河公司（Panama Canal Company of America）開始說起。當時，巴拿馬還是哥倫比亞的一省，並擁有一條穿過連結南北美洲狹長地峽的軌道，那條軌道創造豐厚獲利。羅斯福總統和摩根聯手，提供分離主義分子武器與支援，協助他們從哥倫比亞手中奪走巴拿馬，藉此獲取豐厚的鐵道運輸費用。如果他們加蓋一條運河，獲利還可以翻倍。一長串的陰謀不再贅述，總之，巴拿馬成功從哥倫比亞獨立，實際上卻被美國掌控。摩根成為這個新國度第一任官方財政代理人，巴拿馬運河也在一九一四年啟用。曾任摩根集團律師的艾斯皮諾（Ovidio Diaz Espino）出版《華爾街如何建立一個國家》（How Wall Street Created a Nation），書中回顧了整段過程，艾斯皮諾總結，「巴拿馬獨立的過程，從頭到尾由華爾街策畫、資助並執行。」並說這段故事「拉下了哥倫比亞政府、成立新的共和國，使腐敗動搖華府的政治根基，也催生了美國在拉丁美洲的帝國主義。」

基本上就是華爾街的利益團體駕馭了政府的軍事資源，在世界上最重要的貿易樞紐之一，建立並經營一座超級收費站。很快地，全美金融蟾蜍都開心地窩到這裡，而范伯倫在故事中描述的蒼蠅和蜘蛛，在此抽換成來自世界各地的大型船隻。一九一九年，巴拿馬開始著手設立「不問即行」（ask-no-question）的船隻註冊系統，范伯倫總結這個遊戲的運作方式就是，「在這場全球競賽當中，國家機器與政策特別轉彎為大企業的利益服務。如此一來，不管在工業界或商業界，一國的商人直接與另一國的商人對抗，促使各國將自身國力、立法、外交、軍事投入這場追求金錢優勢的策略遊戲中，彼此相爭。」

范伯倫說，這一切都是「破壞的渠道」，卻打著愛國的旗幟。為了幫助國內最強企業在全球舞台上「競爭」，一般人必須承擔重擔。經濟史上，這種國家級龍頭的思想一再浮現。二〇一八年四月，臉書創辦人祖克伯（Mark Zuckerberg）因為臉書侵犯隱私而在美國參議院被議員洗臉，照片中可以看到他的小抄寫著，「美國科技公司是美國珍貴的資產，可以削弱中國企業的力量。」像這種鬼話——公然呼籲政府不要干涉他的壟斷事業，讓臉書繼續賺錢，為了國家安全，繼續販售美國用戶珍貴而敏感的個資——范伯倫也下了符合他風格註解。他說，陸海軍是被用來「加強或捍衛特定既得利益團體講求效率的權利，在特定地方、使用特定方式無中生有，而普羅大眾負責付費並備感驕傲。」范伯倫點出的議題——國家「競爭力」，不管在當時或現代都是最重大、最常被誤解的國際金融與商業題材。

但所謂破壞，無分今昔都不只關乎市場壟斷。巴拿馬設立船運註冊制度，是該國邁向避稅天堂的第一大步，而避稅天堂是另一個現代常用的市場破壞工具。各界對於避稅天堂的定義沒有共識，但為求方便，避稅天堂的概念可以簡化為「躲避」與「他處」。你可以把錢或企業搬到他處——境外——躲避你不喜歡的國內法令規章。這些法令可能與稅務、揭露事項、金融或勞動法規、運輸規定等議題有關，因此「避稅天堂」這個詞其實不甚精確，這些地方牽涉的層面遠超過稅收。

但讓我們先看稅的部分，看看在范伯倫所處的時代問世的傳統避稅天堂如何運作。這種操作手法當時稱為「移轉訂價」（transfer pricing）。試想，某間跨國企業在厄瓜多生產一個貨櫃的香蕉，成本是一千美元，而某間位於英國威爾斯的超市以三千美元購入那些香蕉。這個體系產生了二千美元的獲利，問題是，誰可以對那筆獲利課稅？這間跨國企業現在成立三家子公司：厄瓜多公司負責生產香蕉，威爾斯公司負責把香蕉賣到超市，而第三間是沒有雇用員工的空殼公司——巴拿馬公司，設立於避稅天堂。這幾間公司在跨國母公司內相互販售那一貨櫃的香蕉。首先，厄瓜多公司以一千美元的價格把香蕉賣給巴拿馬公司，巴拿馬公司再以三千美元的價格賣給威爾斯公司。

二千美元的獲利去了哪裡？厄瓜多公司的生產成本是一千美元，以一千美元把產品賣給巴拿馬公司，因此獲利為零，不需要在厄瓜多繳稅。同理，威爾斯公司以三千美元向巴拿馬公司購買香蕉，並以三千美元賣到超市，所以在英國也沒有獲利、不須繳稅。巴拿馬公司則以一千美元買入香蕉，再以三千美元售出，賺了二千美元，但因為這裡是避稅天堂，稅率為零。唷呼！通通免稅！

在真實世界裡，狀況當然複雜許多，但這是最基本的概念，而且很顯然在這場金融遊戲中，沒有任何人想到如何用更聰明、更有效率的方法來栽種、運送或販賣香蕉。純粹是財富搾取：在富國與窮國，都從納稅人手上奪走財富，轉到企業手中。這也是一種破壞，因為這麼做等於讓市場變得有利於大型跨國企業，這些企業有能力負擔高昂的成本，規劃昂貴的全球化陰謀，並犧牲了那些負擔不起這筆費用的小型本土競爭者。

魏斯泰兄弟（Edmund and William Vestey）是這套跨國稅務策略的先驅。他們在一八九七年於利物浦創立聯合冷藏有限公司（Union Cold Storage Company）。魏斯泰兄弟是肉業的重要壟斷者，他們在南美洲經營牛牧場，摧毀在他們持有的廣袤土地上的聯盟，另一方面又在英國擊潰其他肉業貿易商——包括我的一位曾曾叔舅——並獨占零售銷售。他們也掌控了部分配送路徑並操縱全球稅務體系，以此得利。威廉．魏斯泰在一九二〇年嘲諷某英國皇家委員會，他直言，「如果我在阿根廷殺了一頭野獸，並拿到西班牙販售，這個國家沒辦法從這起交易中拿到任何一分稅收。你想做什麼都悉聽尊便，但就是拿不到。」

從一九二〇年代萌芽起，避稅天堂持續增長，提供一個更廣闊的生態圈，創造更多壟斷市場的可能性。隨著全球金融移動性越來越高，特別是到一九七〇年代之後，這種製造破壞的機會倍數成長。

二十世紀繼續往下走，范伯倫的觀點將一再受到證實。美國路面電車醜聞就是個例子。幾間石油公司、公車與汽車公司、輪胎公司聯手，提出鬆散的計畫，要在美國四十五座主要城市買下路面電車和電子大眾運輸鐵道系統，再一手摧毀。反托拉斯派的律師團認為，把以鐵道為核心的城市交通系統破壞是「刻意、共同協商好的行為」之一，要使美國人更仰賴汽車、公車、輪胎和石油。看來他們的策略成功了，順利為許多事情鋪路，包括嚴重的氣候變遷。

另一個更近代的破壞案例，是蘇格蘭皇家銀行（Royal Bank of Scotland，簡稱「RBS」）全球資產重建部門（Global Restructuring Group，簡稱「GRG」），被外界暱稱為「吸血鬼部門」）惡名昭彰的行徑。RBS形容，GRG是狀況不佳的企業的「加護病房」，GRG會幫這些公司重組貸款協議，以「幫助他們找回健康」，但在全球金融危機爆發後，GRG卻對數千家脆弱的小企業出手，向他們索取足以導致公司破產、預期之外的費用與罰金，或調漲利息。依據銀行內部成員口中的「搶錢計畫」（Project Dash for Cash），銀行設計了讓企業更容易倒閉的金融條款，藉此便宜取得倒閉公司的資產。數百家英國小型企業對RBS提告，直指RBS坑殺他們。一份廣為流傳的公司內部文件寫著，「繩索：有時候要讓客戶上吊自殺。」內容也提到「透過收取

高額起始月費，善用好局……預算達標就對了！」還有一份金融城官方試圖壓下來的英國金融行

為監管局（Financial Conduct Authority）報告外流，報告中引用了一段寫給二十四位員工的內部

文件，邀請GRG員工到倒閉的商店拿些好東西，訊息中寫到，「走進去、把你的名字和想要的

東西加上去……東西只能給內部員工，不要隨便瞎搞。……GRG限定！」

另一份較早發布的報告指出，GRG經手的、有機會存活的公司中，超過九成在二〇〇九到二〇一三年之間，因集團的「不當行為」而受衝擊。其實不只RBS，一份由政府顧問湯姆林森（Lawrence Tomlinson）所做的獨立調查報告也提到，「謀取暴利、令人厭惡的行徑」遍及全英國的零售銀行業。他寫到，「有些銀行做的決策不利於客戶，並造成客戶的財務垮台。」諸如此類的破壞行為粉碎了小企業，造成家庭破碎，有人心臟病發或自殺。

范伯倫對這類行為提出觀察，他的說法至今仍適用。這些貪婪之心、操縱市場的作為帶來源源不絕的利益，支持了他戲稱的「商業智慧」（business sagacity）。政治界、產業界、金融界的領袖整天在談「商業智慧」，這個詞出現在BBC請來什麼都不懂的銀行家或倫敦金融城的名嘴大讚併購案推升股價的時候，或政府透過鬆綁法規、減稅政策送禮給倫敦金融城的時候，銀行從業人員獎金暴增的時候，又或者談私募股權活動的時候，彷彿這一切帶給英國許多好處。這些利益搾取自我們的經濟血脈，利益飆漲是經濟體質孱弱的警訊，而非健康發展的徵兆。就像范伯倫的名言，「追根究底，商業智慧終究自貶身價，只是明智地在搞破壞。」

范伯倫與塔貝爾經常受當代人訕笑，事實卻多次證明他們是正確的。揭露標準石油醜聞之後，塔貝爾遭受媒體謾罵。一位學者寫下，「這位親愛的女孩所投入的努力……很可悲。」另一名學者稱塔貝爾與她的追隨者是「多愁善感的悲情姊妹花」。洛克斐勒稱呼她為「柏油桶小姐」＊、社會主義者和「那位誤入歧途的女士」。洛克斐勒說，塔貝爾裝得很公正，但是「就像有些女人，她扭曲事實……而且徹底忽略道理。」來自四面八方的謾罵讓塔貝爾想要「躲進圖書館提供的安全避風港」並從「折磨人的人們對我的攻擊與撕裂」中解脫。但到一九一一年，她的調查有了成果。標準石油公司被切分成三十四間不同企業，成為現在油業領頭羊艾克森美孚（ExxonMobil）、雪佛龍（Chevron），有一部分則納入英國石油（ＢＰ）。可惜好景不常，一九二八年，在蘇格蘭伊凡尼斯市的阿克納卡莉城堡中，一場會談聚集了標準石油分拆後幾個主要領導人和外國競爭者，一群人達成秘密無良協議，要把全球石油業塑造成獲利不絕、相互合作的封地。

范伯倫死於一九二九年，幾個禮拜後，金融市場全面崩盤，驗證了他的思想。那一次的崩盤與後續紛擾，餵養了黑暗勢力，最終把世界再度推入腥風血雨之中。當時塔貝爾仍在世，她直到

＊　譯註：塔貝爾英文名為「Tarbell」，洛克斐勒拿她的名字做文章，取諧音稱為「Miss Tar Barrel」，「Tar Barrel」有柏油桶的意思。

一九四四年才與世長辭。范伯倫與塔貝爾的作品與故事蘊含重要警示：資本主義的巨大毒瘤必須接受處置。

第二章　新自由主義風靡全球

布列敦森林體系的崛起

一九五〇年代中期的某一天，位於芝加哥北部市郊的西北大學餐廳裡，保守派經濟學家伯恩斯坦（Meyer Burstein）與同事丁波（Charles Tiebout）爭論不休。丁波是個神采奕奕的左派學者，在西北大學教授個體經濟學。起初，兩人只是在討論高昂的租金，最後話題範疇越擴越大，演變成一套偉大又具影響力的新理論，論述各州、各國如何相互「競爭」。兩名同事算得上朋友，但伯恩斯坦是快速增加、被丁波稱為「傅利曼狂熱粉」（Friedmaniac）的一員，盲目追隨芝加哥大學經濟學家傅利曼（Milton Friedman），這件事讓丁波很受不了。那時候，傅利曼正逐步站上美國右派金融之父的位置。

至今仍健在的丁波摯友——漢森（Lee Hansen）形容，丁波是「我認識的人當中最好笑的一個。」丁波會在課堂上模仿學界大老、幫他們取白癡小名，也不顧校方穿西裝、打領帶的傳統，一身工作服現身會議場合。有位學生家長抱怨丁波把一本「社會主義」書籍設為兒子的作業，丁波調皮地請系主任回信說，「僅此告知您，丁波教授並非社會主義者，他是共產主義者。」

其實丁波並不是共產人士，他只是愛鬧而已。然而，當時這種話連拿來開玩笑都有風險。那時候的美國正值麥卡錫主義後期，參議院議員麥卡錫（Joseph McCathy）持續在好萊塢、政界、學界與其他領域推動針對共產人士的獵巫行動。麥卡錫甚至指控馬歇爾計畫的創始人馬歇爾（George Marshall）有共產傾向，而馬歇爾計畫的內容是要美國在二戰後提供歐洲援助，阻擋全球共產主義擴張。

不過在玩笑話之外，丁波確實相信政府做的事情也可能是好事。在西北大學餐廳裡的那場午聚中，伯恩斯坦抱怨自己住的地方租金高漲，都是因為政府為了資助當地學校而課徵的高房地產稅，但他根本沒有小孩。聽到這段話，丁波覺得自己必須起身捍衛政府能做好事的想法，因此回說，「但伯恩斯坦，你並不用付那麼貴的租金。幹嘛不搬去羅傑斯公園那個社區就好了？」

同天下午，丁波和一名大學部的學生——萊文（Charles Leven）閒聊。他說，「你知道嗎？萊文，我鐵定是對的。大家都可以挑選地方公共財，而且只要搬家，就能展現自己的偏好。事實上，這是個天殺的好主意，我要堅持己見，把它寫下來！」不到一個禮拜，丁波就完成第一份草稿，並投書保守派期刊《政治經濟學期刊》（Journal of Political Economy），該文於一九五六年十月刊登，配上無聊的標題《一個關於地方支出的純理論》（A Pure Theory of Local Expenditures）。當時丁波不可能預知，這篇他草草寫下的文章最終會成為經濟學界最常被引用的作品之一。

丁波在與萊文聊天時說到的「展現偏好」（revealed preference）應該會觸動所有主流經濟學家的雷達。丁波指涉的是美國經濟學家薩謬爾森（Paul Samuelson）在一九三八年提出的「顯示性偏好理論」（Revealed Preference Theory）。該理論最基本的概念就是，即便無法直接在人腦中植入心理偵測器來探究他們的消費偏好，你還有第二佳的選擇：透過觀察消費習慣，看出他們的偏好，並把觀察到的數據放入芝加哥學派漂亮的數學模型與圖表中。這些數據讓你得以研究政府政策的影響，再進行深入的市場經濟分析。

一九五〇年代以前，這個理論已經在理解消費者行為上獲得廣泛使用，但當你從消費者與市場轉向、試圖把同個模型套用到公共服務——如：學校、道路、醫院——就會遇到障礙。針對這一點，薩謬爾森在一九五四年就發表了相關論文。這個障礙至關重要，也是我們稱為「搭便車」（free-rider）的問題。薩謬爾森說明，人民總樂於享受公共服務，卻往往不願意負擔支應這些服務的稅。搭便車的問題代表眾人的偏好不會反應在繳稅和使用公共服務上，因此不能把觀察結果硬塞進芝加哥學派巧妙的數學模型裡，藉此決定最適切的稅收級距與公共支出金額。政府與民主政治得自己跳進來解決問題，經濟學家無從置喙。慟！

一九五六年，丁波發表論文宣稱自己想到高明的回覆了。他認為我們終究**有**辦法設想出一個公共服務與稅收的市場，並接著說明該怎麼做到這件事。薩謬爾森說得或許沒錯，你不能把市場分析套用在美國**聯邦**政府，但可以套用到**地方**政府。美國各州有各自的組合方法，結合特定稅收與特定公共服務，而人民可以依據哪一種稅制與公共財的組合對自己最有利，跨轄區移動。（結果伯恩斯坦還真的搬去羅傑斯公園社區了，租金變便宜，他「超級開心，就此住了下來」。）丁波寫到，像這樣選購公共服務，就像在購物中心逛街一樣：公共服務就如同消費品，要繳的稅就是這些消費品的價格。各個社區會「競爭」以提供最佳稅制與公共服務的組合，與私有市場無異。

丁波接著說明，如果人民可以用腳投票，那麼不僅經濟學家可以揭露美國人心中最佳的公共財與稅制組合，並放入數學模型中分析，還可以進行「競爭分類」（competitive sorting），把人民導到最適合的社區，讓公領域也能像私有市場一樣有效率。不需要太多數學計算，政府就能平衡稅制與公共服務，找到理想的均衡點。

丁波反駁反政府的傅利曼支持者，認為自己已經指出政府要怎麼有效率地運作。減稅並非吸引具生產力的企業與人民跨境移動的萬靈丹，那些企業和人民也需要由稅務體系支撐的良好公共服務。這是一種取捨，而當人民跨境移動找到最適合自己的取捨點，整體福祉就會提升，累加起來社會就不斷進步——至少他是這麼想的。

丁波從來沒有真正實現自己的構想。這想法的確巧妙，但對他而言「只是另一篇論文」。過了很長一段時間，這套理論都沒有獲得重視。政治集中化的概念正風行，沒人在乎與地方政治相關的理論，媒體提到地方政府的時候，也往往是在討論隔離政策的廢除、政府無能或貪腐。故事大可能就此終結，對丁波來說也確實結束了，他在一九六八年一月心臟病發過世，得年四十三歲。

丁波死後一年，他的論文終於引起關注，並挑起各方辯論。辯論焦點是當代最重要的全球經濟問題之一：當有錢人、銀行、跨國企業或獲利因為企業稅降低、金融法規鬆綁等誘因而跨境移動，會發生什麼事？這場辯論的核心問題環繞著大家口中的國家競爭力，以及在降低企業稅或降低環保標準上相互競爭到底是件好事，或是場不健康的、比爛的競爭。最後，丁波的理論被放大、扭曲，並拿來為許多造成金融詛咒現象的政策做意識形態的背書。這絕對不是左派學者丁波樂見的結果。

歷史顯示不公平的現象往往只有在大型、劇烈的衝擊後，才能適當翻轉。對丁波那個世代的人而言，那份衝擊源自二戰。一九三〇年代爆發的金融危機與經濟大恐慌使各界對自由貿易、金融法規鬆綁、自由放任的經濟失去信心，因為它們正是讓洛克斐勒、魏斯泰兄弟這些市場破壞者能夠自由行動的關鍵。在戰場上流血流汗的法國勞工再也不想迎合富裕的菁英分子，他們要國家給予回饋。一九四五年二戰結束，提供了一個獨特的政治機會，讓各國得以施行英國經濟學家暨跨領域學者凱因斯（John Maynard Keynes）進步且具革命性的構想。

凱因斯深知金融有其用途，但他也知道金融可能造成危害，特別是當各界放任金融業不受民主政權控制、在世界各地流竄，狀況就更加危險。如果一個經濟體開放全球熱錢（即指沒有與任何實質計畫或國家相連結的無根金流）流入，就比較難追求對人民有利的政策——像是完全就業。背後的原因可以用以下例子說明，假設一個開放金融資本自由流動的國家試圖透過降息振興產業，金錢就會外流到其他地方尋求更高的報酬率。資本越來越稀少，貨幣通常會貶值，最後政府被迫再次升息。凱因斯知道，如果政府想要採取對人民有利的行動，就必須阻止這些狂野的投機型金流。他的名言是，「只要在合理、方便的情況下，就應該盡可能在國內生產貨品。最重要的是，讓金融以國內市場為主。」凱因斯謹慎地區分通常能創造利益的跨境**貿易**，以及他認為危險數倍的投機型跨境**金融**。不只政府暴露在危險之中，一九二九年華爾街股災顯示跨境投機型金流也會對私部門造成嚴重破壞。凱因斯說，「經驗不斷累積，顯示當所有權與經營之間相隔千里，就會在人與人的關係中種下惡果，長期而言可能或必然會造成緊張與對立，最終使財務計算徒勞無功。」他想表達的是，如果你的事業被遠在天邊的外國金融業者掌控，最終造成的傷害往往大於它所創造的利益。

凱因斯這套「跨境金融會帶來危害」的想法很有智慧，因此在二戰爆發前，就成為主流思想。政府與輿論都同意，各國如果要避免近年爆發的經濟與軍事慘劇重演，就必須改革國際金融體系。一九四四年，在凱因斯與他的美國版分身——懷特（Harry Dexter White）主導下，全球最先進的幾個國家在美國新罕布夏州布列敦森林召開會議，達成協議要建構相互合作的全球系統，以防止金融資本跨境恣意流竄，保護國家免於被造成動盪的熱錢所危害。這套系統剛上路時，走得跌跌撞撞。一九四五到一九四七年間，華爾街強硬推動一場短暫的金融自由化行動，造成大筆資金從受戰火摧殘的歐洲流出，歐洲富人把財富大筆往海外送，規避當地重建費用支出。但對於鐵幕籠罩歐洲的畏懼很快讓官員重新聚焦，布列敦森林體系（Bretton Woods System）終於有了力量。

布列敦森林體系是個絕佳、現代人幾乎難以想像的體系。跨境金融受到嚴格控制，但跨境貿易仍十分自由。因此，如果這筆錢是用來資助貿易、進行實質投資，或有其他特定目的，金流依然可以跨境流動，但投機型金流受到禁止。匯率大抵隨美元波動，而美元又以金價為依歸。假設你想進口一些農機具，或是要到法國度假，可以拿著英鎊與進口或旅遊文件到銀行或央行，只要銀行認可這是實際買賣或旅遊行為，就會收下你的英鎊，並把等值的法朗匯到適當的海外帳戶或給你現金。但如果你拿著幾百萬英鎊到英格蘭銀行要求換成德國馬克，理由只是要在德國銀行存錢以享受更高的利率，就會被趕走。美國財政部部長摩根索（Henry Morgenthau）表示，這個巨大的國際行政機制整體目標是「把那些放高利貸的借款方逐出國際金融的聖殿」。

布列敦森林體系充滿漏洞和問題，但還是在二戰之後，順利撐了約四分之一個世紀。把金融體系壓制住之後，各國政府可以自由採行對國家最有利的行動，不用擔心錢潮外流。富人稅很高，有時候超級高，在一九五〇到一九七〇年代之間，美國最有錢的一群人要繳約七〇%到八〇%不等的稅，二戰期間，英國最高稅率甚至達到九九・二五%，一九五〇年代幾乎都維持在九七・五%，直到一九五九年才降到八〇%。國內金融法規也嚴格得驚人，美國羅斯福新政上路，加上各種反壟斷的法令，促使巨型銀行解體，並從各方面限制銀行從業員。戰爭期間，由政府主導的大規模科技發展開啟了數波產業革命，各國積極投資對民間而言風險過高的研究項目。

各地政府同時出手，規模大且全球方向一致，有些地方甚至祭出嚇人的高稅率。這段期間不管是富國或窮國，經濟成長率都突破了歷史紀錄，而且高出許多，堪稱空前絕後。舉例而言，西歐在一九五〇到一九七三年間每年平均成長四・一%。即便投機型資本流動受到壓抑，貿易依舊蓬勃發展，現在人常稱那段時期是「資本主義的黃金時代」（Golden Age of Capitalism）。經濟成長之際，財富不均跟著減輕，通膨溫和、債務縮水，金融危機爆發的規模小且頻率低。這就是達到全球規模的「美國夢」。

英國首相麥美倫（Harold Macmillan）直言，「英國人民大多未曾享受過如此美好的生活。到各地走走，走訪工業城鎮、探訪農村，你會看到在我有生之年、甚至是英國歷史上未曾見過的繁榮景況。」西方國家的健康服務與靠政府資金提供的社會福利遍地開花；工會強而有力；開發中國家成功在貿易壁壘下扶植新興產業。現代人很難想像，但當時投資銀行家的薪水並沒有比老師高到哪裡去。英格蘭銀行於一九四六年收歸國有，英國內閣辦公廳大臣表示，政府「必須和積極的生產者站在一起，對抗消極的食利者」。這一切都是廣大、明確、耀眼的行政與政策解藥，打擊傲慢的金融產業下的詛咒與強盜大亨時代自由放任的政策。金融業應該是社會的僕人而非主人。這套做法成功了。

一九四六年過世的凱因斯沒能見證自己的思想完全獲得證實，他的想法也在不久之後受到抨擊。一場立場相反的革命正醞釀，要束縛政府並再度解放金錢與金融業的力量。

「新自由主義」的反撲

雖然控管措施成功推行，但銀行業者極度厭惡布列敦森林體系。米特蘭銀行（Midland Bank）董事會成員哈雷克勛爵（Lord Harlech）的一封信，讓這股情緒表露無遺。信件內容痛斥國際貿易主席克里普斯爵士（Sir Stafford Cripps）與財政大臣達爾頓（Hugh Dalton）那頭「豬」，指稱兩人的動機是出於「政治與個人野心，還有對國家與工商業、乃至於所有公平競爭的怨恨」。哈雷克還抱怨這兩位「我們在米特蘭銀行對抗的全民公敵是這個爛政府最糟的兩顆老鼠屎。」銀行業在組織反擊行動時，環繞著一個基本概念，那個概念是一位平凡的奧地利經濟學家海耶克（Friedrich Hayek）在一九三六年「突獲啟發」的結果。不出幾年，這個概念就被冠上名稱——新自由主義（neoliberalism）。對許多人而言，新自由主義不是什麼專有名詞，只是左派的人攻擊所有他們討厭的右派人士時，掛在嘴上的政治術語。確實經常是如此，但新自由主義有它獨特的歷史與意涵，從實際影響來看，新自由主義代表的就是政府積極推動並保障金融法規鬆綁、私有化與全球化。

新自由主義是十八世紀傳統自由主義的分支。政治自由主義談的是在國家法律系統中，所有國民享受相同的民主權利。經濟自由主義則源自斯密（Adam Smith）提出的「一隻看不見的手」，認為在運作適切的市場中，自由交換或貿易應該可以提升整體社會福祉。依據這套說法，交換行為越不受拘束（或越自由），社會整體獲得越大利益，而政府的角色是要提供基本功能，像是國防、保障財產所有權，並仔細監控以避免市場被壟斷，除此之外，就該閃邊去。政治與經濟自由主義是兩個截然不同的場域，但兩者都把自由視為關鍵。新自由主義經濟極為仰賴這些思想，基本上就是一組分析市場的技巧，而其中一個關鍵結論就是在（未受破壞的）市場中，競爭能創造整體效率且有益於社會。

新自由主義誇大了這些思想，初始概念是政府會無可避免地聚集過大權力，因而走向專制。在那個時空背景下，會抱持這種恐懼無可厚非，納粹幾乎攻佔了全歐洲，蘇聯極權主義迫近，歐威爾（George Orwell）在一九四九年出版的熱銷小說《一九八四》中提到了思想警察，種種因素都是懸在西方文化上空的鬼魅。被現代人視為新自由主義始祖的海耶克起初談的新自由主義概念是：市場競爭會創造效率並讓所有人受惠。接著，他跳了一大步，直言這個概念可以——甚至應該——不只適用於市場和商業交換，也能套用到生活的各個面向。他想，如果可以重塑社會與法令，變成一個大的市場或一組多個市場，利用政府的剪刀手把社會這匹布切分成小碎布，再讓各個區塊相互競爭，會有什麼結果？最簡單的例子就是私有化，把國有資產通通賣給民間，希望他們相互競爭，變得更有效率。海耶克認為，如果可以做到這件事，市場就會成為馴服政府（專制的僕人）的工具。（如果這一段話讓你想到現在的全民健康醫療制度〔ＮＨＳ〕，你的思考方向正確。）*

海耶克最著名的作品《通往奴役之路》（The Road to Serfdom）寫得很清楚，競爭與訂價系統是**唯一**合法的仲裁者，判斷哪些東西優良且真實。這一套說法立刻成為新自由主義的口號，減稅、鬆綁法規、私有化，放手讓所有碎塊相互競爭。不只是銀行或企業，健康服務、大學、學校的遊戲場、環保機構、性侵害轉介服務、監理者、律師、空殼公司、廚房水槽，全部都可以、都應該，而且**必須**塞進同一套競爭架構，進行分類並接受唯一能判斷優劣的測驗：市場的檢驗。

梅特卡夫（Stephen Metcalf）解釋，在這一套架構中，人類從「仁慈或不可剝奪的權利義務的支持者」變成無情的獲利與虧損計算機，分成贏家與輸家。社會不再是可以進行政治辯論或採行集體行為的場域，而是一種共同市場，運用競爭帶來的好處，像一個巨大、無所不知的腦袋一樣運作。智慧不斷自動生成，市場持續找到最好的方法來把稀有的資源按照競爭優勢分配，並為

---

* 譯註：英國全民健康醫療制度（ＮＨＳ）靠稅收支持，英國人看病不用錢，人人享有同等醫療服務。但過去幾十年，政府陸續把健康服務切分成幾個部分，部分交由民間機構管理，不再由政府直接提供服務。有些人（包括物理學家霍金）抨擊這種作法導致ＮＨＳ被財團把持、醫療品質下降。

所有人締造最佳成果。政府經過重建，成為讓市場盡可能滲透社會的代理人，公民權責和傳統正義理念，甚至是法令規範等事物都被擺到一邊，焦點變成生產力、風險、資本報酬率等技術性問題。英國政治思想家戴維斯（Will Davies）認為，新自由主義是「用經濟讓政治幻滅。試圖用經濟上的衡量結果，取代政治判斷……透過競爭，可以分辨哪個人或哪些事物具有價值。競爭、競爭力與最終引發的不平等都被認為是符合正義且可以接受的。」

這是正義的全新觀念，很難找到比它更創新的想法了。

布列敦森林會議後不久，一群美國與歐洲學者於一九四七年在日內瓦佩爾蘭山進行歷史性集會，新自由主義改革正式成形。這場會談的與會者包括海耶克和其他著名的經濟學家與思想家，如：傅利曼、米賽斯（Ludwig von Mises）、斯蒂格勒（George Stigler）、奈特（Frank Knight）、波爾普（Karl Popper）和羅賓斯（Lionel Robbins）。會議由瑞士三大銀行、兩大保險公司、瑞士央行、英格蘭銀行與倫敦金融城贊助。海耶克本人從一九五〇年離開倫敦政經學院（London School of Economics）之後，「從事的永久性工作全部都是企業贊助的職位」。

佩爾蘭山會議成員在那場會議上得出的遠大目標很理想、甚至像在期待救世主出現，預期民間英雄會推翻專制政權的黑暗力量。海耶克宣稱，「我們必須培養並訓練自由的戰士，讓他們持續建構自由的哲理。」經濟自由會帶來政治自由。推廣這些想法的激進派智庫網絡，開始收到大筆企業獻金，這個網絡遂成為新自由主義的搖籃，孕育出對凱因斯學派的反撲。

這個趨勢把權力從政治人物的手上抽離，轉交給經濟學家與金錢利益團體。在這個新型態的權力體系頂端，坐著一群金融玩家，他們購買並販售全球企業，對那些喝了新自由主義萬靈丹的政府具有投下反對票的權力。這種意識形態帶來最深遠而潛移默化的結果，就是金融化（financialisation）這個影響層面廣大的現象。金融化是金融詛咒的核心，它不只關乎金融業規模的大幅成長，也包括把金融技巧和競爭注入所有無法處理（與很多可以處理）的事物當中。

海耶克振奮人心的想法吸引的追隨者越來越多，包括牛津大學保守協會（Oxford University Conservative Association）會長羅伯茲（Margaret Roberts）。半個世紀後，結婚多年、冠上夫姓的羅伯茲，成為英國第一任女首相——柴契爾夫人。她說自己「經常重讀」海耶克的《通往奴役之路》。還有許多政治人物也愛上新自由主義，因為「市場的判決」讓他們無須再負責做艱難的決定，也幫助他們迴避公平正義等麻煩的概念。他們只要放輕鬆，看著那台自由放任的市場機器處理吵雜、麻煩又難解的紛擾即可。後來也證實這種做法很受歡迎，畢竟誰不喜歡競爭？就像凱因斯說的，競爭「迷人的程度只有性愛能夠比擬。」當英國國家廣播電台（BBC）的主播拿起政策清單，並說「讓我們看看金融城的人認不認同」，他們不只在推廣受范伯倫嘲諷的商業智慧，也擁抱了新自由主義與新自由主義的**政治**判斷。

然而，新自由主義的支持者不只想把人民、企業與社會的碎片塞進訂價系統這個超大香腸機裡，接受那烏托邦式、全知全能、追求最佳解的市場邏輯，他們還想把整個國家都放進去。而丁波的作品為他們開啟了奇幻天地。就像兩個吸力強大的磁鐵相互靠近，兩套思想——一套主張政府或社會應該分成幾個部分相互競爭、提高效率；另一套主張州政府與轄區可以有效率地相互競爭——必然會走在一起。

兩套理論在一九六九年完全結合。那一年，普林斯頓大學的經濟學家奧茲（Wallace Oates）發表論文，提出一些量測結果，看似證實了丁波的理論。奧茲觀察紐澤西州五十三個社區，了解各區的房地產稅與當地主管機關花在經營學校的經費，接著再看這兩個因素與房價的關係，最後得出的結論符合丁波預期。高房地產稅指向低房價，且經營學校的支出越高，則房價越高。民眾確實「用腳投票」，依據稅率與政府支出決定移進或移出社區。丁波是對的！

奧茲的研究成果現在看來或許不怎麼樣，但在當時十分前衛。如同經濟學家費希爾（William Fischel）所言，「大家都知道美國人移動性高，過去卻沒有經濟學家把移動性與對當地政府服務的需求連結在一起。」這套模型越來越受推崇，按照費希爾的說法，現在「儼然是美國地方公共經濟學的試金石……它的影響力已經超越經濟學，也超越了公部門。」那些支持蘇格蘭、北愛爾蘭甚至倫敦加稅與加強支出力道的人，往往是利用這個從丁波與奧茲的研究成果推導出的模型來獲取支持。丁波偉大的想法悄悄地滲透各處。

對新經濟自由主義的支持者而言，可以將各個州進行「有效率的分類」振奮人心：終於有一套把各區、各州、甚至整個國家丟進競爭模型的機制，讓他們可以宣稱整套流程都是好事一樁。

更棒的是，這套機制合理化了他們的觀點，就是公共服務、稅收體系、甚至法令規章都是商品，可以在市場上進行買賣。戴維斯寫到，「法律成為多種『資產』的一種，國家可以以此相互競爭。」而稅收「僅是國家公眾有限公司要盡可能降低的『成本』。」

不難看出這套說法顛覆效果有多強：法規有金錢價值，企業稅制也有。當這些想法在一九七〇年代末期成為政治思想主流，無可避免地造成貪腐、寡占、銀行紓困、跨國組織型犯罪成長等結果。

隨著這些知識與政治上的改變逐漸開展，美國發生了一連串事件，彰顯丁波的構想，卻與他的動心起念背道而馳。州政府並沒有如同丁波預期的、因為相互「競爭」而變得更有效率，這些「競賽」反而成為大型金融業者與企業的利器，藉由促使州與州、國與國陷入惡性競爭，越比越差，獲取他們追求的利益。（在這本書中，我之後提到像這樣的惡性競爭，會放進括號裡，寫成「競爭」，以便與私有市場中的一般競爭做區隔。）

減稅競賽越發失控

一九七三年，奧茲發表論文的四年後，愛達荷州民主黨州長安佐斯（Cecil Andrus）與高速成長的電腦公司惠普的老闆——普克德（David Packard）會面。惠普正在籌劃建立一座新的主要電腦廠，選擇已經刪減到剩下愛達荷州和奧瑞岡州。安佐斯在自傳中說明，在奧瑞岡州提出誘人的條件之後，他如何推銷愛達荷州的優點。他回憶，「普克德禮貌地聽我說完，接著平穩地問我，『貴州願意提出哪些稅務優惠？』」安佐斯的回答現在看來很古怪。

> 我深吸了一口氣，準備向他推銷一個不討喜的論點。我對他說，「我們認為不應該讓既存企業補助新的企業。當你來到愛達荷州並成為居民，就適用完全相同的法規。幾年後，你們也會成為老企業，屆時你會希望補助新來的人嗎？」當時氣氛緊張，普克德停頓了一下說，「合理。是該這麼做。」他接著又問了其他問題，最後，我們成功贏得電腦廠，讓這間頂尖企業成為州民。

當時，傳統共識仍存在，大家依舊認為企業不只是創造獲利的機器，應該有更遠大的目標。企業是穩定的社會機構，創造就業、優良產品與服務、繳稅，並建構生機蓬勃的社會。這項共識即將受到挑戰，最終變得面目全非。

其中一個較不知名、推動改變的工具是一個新興產業，該產業在安佐斯與普克德對談時，已在醞釀。這個產業最早出現在一九三四年，當時名為亞辛（Leonard Yaseen）的商人在紐約成立「范德斯工廠選址服務公司」（Fantus Factory Location Service），公司成立的宗旨是要提供專業在地服務，幫助企業搬遷或擴展到他們不熟悉的地區。這本身是個非常合理的構想，但問題出在公司不只會尋求讓當地人民全體受惠的優良條件，像是良好的基礎建設、健康且教育水平高的勞動力人口，還期待能搭便車進行財富榨取，希望獲得稅務優惠、規避生產法規、降低環保標準或從當地納稅人身上取得直接的財務誘因。

一九六〇年代末期，奧茲讓丁波的論文廣為人知之際，遷址產業已經漸趨成熟，秘密顧問刻意煽動地方政府相互競爭，並經常要求州政府要設立正確的「商業氛圍」，也就是要政府盡可能從當地納稅人手上榨取補助金。美國非營利組織「好工作優先」（Good Jobs First）總監拉羅伊（Greg LeRoy）長期觀察這些改變，他直言，這些顧問現在是：

> 穿著昂貴西裝出席經濟發展會議的搖滾明星，吸引數百名政府官員仔細聆聽他們的一字一句。企業在推動「各州間的經濟戰爭」，這群人就是突擊隊，讓政府大砍企業稅率，並在各地操縱州政府與地方政府……城市和州被迫相互「拉鋸」，比誰的補助多……他們巧妙地操弄州咬州的體系。

拉羅伊列出遷址顧問十四個搭便車的詐騙手法，包括「就職黑函：如何做你本來就要做的事，並獲得報酬」、「創造假的競爭者」、「靠資遣得利」、「支付貧窮線工資，再把隱藏成本塞給納稅人」。一九七〇年代起，美國州政府之間的競爭腳步越來越快，現在整個體制已經失控。最適合用來仔細研究這個現象的培養皿之一，是堪薩斯市，該地中心被州界切分為堪薩斯州和密蘇里州。企業跨一條街就跨了一個州，因此激起當地邊境極度激烈的誘因戰，火爆到曾引發「停火」呼籲。

二〇一六年年底，某個冰寒地凍的十二月早晨，我拜訪了堪薩斯市，與雷納克薩市商務部部長史雷克（**Blake Schreck**）會面。雷納克薩市位於約翰遜郡，緊鄰州界，屬堪薩斯州。史雷克講話輕柔又友善，讓我想到蘋果創辦人賈伯斯：高挑、頂著一頭白髮，身穿高領毛衣，戴著細框眼鏡。他的辦公室原本是農莊，現在外觀塗上白漆、美美的，搭配墨綠色百葉窗，外頭有片翠綠草皮，而他的工作是要說服企業搬到該區：進入雷納克薩、約翰遜郡、堪薩斯州。他感覺有做出成績，雷納克薩是高端產業園區的天堂，低矮的辦公室建築與工業中心遍布各地，周圍還有一區漂亮的市郊，許多建築師、工程師、生科學者愜意地在白色圍欄後方生活。不管時機好壞，約翰遜郡每年增加四千多個就業人口，二〇一六年失業率三．三％，該數值長期以來幾乎都低於全國平均。

會談中，史雷克先舉了幾個傳統的理由，說明為什麼這麼多企業願意進駐該地。「我們的官員素質優良，不怕在看到成長之前，就先投資基礎建設，造路、建置下水道系統，做這些樸實的事情。經過這些年的努力，已經看到成果，」他說。但他接著說，當地絕佳的公立學校體制才是關鍵。「極右派的人會來找我們，並說重點只有最低稅率，但在約翰遜郡，我們做了完全相反的選擇。重點是社區整體發展，來到這裡的人願意付錢以在安全的社區內享受最佳服務。我們證明了這套模型可以順利運作。」他又說，「坦白說，在我從事這份工作的三十年來，真的沒有人跟我抱怨過堪薩斯州的稅率太高，這從來不是個問題。我剛來的時候，如果有人膽敢來要求減稅或提供誘因，我們會輕視他。我們心想，**如果你想成為這個社區的一員，就好好付錢、加入我們。**」愛達荷州州長安佐斯想必會同意這種做法。

然而，對話接著變得黑暗。史雷克說，他在一九九〇年代以前就注意到，過往他可以直接與有望遷入的企業對話，後來卻逐漸改由激進的顧問公司當窗口，這些顧問無禮又無情地改變計算方式。

過去是「嘿！進來坐坐，我們喝杯啤酒配牛排，彼此了解，看看你會不會喜歡上我們這個社區。」現在整套流程變得冷漠又制式化，你會被放進顧問的試算表中，分析各項條件，你要想辦法擠進前十名，還得準備好各種數據：他們一天內就要看到方圓五到十英里的人口組成和研究。現在每一件事都靠顧問推動，這是業內極大的轉變，當顧問開始負責駕駛這輛遷址列車，誘因機制整合在一起，變成整體文化的一部分。

顧問也夾帶了保密文化，這種文化是他們的致命武器，用來從公眾的皮夾裡榨取更多企業補助。保密讓顧問可以吹噓並說謊，胡謅對手開出的條件，又不讓你查證，他們靠這種方式榨乾亟需吸引企業的州或城市。史雷克拿出一疊檔案夾並快速翻閱，唸出企劃案的名字，像是大腳、紅木、楓葉，每一份都附上極嚴格的保密協定。他說，「我們會收到一些大案子，一次就有六到十個公司派來的人，而他們甚至不告訴我們**全名**。」有一次，史雷克和他的同事索性用塔倫提諾（Quentin Tarantino）的電影《霸道橫行》（Reservoir Dogs）中的角色稱呼這些人，像是「粉紅色先生」、「橘色先生」等。「我們被逼到這個地步。」

企業幾乎每次都是差不多決定要搬去哪裡了，才開始煽動州際競爭，但對這些顧問而言，企業拿到補助方案，他們最多可以抽成三〇％，因此有強烈的動力欺騙並過度施壓。不僅如此，稅務誘因的競爭更是因為剝削榨取而惡名昭彰，企業提供競選經費，交換超優惠稅務方案，還有數不清的官員離職後轉入企業任職。舉例而言，堪薩斯市屬密蘇里州的地區就建立了獨立的「經濟發展企業」組織（Economic Development Corporation，簡稱「EDC」），該組織目標是要建立「競爭、蓬勃發展、能自立自強的經濟體」。然而，員工卻頻繁在大律師事務所與組織職務間輪轉，協調酬庸。簽署合約時EDC也能抽成，但稅務優惠用的是他人的預算。這是標準的搭便車問題。

史雷克說，約翰遜郡現在一般會給予遷入的企業五〇％到五五％的房地產稅減免，但更激進的公司會擠出更多好處。例如：連鎖餐廳「Applebee's」就靠著「我們要搬去密蘇里州」這張牌，獲得十年期、九〇％的房地產稅減免。密蘇里州的港口事務管理局甚至願意提供企業一〇〇%的稅務減免。還有更誇張的，解構「全堪薩斯促進就業方案」（Promoting Employment Across Kansas）會發現，從員工薪水預扣的稅金，高達九五%並非進到捉襟見肘的州政府手上，而是繳給雇用這些員工的企業，效力最高長達十年。這類交易很常見，也有些是讓公司取回從他們的商業計畫收取的營業稅。這種做法在全美各地越來越普遍，甚至有專屬暱稱：「繳稅給老闆」。還有其他好處，像是零息貸款或直接向州政府領取現金補助。史雷克說，「現在的狀況是，幾乎所有公司來拜訪時，都預期會得到財務優惠。有些州會直接給錢，我們離那一步還有一段距離。」然而，競爭越演越烈，不同的稅務轄區殺得刀刀見骨。「我們以前是好夥伴，但現況讓我們彼此相爭。把一群老鼠放在盒子裡，只要起司夠多就沒問題。但把起司拿走，他們就開始互咬。」

史雷克辦公室往東幾英里，跨過州境之後，就是隸屬於密蘇里州的約克遜郡。我在那裡見到社區心理健康基金（Community Mental Health Fund）的執行總監艾迪（Bruce Eddy）。社區心理健康基金是政府基金旗下的子基金，每年約投入一千萬美元到慈善團體，服務約一萬五千名家暴與性暴力受害者，與需要心理健康服務的民眾。大部分收入來自單一管道——房地產稅。這一點和世界其他地方的稅務機制不同，大部分國家是把各種稅收匯集起來，放到同一包政府預算中，混合以後才分配到不同支出項目，因此沒辦法看出特定稅收下降的直接影響。但在美國，房地產稅直接對應特定支出，這個基金就是如此。因此，以稅務減免為重點的競爭，創造了直接受害者。

艾迪的工作與政治牽連極深，也得向政務官報告。因此和我對談時，他有所防備，但很快就能清楚看出房地產稅減免對他的預算影響多麼劇烈。他說，「就像隻九頭蛇，有各種不同的稅務優惠，而我必須與他們對抗，才能取得收益來服務患有心理疾病的民眾。這可不是運動項目。」減稅「競賽」蔚為風潮。「討論一直繞回原點。減稅很好，為什麼？因為『有競爭力』。為什麼『有競爭力』很好？因為可以減稅！」這套說法符合新自由主義不在乎共同利益的說詞，生而為人就值得合理生活水平的觀念被徹底拆除，而且狀況每況愈下。

這場競賽蔓延全美。其中一個近期的灰暗故事，主角是亞馬遜。亞馬遜二〇一七年宣布要成立第二個企業總部，並要求各城市提交誘因方案，相互競爭。在我寫這本書的時候，已經有二百三十八個地區競標「HQ2」計畫，最高出價者是馬里蘭州，該州提供總價八十五億美元的稅務優惠與其他優惠，而亞馬遜自己表示，成立新總部只需要五十億美元。馬里蘭州是個小州，如果順利出線，就可以吸引許多亞馬遜員工從附近的州移入。

亞馬遜的例子突顯了兩個大家比慘的重點。首先，這場競賽不是到零就結束了，就算企業已經完全不用繳企業稅，還是可以繼續要求加碼：要求政府補助、免繳營業稅和薪酬稅，還有很多財務操作手法，越來越大筆的財富從納稅人手上榨出後、轉交給日益壯大的企業。這些巨型、跨境企業和富人想透過搭便車的方式，享受我們大家繳的稅，真的沒有極限。減稅、給補助、迎合他們，他們就要求更多，簡直像遊戲場上的霸凌者。他們有什麼理由不要求？

第二個重點是「贏者詛咒」，這個概念經濟學家再清楚不過。競標過程中，贏者詛咒的現象很常見。得標者支付的金額往往遠高出合理價格，因為他們不清楚競標物的價值、不了解自己付出的成本，因為被哄騙、被霸凌或被誘惑，所以選擇多付錢。又或者，他們是用別人的錢在投標，所以毫不在乎成本。二〇一六年一份詳細的研究發現，追求像亞馬遜「ＨＱ２」這種超大合約——在經濟發展領域被稱為「獵水牛」——的行為，讓美國州政府為了每一個直接創造的就業機會付出六十五萬八千美元的成本，對州而言，整體虧損。如果是建科技數據中心，平均成本是每個工作二百萬美元。相對地，美國州政府平均花不到六百美元就可以提供一位勞工就業訓練，而就業訓練在創造就業上的成效遠勝前者。

競爭的謬誤

本章節向政策制定者拋出三個問題。第一，減稅和其他優惠是否可以吸引外地企業到本區投資？答案顯而易見，絕對有機會。一九六九年，奧茲的論文發表之後，這個問題已經一再受到檢驗並確認。不只在美國，其他國家也都看得到類似狀況。

第二個問題是，當州政府或國家相互競爭，以吸引企業或人民，對世界整體而言是否有利？還是最終會演變成讓所有人都受傷的、越比越差的競爭？如同我先前解釋過的，新自由主義者引用丁波的構想主張像這種「競爭」健康又有效率。如果你和我一樣搜尋類似論述，就會發現它無所不在。舉例而言，在二〇一三年舉辦的達沃斯世界經濟論壇（World Economic Forum）上，瑞士總統毛勒（Ueli Maurer）就說，「在我們的國境內存在各地區的競爭，多元化會促進競爭，不只在商業領域是如此，政治領域亦然。因此催生了良好的基礎建設，限制法規設立，也降低了稅率。」這類主張歸根究柢都是同一個讓人心動的概念：競爭是好事。如果競爭對企業有效，對國家就一樣有效。丁波、奧茲、芝加哥學派提供學術支持，佐證州政府、國家可以像企業一樣相互競爭，締造榮景。這樣的想法影響深遠，足以改變世界。

但丁波的主張有個問題，就是那套說法完全是胡說八道，連丁波都說自己的模型不切實際。他在某場研討會上，首次對學界發表那套理論，該研討會的與會者說，丁波把那套理論當成內梗，嘲笑保守經濟學派當權者。看到那篇論文被右派期刊《政治經濟期刊》刊登，他當然覺得很有意思。據傳，他當時說，「我想那些笨蛋不知道我是自由派的，一定會覺得那篇文章非刊不可！」

而且論文本身也清楚提及理論的極限。丁波寫到，「那些想把這個模型與競爭私有市場模型做比較的人會覺得失望。」該模型每一個重大缺失都是致命傷，綜合起來就是場災難。首先，稍微想一下就知道國與國、稅制與稅制之間的「競爭」和市場上企業間的競爭**完全沒有**相似之處。想感受一下兩者的差異，可以試著回想英國老牌建商卡利里恩（Carillion）和美國能源巨頭安隆

（Enron）等企業倒閉案，與類似幾年前索馬利亞倒閉的國家倒閉案。企業倒閉令人難過，但員工都有望獲得新工作，當公司在市場上相互競爭，創造性的破壞也可能催生資本動能。但國家倒閉卻會引發戰亂、謀殺、核武私運，完全不是同個檔次的恐怖怪獸。兩者之間唯一的相同點只有一個詞：競爭。就算你和我一樣相信在未受破壞的市場上，民間競爭再好不過，也完全不代表國與國的競爭就一樣好。

此外，丁波的模型還需要極誇張的假設才能達到他所謂「有效率地分類」。丁波自己幾乎列出了所有誇張的假設。第一，他假設只要政府的稅制一有變動，一群居民與消費者就會在各州或各國之間來回移動，好像買賣房子不用錢，還可以隨意幫小孩轉學。丁波也假設避稅天堂不存在，企業不能透過避稅天堂把獲利轉到世界各地，或是威脅要移轉，以脅迫政治人物讓步，藉此獲取不合理的減稅方案或其他好處。在丁波的模型當中，有錢人不能避稅或搭便車享受公共服務。犯罪、汙染與其他壞事不會溢出邊界。世上只存在一種稅收——房地產稅，而且每個人都只靠利息收入過活，超級聰明的社群領袖與其他政治勢力攜手，領導超級聰明的民眾。公司高層在考慮要把公司搬到哪裡的時候，不會因為他們在物色新址時，旅館房間裡出現免費妓女或門縫底下蹦出的那一大包現金而改變決定，地方政治也與貪汙腐敗沾不上邊。

為了避免搭便車的問題，每個人終其一生都得在同一個地方上學、念大學，接著工作、生活、繳稅、變老，不然各個轄區就可以用搭便車的方式享用彼此的教育或退休金制度。因此，人民終究不能用腳投票。依據這個模型，沒有人可以像前英國財政大臣勞森（Nigel Lawson）一樣，在職期間不斷要求削減「高昂」、「沒有競爭力」的英國稅率，退休後再搬到高稅率的法國享受良好的公共服務。丁波的各種假設還得仰賴一連串讓一般「效率市場」模型順利運作所需的假設。簡單來說，假設人類理性、智慧且追求自身利益，而且市場絕不會出錯。

在不平等日益嚴重的世界裡，這種「競爭」總是會造成普遍性的傷害。因為它獎勵大型跨國企業、跨國銀行、有錢人和可以輕易移動資產的人，這些人輕鬆把賺到的錢或他們自己移到他處，跨境尋找最好的條件、最低稅率、最不受工會保障的勞工、最適合隱匿財務狀況的制度、最鬆散的金融法規，如果沒得到這些好處，就威脅要離開。你家當地的洗車場、理髮師、碩果僅存的家庭式蔬果小販或一般勞工如果不滿意稅率或是水果衛生法規，都沒辦法離開（或讓人相信他說走就走），搬到日內瓦去。因此，大玩家得到好處，小魚苗被迫全額付款，支持社會發展，還要多繳一筆錢來負擔那些到處遊走的十億級富豪拒繳的部分。這種「競爭」系統性地把財富從窮人手上向上推給富人，扭曲經濟體制，又破壞了社會與民主制度。和我一起建構金融詛咒這個概念的克里斯汀森說，搭便車的問題「是其中一個你在經濟學課程的第一學期會學到、之後卻再也不會聽到的東西。這是經濟學領域中，最廣大的黑暗大陸之一。」針對我向政策制定者提出的第二個問題，答案很清楚：各政權在企業稅上的「競爭」，無疑是越比越差的比賽，它加劇不平等，也全面地傷害了這個世界。

第三個問題比較大，應該說它是歷史上最重要的經濟問題之一：「競爭」到底是不是越比越差的競賽，對世界造成全面性傷害？如果**我的**國家或州從地方利益的角度來「競爭」，是否合理？

史雷克過去的答案是否定的，至少在他所處的地區是如此，但他現在變得不那麼確定了。他說，「在雷納克薩，我們過去會直接拒絕。但你必須加入戰局，一旦參戰，就很難離開。現在的論調變成是拿到一半總比什麼都沒有好。有些州——特別是南部州——比我們積極得多，會給出超級優惠的誘因方案。我們都被捲入漩渦中，如果你試著游出來，你也知道的，真的做得到嗎？」

現在有一個深植人心、廣泛被接受的想法，就是「沒錯，必須要給好處，而且我們應該以鄰為壑。」國家別無選擇，在企業稅或金融法規這些領域必須「具競爭力」。很多人覺得這種說法有道理，事實上，這就是過去幾十年來英國主要國家經濟策略的核心。如同前英國首相卡麥隆（David Cameron）所言，「我們正參與國際競賽，這意味著像我們這樣的國家來到抉擇的時刻，只能選擇淹死或向前游，做或者不做。」

然而，這套信仰完全錯誤。就像丁波的理論，這種說法的背後是基本經濟謬誤和愚蠢的錯誤。國家大抵可以選擇自行退出這場競賽，不會受到任何經濟上的懲罰，整體而言，甚至還會獲益。以鄰為壑實際上就是以己為壑，讓別人去玩就好了。

要了解為什麼會如此，就要離開相對平靜、美國州間的水域，航向波動更劇烈、危險的全球海域。在這裡，我們會發現英國比其他主要經濟體玩得更拚、動得更快也更無情，部分是為了要彌補二戰後帝國瓦解的失落。在這個過程中，英國對全球經濟造成毀滅性的傷害，同時傷害了自己。

第三章　大英帝國再起

名為金融城的掠奪機器

好幾個世紀以來，倫敦金融城作為大英帝國的生財中心，施行史上最強的財富榨取系統。皇家海軍的戰艦長期仰賴金融城團隊掠奪而來的財富，團隊成員包括東印度公司（East India Company）。東印度公司是在一六〇〇年獲得官方許可成立的貿易公司，爾後演變成嗜血、不受規範的組織，擁有自己的私家軍隊，並於十八世紀掠奪印度次大陸。一七五七年爆發的普拉西戰役中，東印度公司擊敗孟加拉王公，把孟加拉的金銀財寶搬上超過百艘船隻組成的船隊，揚長而去。

金融城支持這些帝國冒險的核心理念是自由，更準確地說，是金融與貿易可以不受拘束、橫跨國境的自由。金融城對這個理念極為投入，儼然成為帝國非官方的信仰。前金融城貿易家——

寶寧爵士（Sir John Bowring）聲稱，「自由貿易就是耶穌基督，耶穌基督就是自由貿易。」寶寧後來出任英國殖民下的香港總督，當時英國試圖強勢撬開令人垂涎三尺的廣大中國市場，進出口產品與服務。一八三九年，中國企圖禁止大量鴉片輸入，英國遂挑起並贏得第一次鴉片戰爭。一八五六年，中國再次反鴉片進口，寶寧下令皇家海軍砲擊廣東，發動第二次鴉片戰爭。這一場戰役完全撬開中國大門，讓英國與其他歐洲列強得以將他們的自由貿易體系強加於中國。

一如與金融相關的每一件事，金融城的帝國角色不能簡單論定善惡。在軍事侵略的同時，金融城也提供資金，在世界各地鋪設鐵道、道路，推動各種改變人民生活的計畫與服務。金融城也借款給法國、俄羅斯、普魯士王國、希臘和新成立的多個南美洲共和國，以及大英帝國。金融家羅斯柴爾德（Nathan Rothschild）就說，倫敦是「全世界的銀行」。倫敦對放眼國際的極端堅持，也孕育了英國包容度相對高的多元文化，讓它持續好幾個世紀都是全球最多元而有趣的城市。一七三三年，伏爾泰說，「在那裡，猶太人、伊斯蘭教徒和基督教徒互相交易，彷彿他們信奉相同宗教。除了倒閉的人之外，不稱誰為異教徒。」

然而，富人湧入金融城並沒有讓全英國受惠，僅僅嘉惠了特定利益團體，而且往往犧牲了其他人的利益。幾個世紀以來，金融與經濟其他部分的衝突與緊張情事層出不窮，衝突種類不勝枚舉。舉例而言，從海外大量流入的外匯可能推高國內幣值，使本土製造商成本較外國製造商高，因此傷害了出口商與他們在英國（通常是倫敦以外的地區）創造就業的能力。或者以自由貿易為例，自由貿易讓金融城的利益團體受惠，這群人因同時服務進出口商而獲利，卻可能傷害當地產業。這些產業往往受惠於保護壁壘，才得以與便宜的進口貨品競爭。不管自由貿易的話術多巧妙，保護措施在英國、美國、日本、南韓與其他許多國家都是成功的產業策略核心。

更驚人的是，總是向外看的金融城很長一段時間都沒能為英國本土工商業提供多少資金，在倫敦以外的地方更是如此。英國區域型業者往往得從地方型或地域型管道取得資金，或拿自己的保留盈餘來投資。歷史學家凱恩（Peter Cain）說明，金融城的主導地位掩蓋了這個現象，讓公眾未能察覺。凱恩說，當一位來自工業地區的議員起身談論當地議題，大家會認為他代表的是選區利益，「但如果是金融城的議員在下議院起身發言，通常會被認為是為國家發聲。你會發現這種想法不斷延續，很難擊破。」

帝國的支柱——英國的狡猾、外交手腕、金錢與暴力——終於在二戰時期被摧毀，當時英國傾全國之力與財富對抗納粹統治下的德國。因此，當世界主要國家在戰後共推布列敦森林體系，權力就此橫跨大西洋、移轉到華府，凱因斯與英國當權者試著利用新體系帶英國重返世界經濟事務中心的地位，卻沒能成功。大英帝國苟延殘喘了幾年，最終只剩空殼，隨時會碎裂。

聽起來或許很違反直覺，但在倫敦金融城跌落谷底之際，英國展現了前所未有的全面性榮景，享受經濟成長。這並非偶然，而是反映了多年來金融與其他經濟部門的衝突。布列敦森林體系加諸限制，避免投機性金流跨境移動，讓這些衝突變得再清楚不過。

在一九五〇年代之前，倫敦金融城的成員只能眼紅地看著巨大、支離破碎但快速成長的全球市場。在布列敦森林體系的控制下，金融城幾乎無法觸及這塊市場。金融城的活動範圍受到限制，只能在英國受戰火摧殘後的國內經濟體、殘存的殖民地與邊疆地帶這些還在使用英鎊的地區活動，這已經嚴重損害金融城的獲利，更有甚者，布列敦森林體系讓英國政府可以自由對有錢人課徵高額稅率，並設立嚴格的金融法規。在嚴格的限制下，金融城瀰漫萎靡不振的氣息。一名英國官員在一九四七年寫到，「我擔心倫敦多個古老的企業實際上已經走到終點，或者會持續營運卻僅像是影子。」萊斯銀行（Lloyds Bank）行長法蘭克斯（Oliver Franks）感嘆，他每天做的事情「就像用雙手拖拉一頭沉睡的大象，要牠站起來。」

一九五一年，這股萎靡情勢正嚴峻，三名資深英國官員想出極機密計畫要把倫敦金融城拉出布列敦森林體系的束縛，讓它重返榮耀與主導地位。該項計畫稱為「操作機器人」（Operation Robot），取自三個主謀的名字：財政官員羅恩爵士（Sir Leslie Rowan）、英格蘭銀行成員波頓爵士（Sir George Bolton）、另一名財政官員克拉克（Otto Clarke）。當時英鎊兌美元匯率固定在約四美元兌一英鎊，三人的構想是要推動英鎊改採浮動匯率，可以自由轉換成其他貨幣，如果順利，「操作機器人」計畫就會對整個布列敦森林體系投下震撼彈，也可能改寫世界經濟史。這項計畫是其中一個金融與製造業間的經典爭端，也是近代最後幾場金融家輸掉的戰役。

就連「機器人」計畫的策劃者都承認，這項計畫會讓英國經濟陷入混亂，利率上升、食物價格飆升、失業率飆高。因為自知他們的計畫讓人難以接受，三人試著不向內閣報告就火速推動，他們已經取得英格蘭銀行與保守派首相邱吉爾的首肯，邱吉爾對經濟一竅不通，但「直覺」這是對的方向。波頓寫到，機器人計畫是「唯一一個可以保證我國有意義地存活下來的國際政策。」然而，風聲很快流出，各界一了解這項計畫可能造成的影響，恐懼立即襲來。該計畫被抨擊為（也真的是）「銀行家製造危機的陰謀」。財政部主計長查韋爾勛爵（Lord Cherwell）預測，麵包價格會飆升、超過二百萬人失業，他也擔心這個狀況會嚴峻到讓保守黨幾個世代都無法執政。他諷刺地補充說，經濟「會被從政治人物與策劃者手上拿走，轉交給金融家和銀行家，就他們最懂這些事。」

一九五二年年中以前，計畫就胎死腹中。布列敦森林體系沒有瓦解，倫敦金融城與英鎊丟失國際領導地位，拱手讓給紐約與美元。接下來好幾十年，英國與其他參與布列敦森林體系的國家共同享受史上最強、最普及、最少危機的經濟擴張期，先進國家經濟年成長率約四％、開發中國家三％，是幾千年來平均成長率的二倍以上。

即便全國一片欣欣向榮，倫敦金融城與它的支持者依然不放棄推翻整個體系。時任英國房屋部長、另一位保守派成員麥美倫（Harold Macmillan）在一九五二年寫了封信給波頓，內文反映這股情緒。他寫到，伊朗在一九五一年三月國有化英伊石油的資產，「嚴重打擊英國信譽」，這件事情本身造成的損失，可能和英國損失的石油一樣多。他呼籲採取軍事行動，以捍衛英國石油利益與整個帝國，才能重建各界對英鎊的信任，把英鎊帶回國際事務最前線、重回光榮地位。麥美倫寫下，「這是一個抉擇，要墮落到劣質而矯情的社會主義，還是邁向第三個大英帝國。」麥美倫似乎沒有發現，英國的帝國榮光早已無可避免地開始崩解，印度在一九四七年獨立，其他殖民地不久後也將跟進。

觸發大英帝國近乎全面瓦解的關鍵是決斷力強的埃及總統納瑟（Gamal Abdel Nasser）在一九五六年奪回蘇伊士運河的決定。英法兩國與以色列聯手，入侵運河區，但美國已經對歐洲帝國主義失去耐心，也擔心這種冒險行徑會激發阿拉伯世界支持蘇聯的聲音，因而強迫入侵者收手。戰後英國的疲弱表露無遺，各個殖民地的人民逐漸發現自己可以掙脫束縛。起初，去殖民化僅是緩慢推展，後來突飛猛進：迦納在一九五七年獨立、奈及利亞一九六〇年，接著烏干達、肯亞、坦噶尼喀、南北羅德西亞、貝專納、尼亞薩蘭、巴蘇陀蘭等地紛紛於一九六〇年代初期獨立。以金融城為重的英國權貴因為去殖民化而心靈受重創。靠著大英帝國軍方的脅迫，從殖民地而來、唾手可得的利益泉源看來永遠乾涸了，過往榮光彷彿經歷災難般的崩解。

但事實並非如此，因為一九五六年——英國因納瑟的決策而蒙羞的那一年——倫敦出現了新的金融市場，這個市場靠著金融城對自由的信仰逐漸茁壯，最終將金融城重塑為全球金融中心，擁有滿手精密的新武器，這些新工具讓它可以從世界其他地方——與英國其他地區——榨取財富。當時沒人想像得到這個市場會如此驚人地成長，最後取代、甚至超越傳統帝國，成為金融城當權者的財富與聲望來源。

英格蘭銀行的官員在蘇伊士危機爆發前幾個月，首度發現這塊新市場。他們看到米特蘭銀行（現在已併入滙豐旗下）——金融城最大膽創新的機構——開始接受與商業或貿易無關的美元存款。在布列敦森銀體系之下，這種做法是被禁止的投機行為。當時的倫敦金融城是個校友網絡，蘊含細緻的儀式，紳士地握手後遂達成協議。執行金融法規時，英格蘭銀行官員邀請銀行業相關人士來喝茶，那是種文化上的信號，隱諱地讓對方知道他們越線了，這種做法通常很有效。米特蘭銀行的外匯部門領導人被請來喝茶，不管有沒有直接受到警告，英格蘭銀行後續的紀錄都指出，米特蘭銀行「欣然接受警告」，但這項跨境業務太賺錢，因此悄悄地持續下去。

各國央行在執行布列敦森林體系時，遇到一個關鍵問題是要確保外匯或黃金存底充足，才能捍衛自家幣值，維持固定匯率。英格蘭銀行一直擔心外匯存底會見底，導致在緊要關頭，英國沒有辦法進口關鍵物資。米特蘭銀行的不實舉動帶來大筆美元收入，鞏固英國的美元存底，因此英格蘭銀行決定視而不見。隨著更多美元獲利流入，暫時的放任轉變成永久放縱。實際上，英格蘭銀行已經決定要接受新美元市場在倫敦落地生根，但不進行監理。然而，這項新業務也沒有受到美國政府的規範或被課稅，那到底**是誰在**規範或收稅？答案是，沒人。

諷刺的是，這個超級資本主義市場的前幾個用戶包括蘇聯與共產中國的銀行，這些銀行老闆樂得自家交易在冷戰期間不受西方政府監管。不過他們的資金很快就被更大筆的金流淹沒了，美國的銀行發現他們可以到倫敦來，施行在國內不能做的事，一口氣跳過布列敦森林體系的束縛與國內羅斯福新政的嚴格金融法規。簡言之，這些銀行家可以把業務帶到其他地方，規避他們不喜歡的國內法。當大家因帝國崩解而焦慮，金融城當權者已經悄悄把英國變成境外避稅與金融活動的天堂。

口耳相傳之下，越來越多銀行——特別是美國銀行——都加入這個行列。瑞士與盧森堡這兩個存在已久的歐洲避稅天堂也參了一腳。美國人幫這項業務取了個匹配的名字：「歐元市場」（Eurodollar markets; Euromarkets）。這個名稱和現在使用的歐元毫無關係，這裡的「歐元」單純指逃出布列敦森林體系掌控的錢，在新的自由派市場上交易，而這些市場大多位在歐洲。「歐元」成為新型態的無國界金流，就像倫敦銀行家說的、「完全獨立於（英國其他地方的）貨幣群之外」。倫敦的銀行家只要管兩本帳：一本專記用外幣計價的海外「歐元」交易，帳簿中（大部分）的錢從世界其他地方借入再貸出；另一本專門記錄國內以英鎊計價的交易。

因此，某些層面上來說，「歐元」與其他金錢無異，但另一方面，它們又有所不同，因為這些錢逃到不受政府控管的市場後，得以自由流動。這有點像是把一個人從市郊的家庭小屋中帶走，帶到鎮上較狂野的區，給他威士忌和古柯鹼。人沒變，但又不完全相同——更有趣，但也更不負責任。

初期，英格蘭銀行的一份文件說明了「歐元市場」的誘人之處，包括：從當地主管機關的控制（如：禁止承擔過度風險的法令）解脫；不再受外匯限制等總體經濟面的管制；參與者與他們的客戶可以享受低稅率，甚至零稅率；機密性高且「企業法規非常自由」。雖然「歐元市場」與主要經濟體幾乎完全脫節，但新興的金融中心彼此間連結倒十分密切，不受限制，有效地創造了一個單一、無根、無實質場域的金融區，有點類似雲端計算。這個市場是不負責任、賺錢、無縫的全球金融遊樂場，不受任何人監管，飛快地成長著。

其中一個讓「歐元市場」可以這樣高速成長的原因是它們缺乏控管，讓這些市場成為逃稅者、詐欺者、罪犯的天堂。另一個原因是這些市場讓銀行可以無中生有，不受政府限制地創造新錢。在任何國家的銀行體系中，只要銀行貸新錢給客戶，就會創造新錢。如同美國經濟學家高伯瑞（**J. K. Galbraith**）所言，「創造金錢的過程簡單到根本不用動腦。」為了避免銀行失控，政府要求銀行要保留一定比率的準備金，限制銀行收了多少存款，只能貸一定比例的錢出去，藉此控制金錢生成。但「歐元市場」卻完全不受這類限制束縛。英格蘭銀行的紀錄指出，「歐元」借款「不受控制，沒有限制金額、性質或期限，完全仰賴借款方在商業上的謹慎。」不管官方有沒有限制，謹慎的銀行家確實都不會瘋狂、輕率地借款，但英格蘭銀行的假設是所有「歐元市場」中的經營者都一樣謹慎。

起初，美國官方似乎不怎麼擔心大西洋另一端的漣漪。一九六二年，在紐約聯邦儲備銀行服務的科恩（**Benjamin J. Cohen**）奉命研究「歐元」。他回憶，「那個口氣像是『現在倫敦那邊有這個新的發展，我們想進一步了解。你去一趟，搞清楚。』」但美國人很快就發現這個環環相扣的系統是個金融震盪全球擴大器，金融震盪透過一波波經由「歐元市場」來回流竄到世界各地的金融資本傳遞。憂心忡忡的美國官員不久後開始批評這些市場是「破壞的力量」，也是危險的無根金流「跨國水庫」。在一九六三年以前，華府和紐約之間不斷交換訊息，那時「歐元市場」靠著較高的利率把錢從美國吸到倫敦與其他地方，其中一份官方紀錄批評這是在「削弱紐約金融中心的地位」，並抨擊「歐元市場」正創造與當年引爆一九二九年經濟大恐慌相同種類的風險因子。紐約聯邦儲備銀行與美國財政部抱怨那些市場使得「世界各國想追求獨立貨幣政策更為困難」且惡化了「全球收支不均」的現象。財政部高階官員羅莎（Robert Roosa）對使用「歐元市場」服務的美國銀行業喊話，要他們「自問是否為國家利益服務」。

一九六〇年代初期，「歐元市場」的存款已經累積達十億美元，換算現在的幣值約當五百億美元。接著事情就失控了，光是在一九六三到一九六九年間，美國銀行在倫敦的存款就成長了二十倍。一九六〇年代末期，羅莎提出警告，投機性全球資本四處流竄，「規模遠大於過去我們經歷過的一切，非常大規模地移動。」一九七〇到一九八〇年間，這個量**再度**成長了十倍。

一九七〇年代初期越戰爆發，讓事情越演越烈，美國把錢往海外送以支應軍事支出，金額比他們獲得的外幣收入高。結果造成全球體系中的美元越來越多，進一步餵養「歐元市場」。一九七〇年代兩次石油危機加大這股金流，催生巨額的新油錢——或者更準確地說，是「石油歐元」

——大型銀行從產油國把這些錢轉出來，再透過倫敦金融城的轉盤送回第三世界破壞性強、與犯罪相關的借款循環中。這些貸款往往會被國家菁英竊取，他們用假的發展計畫騙錢或直接竊取款項，再送回「歐元市場」保管，在那裡，沒有人會問金錢來源，而且會把錢**再次**放款回那些被掠奪的國家。每一次輪轉，銀行都從中賺了一筆。

哈佛畢業的墨西哥總統戴拉馬德里（Miguel de la Madrid）於一九八二年上任時，要親愛的國民「勒緊褲帶」，自己卻開始累積數億存款，放入海外銀行帳戶，依據美國智庫調查，他光是一九八三年就存了一點六二億美元。大部分的錢都是從墨西哥政府向「歐元市場」貸款中攫取而來，而且幾乎全數透過日內瓦、倫敦或其他地方的「歐元市場」放進境外帳戶。一九八五年，柴契爾夫人在午聚上，感性地對他說，「您在這裡有很多朋友，特別是在金融城。我們會持續提供您最豐富的交易機會。」

綽號「娃娃醫生」（Baby Doc）、殺人不眨眼的海地總統杜瓦利埃（Jean-Claude Duvalier）與貪婪的菲律賓總統馬可仕（Ferdinand Marcos）等領導人都以掠奪國庫聞名，他們只是個案，實情更加氾濫。依據估算，在一九七〇年代末期到一九八〇年代初期之間，墨西哥、委內瑞拉、阿根廷的借款有超過一半「轉頭就從後門流回去，通常流入當年、甚至當月就轉走了。」在委內瑞拉，幾乎是拿一元、轉一元回去，在「歐元市場」，沒有人會出手干涉。當時有少數人注意到這個現象，卻幾乎沒有人過問這些錢去了哪裡。同一時間，這些國家的市井小民必須承擔讓人喘不過氣的債務，從他們的角度來看，這是帝國正式壓迫終結多年後，另一個從倫敦金融城而生的超大搶劫機器。這個機器不需要動用英國一兵一卒，仰賴極高機密性，完全隱形。

在黑錢的餵養之下，「歐元市場」持續成長。英格蘭銀行多次斷然拒絕美國的要求，不願意思考如何解決問題。英格蘭銀行的紀錄中寫到，「不管我們多討厭熱錢，都不能在身為國際銀行家的同時，拒絕接受這些錢。這樣會造成永久性的傷害。」美國進一步施壓後，英國那「去你的」的態度更加直白。一位銀行高層基奧（James Keogh）挑明，「花旗銀行跑到倫敦以規避美國的法規，與我無關，我也不會特別想了解。」

就像慢動作核爆影像，「歐元市場」開始給予金融全球化自行生長的力量。這些市場向英國外轉移，不再局限於美元，也不受任何人掌控，演變成失控的金融錘，結合海耶克與傅利曼的思想，反擊政府干預，在外匯控管與國際合作框架上，砸出好幾個洞。時至一九七三年，這股壓力已經太過龐大，主要貨幣匯率可以對彼此浮動，布列敦森林體系瓦解，同時油價飛漲，全球經濟成長腳步放緩、進入新的時代，不公平的現象越來越嚴重，西方國家也面對更頻繁肆虐的金融危機。這正是凱因斯示警過的景況。

隨著這波動盪橫掃世界，從倫敦金融城和「歐元市場」而生的另一系列暗黑發展，開始加速醞釀。

犯罪蜘蛛網

英國國家檔案館（National Archives）裡，深藏著一封英格蘭銀行官員寫給財政部同事的長篇公文，時間是一九六九年四月十一日，文件標示著「機密」字樣，內文流露警告。這份公文提到，英格蘭銀行一項監理行動中，監理人員到英國位於加勒比海的海外領土出訪時，發現了讓人難以忍受的狀況。

這些海外領土不分今昔，都是大英帝國碩果僅存的碎片，總共十四個領地，其中包含七個重要的避稅天堂——安圭拉、百慕達、英屬維京群島、開曼群島、直布羅陀、蒙哲臘、英屬土克凱可群島。澤西島、根西島和曼島這幾個環繞英國本土的皇家屬地也是避稅天堂，前述的海外殖民地與三座島嶼一樣，沒有在帝國崩解時，完全與英國斷絕關係。這當中許多地方長年以來是海盜流亡場所，或惡人的巢穴，不受附近內陸經濟體的執法單位掌控。

這些領地若不是英鎊區（即，使用英鎊），就是自行發行貨幣，但匯率釘著英鎊。在布列敦森林體系之下，英鎊可以自由在英國領土之間轉換，但如果要把錢轉出英鎊區，就會受到跨境金融的限制。這裡有個很妙的地方，就是剛剛提到的那些領地中，包括開曼群島、英屬維京群島等地，會以區域內流通的貨幣或美元作為當地貨幣，因此，在這些領地進行銀行業務時，一般都是美元、英鎊、其他貨幣都收。銀行應該要分別保管各幣別的帳本，並謹慎控管帳本間的換匯情況。這件事情不僅窒礙難行——金流通通進到超賺錢的「歐元市場」之後就更困難——還創造了極大誘惑。

一九六九年，那份英格蘭銀行公文的作者派頓（Stanley Payton）發現這些小小的英國領土在布列敦森林體系的柵欄上鑿出幾個洞，各種好奇的生物開始爬過洞口。早期攀入、最有名的例子就是披頭四，他們的電影《救救我！》（Help!）在一九六五年於巴哈馬拍攝，當時巴哈馬還是英國殖民地，披頭四選在當地拍攝的原因是他們要在那裡待一段時間，才能使用巴拿馬的避稅功能。那個年代，避稅是反叛、很酷的事情，其他名人紛紛跟進，像滾石樂團、布蘭森（Richard Branson）等，布蘭森好幾年後還說，如果沒有把他的事業移往海外，公司現在只有「一半的規模」。（他現在在英屬維京群島的家中，大力揮舞著英國國旗。）派頓的公文憂心地指出：

> 然而，各事件的腳步看來越來越快。外匯控管上的潛在漏洞再也不能靠偶爾巡查解決，較小、單純又遙遠的群島持續受到外籍操縱者的關注與奉承，試圖把這些地方變成他們的私人帝國。這些地區的行政單位很難理解發生了什麼事情，也難以抗拒誘惑……一位美國居民提出的避稅天堂提議，讓他們開始重思是否根本不需要進行外匯控管。我們可能需要派個人駐點當地。

以愛發牢騷的英國國家公務員標準來看，這份公文措辭嚴厲，形容成長越來越快的「歐元市場」中，一場打地鼠的遊戲。在這場遊戲中，外國罪犯與可疑份子是主要受惠者。但在英國國內，是哪些利益團體受惠，又有誰是輸家？派頓的公文一出，無疑激發了討論，倫敦各政府部門代表不同的利益團體，開始激辯該如何應對。其中一位是任職於海外發展部的雷德諾（Rednall），他看來超熱衷於秘密銀行與骯髒的空殼公司業務，他說，這會「吸引企業家與金融業者」，主張對加勒比海小領地而言，那是發展經濟很不錯的方式。雷德諾倒沒有想到在拉丁美洲、北美洲、非洲與他處的數億人民付出了慘痛代價，只因為英國幫助他們國內的菁英、販毒集團、竊國者洗劫國庫。

歷史上，英格蘭銀行通常與金融城站在同一陣線。英格蘭銀行內部公函透露煩惱，在苦思如何加強外匯管制並壓制海外領地對這些管制造成的風險之虞，私心希望外國人把錢放到這些領地，創造大筆以外幣計的處理費用。就像其中一份銀行公文提到的，「因此，我們要非常確定這些多數時候只是掛個招牌、操作島外資產的信託公司、銀行等機構，不會失控地擴散。」此外，只要英鎊沒有離開英鎊區，「當然就無需反對他們提供非居民避難所」。最後一句話顯然只是隱諱地說，我們歡迎來路不明的錢。

但英格蘭銀行內部並非全面力挺，文件檔案反映了機構內的衝突與不解。有公函反對一項為英屬維京群島提出的「金融海盜巢穴」提案，理由是懷疑這個計畫會被用來進行毒品與槍枝交易。內文同時對於一項由美國人麥可厄平（Clovis McAlpin）向土克凱可群島提出的提案表示震驚，該提案最終會讓這個人「每年進貢以換取特權，這些特權讓他等同於成為該群島的無冕王」。（這個提案最後無疾而終。）他們擔心開曼群島「可說是已經被一個外籍稅務理事會洗劫，該單位一夕之間說服開曼群島施行信託法規，該法規超越其他事務，卻另有目的。」這個理事會至今仍存在，並且在制定開曼群島避稅天堂法令上，扮演關鍵角色。

英國稅務機關——內地稅務局（Inland Revenue）想法不同且較為清晰。他們的公函形容一九六七年制訂的《開曼信託法》（Cayman Trust Law）「很不文明……這套法令應受批評，我們應該到那些仍用各種方式取得英國支援的領地，和這套法令交鋒。」稅務局主張，這些只掛個牌子的單位幾乎沒有為當地帶來利益，頂多是少少的律師費，因為幾乎所有活動都在其他地方進行，其中一位官員預估，島上國庫「每損失二十英鎊只賺一英鎊，根本稱不上經濟協助。」稅務局也擔心美國政府會因為英屬維京群島的法令支持設立秘密空殼公司而惱羞成怒，這些空殼公司的使用者「至少二十年不需要接受任何盤查」。英格蘭銀行與稅務局批評會計公司普華（Price Waterhouse），直指普華一直慫恿隔壁的蒙哲臘設立一間「令人反感」的空殼公司。

爭論不斷延燒，但支持境外避稅天堂的支持者漸漸占了上風。英格蘭銀行成員——派頓逐漸傾向支持海外發展部門的雷德諾，暗想這些做法或許真的能提供群島所需的「起飛」。討論焦點從取締轉向以援助為籌碼，促使這些領地稍微自我克制。然而，到這時候政府依舊沒有作為，旋轉木馬繼續運轉，越轉越快，與「歐元市場」的連結也日益加深。越來越多私人公司湧入這些領地，要求各領地相互競爭，提供更精心策畫、更迂迴、符合犯罪需求的機密設施、信託法規與金融法規漏洞。

從一九五〇年代中期到一九八〇年代初期，這段期間是座分水嶺，劃分了避稅天堂全球體系的兩個時代，以瑞士為首，步調緩慢而謹慎的境外秘密銀行體系逐漸讓位給更活躍、激進的安格魯薩克遜派，從以倫敦為核心的「歐元市場」開始，擴散到不受規範、充滿犯罪情事的英國境外網絡，該網絡至今仍續存。

這個網絡像一張蜘蛛網，以倫敦金融城為核心，連結到開曼群島、直布羅陀等遠端避稅天堂。蜘蛛網是個不祥的比喻，但用在這裡倒很合適。這張網抓住費用或資產，這些錢通常來自剛剛提到的英國避稅天堂附近地區，再向上送到倫敦金融城。舉例而言，一名哥倫比亞的罪犯可能會在開曼群島設立空殼公司或銀行；或是有法國銀行或能源公司在澤西島設立特殊目的公司（SPV），以對股東或政府執法單位隱匿資產；或是俄羅斯權貴在直布羅陀設立不實銀行。有時候會牽扯非法行為，有時則沒有。每一步都需要律師、會計師、銀行服務，而英國網絡樂得提供這些服務。最賺錢的業務大多在倫敦執行，但通常是靠這些避稅天堂在第一線網羅業務。整體而言，就像一位有遠見的英國稅務律師所言，「英國運用開曼群島與其他類似轄區，為世界其他地方的富人創造免稅空間，讓他們把資產拿到英國管理。」雖然英國並沒有直接對這些外國人或外國資產課稅，但以倫敦為據點的經理人因為管理那些境外「一包包鼓鼓的漏稅資本」賺取豐厚報酬，英國政府可以對這些經理人課稅。因此，英國可以從外國人在他處漏繳的稅中，分到一杯羹。

對這些英國屬地而言，與倫敦的連結至關重要，因為這份連結提供讓人放心的法律基石，這是其他迷你天堂無法比擬的。舉例而言，如果在開曼群島設立的企業結構引發糾紛，英國法院和法官會審理案件，並做出裁奪。如果你可以把錢放到開曼群島、受到英國司法體系的保護，誰會想把錢存到香蕉共和國的銀行？*這件事情突顯了避稅天堂用兩張不同的臉面對世界。他們一方面要顯示自己乾淨、可信任又有效率，讓四處流竄的金流知道他們不會騙人。另一方面，又想盡可能收取各種黑錢。他們把這個明顯的矛盾塑造成簡單的提案，向世界上那些無國界的熱錢如是說，「你可以相信我們不會偷你的錢，但如果你想偷別人的錢，也可以相信我們會視而不見。」

英國人民因為公平競爭獲得世界尊敬，英國法官因為不腐敗而受推崇，但同時我們卻看到義大利最負盛名的反黑手黨記者薩維亞諾（Roberto Saviano）稱英國是「世界上最腐敗的地方」，因為金融城經手了滿滿的黑錢。看似清廉的官員與黑錢的對比不是巧合，而是境外模式的核心。

二十世紀下半葉，大英帝國解體之後，金融城暫時失去靠炮艦和政府官員到他國榨取財富的能力，但海外領地化身避稅天堂，結合「歐元市場」，讓金融城得以奪回榨取財富的魔力。倫敦城市大學教授帕朗（Ronen Palan）是前幾個認真看待避稅天堂的學者，他把這張蜘蛛網形容成

「第二個大英帝國，身處當代全球金融市場最核心的位置」。

第二個金融帝國以倫敦為核心，開展出橫跨全球的網子，網住不受監控的金錢。這個帝國與過往以掠奪領地為主的大英帝國有許多相似之處。首先，這些逃亡路線蘊含的自由主義特質與舊帝國對自由的熱切信仰如出一轍。過去與現在，都是因為不受監控才讓避稅天堂這類境外場所成為惡行的溫床。罪犯必然會奔向奉行自由主義、不受監管的地區，在那邊處理金錢，就像你在夏日野餐時，打開一瓶草莓果醬，蜜蜂就會莫名竄出。法律寫得很謹慎，確保最高機密性，一箱箱販毒收入進入開曼群島或巴拿馬時，警察會準備好護送這些錢從機場安全抵達當地銀行。

在英屬避稅天堂裡，這種對錢自由放任的手段不斷延伸，已經超越處理毒品交易或組織型犯罪收益的層次，進入高端的財務操作。這些領地也給予銀行業務極大的自由，促進「歐元市場」發展，對英、美等主要經濟體的金融市場穩定性帶來嶄新、快速變種的風險。長年對抗犯罪的資深美國律師布盧姆（Jack Blum）回憶，自己第一次參透犯罪與金融法規鬆綁的連結，是在一九八〇年代、某一次拜訪開曼群島的事。他告訴我，「我發現毒品只是事情的一小部分，還有（其他）犯罪相關的髒錢，也有逃稅的錢。然後我意識到：**喔我的天！這一切都關乎帳本外——資產負債表之外的事。**」一九八九年以前，僅有二萬五千名居民的開曼群島已經在數字上成為世界第

---

* 譯註：香蕉共和國（banana republic）指的是貪污腐敗、受外國勢力支配的地方。

五大銀行中心，至今仍維持差不多的地位。

這張蜘蛛網讓特定人士與倫敦金融城連上線，依靠非法或不道德的活動賺取暴利，又用這些海外領地當長篙，和那些骯髒事保持距離。在這場遊戲中，英國政府往往自願成為共犯，但只要爆出醜聞，英國官員就會對媒體說，「你看，夥伴，這些地方基本上是獨立的，我們能做的實在不多。」但這套宣稱自己無能為力的說詞並非事實，海外領地的首領由英國女王指派，所有法規從以前到現在都要經過倫敦批准，英國也始終有權廢除這些法令，卻幾乎未曾這麼做。

金融俘虜

從英國這種主導並支持相關行為的國家來看，這類雙面境外商業模式的問題在於它的內建假設是該國可以築起圍欄，避免這些骯髒事與犯罪情事影響其他經濟層面、民主和社會。但這是不可能的，因為這兩件事情最可能牽扯在一起的地方，恰好是政治體系中最危險的地方：也就是在那群最有錢、有勢的人手中。他們當然也是避稅天堂的主要用戶。

正所謂上樑不正下樑歪，制定仰賴境外金融的國家經濟策略必然會引發副作用，透過四個主要途徑促使英國菁英參與犯罪行動：這套系統拉近了英國最有錢有勢的人與罪犯的距離；持續引誘菁英犯罪；讓罪犯變有錢而得以躋身菁英階層；讓閃避法令規章更為容易，因而形塑了免罪文化與實際凌駕法律之上的氛圍。

這就回答了很多人對避稅天堂的疑惑：為什麼政府不關掉這些金融妓院？美國稅務專家謝潑德（Lee Sheppard）簡短回答，「我們抱怨它們，怒吼著這些行為根本違法，卻不關閉這些地方，那是因為政府要員就在裡面，褲子都脫到腳踝了。」

從此處可以看出這些境外領地第二個重要特徵：借用英國避稅天堂專家席卡（Prem Sikka）的話，就是它們全都是「可受雇用的立法機關」。就像以前的殖民地一樣，這些地方的政治與經濟發展主要不是仰賴當地民主制度，而是外國利益，在避稅天堂的案例中，外國利益指的就是無根的外國金流。英國國家檔案中，一份一九六九年的公文顯示這個特徵在英國領地發展得多麼迅速。文內寫到：

> 私人開發商每天不斷對政府提出與皇家屬地相關的提案，這些提案總是以一種溫和、大方好客的口吻提出見解，暗示他們的慷慨與急切。提案通常寫得漂漂亮亮，由一群有各方顧問支持的商人團體大聲宣讀。每個提案都設立誇張的截止日期，暗暗威脅今天不做、明天就什麼都沒有。桌子另一端是行政首長與他麾下的公務人員，沒有商業專家、沒有顧問、沒有經濟學家、沒有統計學家、沒有任何在關鍵領域的專業人士。紳士與玩家對決，而這群紳士對遊戲一竅不通，搞不清楚規則。專業人士贏得遊戲一點都不意外，贏得輕輕鬆鬆。

一直都是這種套路，特別是在較小的避稅天堂島嶼，當地行政人員原本是漁夫、民宿的老闆或員工，卻被找來審視複雜的特殊目的公司法律或境外信託。就算在比較特殊的情況下，行政人員確實具備技術知識、了解相關法令，還是會有用錢築起的高牆壓迫他們不要反對任何提議。在開曼群島註冊的銀行總資產高達二兆美元，相當於這個小地方國民生產毛額（GNP）的一千倍，誰握有權力再清楚不過。因此，當地行政人員能做的通常不多，只能在那些為熱錢擁有者量身訂做的法令上蓋個橡皮圖章。舉例而言，二〇一五年流出的《巴拿馬文件》揭露，一間位於醜聞核心的巴拿馬公司——莫薩克．馮賽卡（Mossack Fonseca）實際制訂了紐埃島的避稅天堂法令。紐埃島是個僅有一千五百個住民的太平洋小島。

莫薩克．馮賽卡取得獨家協議，在當地註冊境外公司，這項操作很快就創造當地政府八〇%的收入。公司共同創辦人馮賽卡（Ramón Fonseca）說明背後的邏輯是，「如果我們擁有一個小轄區，而且從一開始就取下，就能提供人民穩定的環境、穩定的價格。」他們顯然取得了紐埃島。

事實上，這些地方的商業模式刻意違背民主制度。稅務天堂會特別設計法令漏洞，這些漏洞不是要幫助當地人民規避法令規範，而是幫助外國人在其他地方、境外閃避法令規範。他們在制定法令的時候也非常小心，確保所有傷害會轉嫁他處，不讓租稅天堂本身受害。這個「境外」的概念意味著這些制定避稅天堂法令的人，與那些身處他處卻因這些法令受影響的人，永遠是分開的。因此，永遠不會有民主的諮詢制度，讓租稅天堂的立法者與其他地方受這些法令影響的人進行協商。這就是境外操作的重點，也代表「境外」的定義幾乎可說是一間煙霧瀰漫的房間，業務只在房間外進行，而且必然違反民主程序。他們運作的黃金準則是：誰有錢，誰就能制定規則。

在這些地方，社會共識是要確保所有人都執行可以帶入金流的正確行為，這種想法加劇了對境外金融利益唯唯諾諾的情況。經營避稅天堂的富豪鮮少採取把境外金融反對者丟入大牢這種粗糙的手段，他們的威脅一般會藏在較縝密的機制中，例如，讓你知道只要敢搗亂，你就會難以就業或是被排擠。小島生活就像個金魚缸，機會少得可憐，這種威脅通常已經足以讓最激進的反對者閉嘴。克里斯汀森記得自己在澤西島這個避稅天堂擔任官方經濟顧問時，就感受過這股壓力，記得自己在會議上極為憤怒，卻又感受到強烈的壓力要遵循境外資金對這座島嶼的要求。「要花很大的力氣才能站起來說，『抱歉，我不同意。』我覺得自己像是在教堂放屁的小男孩。」離開澤西島、設立「稅收正義網」對抗避稅天堂好幾年後，他說自己在澤西島金融圈裡，依然是個讓人討厭的角色。在那樣的地方，避稅天堂被境外金融利益掌控——即，「金融俘虜」（financial capture）的現象——往往會延伸到家庭生活中。幾年前，我在一個很小的避稅天堂和一位女士談話，她曾經公然反對國內金融法規，她說，自己的親姊妹寧願走到對街，也不肯和她說話。

「金融俘虜」現象還會傳染。一九九〇年代，普華會計公司（現在的普華永道，簡稱「PwC」）、倫敦律師事務所司力達（Slaughter and May）與澤西島律師事務所——「Mourant du Feu & Jeune」一起說服澤西島當權者立新法，讓有限責任合夥人（LLP）企業的合夥人不需要為審計失誤承擔和現在一樣重的責任。新法的反對者都被抨擊為「國家的敵人」或「叛國者」，法令就這樣通過了。接下來，這間大型會計師事務所威脅英國政府，如果不在國內推動類似的LLP法令，他們就要撤出澤西島。他們只是在吹噓，但就像《金融時報》（Financial Times）當時犀利的分析，「他們想要持續把移往『境外』的威脅當成武器，用來威脅政府。」英國終究通過了自家版本的「有競爭力」LLP法案，該法案長期的影響就是把大筆財富從劣質審計與銀行錯誤的受害者——大部分英國納稅人——手上，轉交給所謂的「四大會計師事務所」合夥人。

俘虜與蔓延的情勢太過嚴重，導致從「歐元市場」問世開始，境外操作就穩定地擴散至境內經濟，像英國這樣的國家一直假設他們需要「競爭」才能吸引世界各地的熱錢。這場競賽最大的競技場就是「歐元市場」，這塊市場如同一則分析評論的，創造巨大「跨大西洋法規回饋迴圈，在大西洋兩側推動法規鬆綁……侵蝕英國戰後在凱因斯狀態下建立的法規體系，也使美國的新政法規不再穩定。」

「歐元市場」與全球避稅天堂催生的全球法規鬆綁潮標記了金融化時代的開端。金融化是金融詛咒現象中另一個重要議題，它包含了資本主義內部的重心調整，迎合穩定在規模與權力上成長的金融業。全球「錢牆」越砌越高，經常探尋新方法鑽入經濟與政治體系的角落與縫隙，把債務注入英國企業與房地產市場，並在過程中運送一箱箱金融技巧與操作手法，改變我們對商業、住家、公共服務的想法，甚至改變了我們的文化價值觀。這起全球變革伴隨著他的意識形態表兄弟——新自由主義——鼓勵政府放棄掌控一大部分過去被視為公共事務的事項，奉送給日益金融化的民間部門。

同一時間，美國也正經歷一連串變革。那些改變最終會像「歐元市場」一樣成為強而有力的力量，破壞在資本主義黃金時代創造普世繁榮的進步改革。這一切重擊的並非布列敦森林體系，而是對比布列敦森林體系更古老，但一樣強大的民主傳統——反托拉斯——給予致命的一擊。這些改變也將創造世界史上最富有的一群強盜大亨。

第四章　看不見的拳頭

反壟斷的興衰

二〇一七年九月，英國天空電視（Sky）董事長梅鐸（James Murdoch）講了一段弔詭的話。梅鐸家族是二十一世紀福斯（21st Century Fox）的擁有者，已經花了一段時間爭取以一百一十七億英鎊併購天空電視、取得完全掌控權，但英國主管機關把此案送交負責監管壟斷事務的競爭及市場管理局（Competition and Markets Authority）。梅鐸抱怨這個決定在英國脫歐引發焦慮之際，對全球投資人釋放出糟糕的訊息。他說，「如果英國在脫歐之後，真的會對企業保持開放，那麼我們期待這次能順利通過監理審查。」

類似的話語企業家常掛在嘴邊，沒有人會放在心上，但只要停下來仔細思考，就會發現這種說法很弔詭。這正是我所謂「競爭力訴求」（competitive agenda）的例子：概念上就是你必須不斷拿各種好處誘惑跨國企業和身懷鉅款的全球投資人，避免他們跑去日內瓦、新加坡等其他地方。梅鐸說的「對企業開放」對以競爭力為訴求的行家而言，再熟悉不過，這種說法實際上代表政府願意滿足大銀行或跨國企業的要求，即使犧牲經濟體中其他事物也在所不惜。梅鐸主張，英國應該同意此樁交易，讓已占主導地位的公司更有力量，同時限制市場競爭，以努力提升「競爭力」。英國要更「具競爭力」，就要減少競爭，這顯然是很奇怪的論點，大企業卻成天在提。

福斯想收購天空公司一案引發許多反彈，大部分都是在質疑梅鐸家族是否「適合」經營英國的媒體帝國，也有人擔心天空公司會「福斯化」，變成惡毒的英國版福斯新聞台。讓人驚訝的是，幾乎沒有有效的反彈聲浪是從壟斷、競爭或市場主導性的角度談這項併購案，只能靠保守黨的文化大臣布蘭得利（Karen Bradley）向主管機關舉報（她也這麼做了）。整個英國社會與媒體不分左右派，幾乎都沒有出聲反對，似乎沒有人質疑限制競爭以提高「競爭力」的想法。

如此顯而易見的盲點為什麼會出現？在洛克斐勒創立標準石油之前，壟斷力量造成的嚴重傷害早已再清楚不過，一九二九年經濟大蕭條之後，美國新政上路，也以反托拉斯措施為核心，這些措施包含許多不同的反壟斷法令，避免經濟權力過度集中。然而，大西洋兩頭都把這一切拋諸腦後。一場革新悄悄展開。

是誰扼殺了反壟斷？

其實有個明確的答案。這個轉變可以回溯到一九六〇、一九七〇年代興起的意識形態，那股風潮最終扭轉了各界對壟斷的想法。這場改革由一群芝加哥學派經濟學家主導，他們像魔術師一樣使出障眼法，把焦點從企業是否掌握過多政經權力這個重大議題，轉向一個較窄的議題：訂價是否正確。新的論點是，如果兩間大企業合併之後並沒有推高價格，那有什麼問題？臉書和谷歌的服務看來都是免費的，所以夥伴，向前看，這裡沒什麼好看的。像這樣縮小焦點，致使我們忽略更深層的問題，而那些問題就是催生金融化與金融詛咒現象的關鍵。

這場革命最開始的火苗出現在一九六〇年、美國經濟學家戴維德（Aaron Director）家裡的一場晚宴。戴維德留著小鬍子配上一副角質眼鏡，身形如同拳擊手一樣瘦而結實，他總是愛唱反調，是個善辯的反政府狂人，過去是極左派工會組織者的他，後來轉換陣營，現在看來誓死毀掉曾讓他充滿理想的思想。華威大學（Warwick University）政治經濟學教授華森（Matthew Watson）稱戴維德的主張是「完全、純粹的自由市場」。戴維德甚至比美國自由主義學派、自由市場經濟學教父傅利曼更右派，傅利曼也是戴維德的妹婿，娶了戴維德的妹妹蘿絲。戴維德常常笑傅利曼之前在政府工作，華森說，「傅利曼家的家庭聚會一定充滿笑聲，沒有幾個來找傅利曼的訪客會說他太挺政府又太左派。」

那天晚上，戴維德邀請了二十位客人共進晚餐，賓客主要是保守派思想家，不僅傅利曼出席，以抨擊政府法規為名的斯蒂格勒（George Stigler）也在場，還有英國經濟學家寇斯（Ronald Coase）與激進的保守派律師博克（Robert Bork）。

那個年代的芝加哥大學是個競技場，一群侵略性強、愛面子的大男人主義鬥士爭鋒相對，進行知識之爭，學者們竭盡所能、試圖提出更高明的效率市場理論，打敗對方。那些理論往往奠基在讓人聽了不禁為提出者感到丟臉的假設之上，採取反傳統甚至反社會的立場，支持大企業並抨擊大政府，數學與邏輯的美勝過現實生活與世界。戴維德就是最虔誠的新自由主義信仰者之一，他相信任何有價值的事物基本上都可以、也應該被塞進訂價機制中，以追求「效率」。他打動人心的狂熱感召了許多學生，其中一位就是博克。博克說，「戴維德用價格理論逐漸摧毀我對社會主義的幻想。」他進一步指出，很多同事「經歷的過程，只能用改變信仰來形容。」

那天晚上的賓客是去聽寇斯發表論文草稿，論文主題是「社會成本的問題」（The Problem of Social Cost）。一開始，寇斯先摘述他的主張，再進行投票，在場二十名賓客紛紛投下反對票，斯蒂格勒記得當時自己還在想，「為什麼這麼優秀的經濟學家會犯下如此明顯的錯誤？」

寇斯的主張很創新。那個年代的企業應該要遵從法律，或至少以法律為優先。如果企業非法排放汙染物到河川中，你就去搜尋那支水管或犯罪文件，再依法辦理。汙染物是一種外部性（某種結果影響了與交易或業務無關的人）。市場通常無法解決外部性問題，多年來各界總認為要靠政府和法規介入，解決這類市場機制漏洞。但寇斯不認同這種說法。

他說，想像一下有個農夫的牛破壞了鄰居的麥作，如果法律判定牛隻的主人要負責，他就得支付修復圍籬的費用，或是和鄰居談妥一筆補償金，如果法律判定他不需要負責，麥田主人就會支付修復圍籬的費用。但從整體效率來看，誰付錢修圍籬不重要，因為成本不變。因此，法律本身根本無所謂。寇斯接著說，法律應該要接受某種成本效益分析，不管是汙染者、粗心的農人或逃稅者，這些得利者對其他人造成的傷害應該要拿來與他們創造的效益做比較，只有當整體「福祉」達到最大值，才會發生類似情事。（這套說法和丁波模型的概念如出一轍，丁波模型中，追求最大福祉的州政府相互「競爭」以創造讓社會更「有效率」的世界。）

你可以進一步延伸這套邏輯。舉例而言，假設有一間大銀行壟斷了市場，這個行為對消費者或勞工造成的傷害若與銀行和銀行股東獲得的利益相抵，整體而言淨損失或許為零。再考量其他效益，像是大企業可以達到規模經濟的效果，那麼大規模壟斷的情況到頭來或許是件好事！市場自然會走向壟斷，法官不應該干涉。寇斯說，考量到法規加諸於壟斷者的顯著成本，就很難合理化任何對壟斷者的干預。

賓客一片譁然。在那之前，反托拉斯的概念——一整套既有的龐雜法規與直指壟斷有害、政府該予以監管的理論——同時受到政治光譜左右端的支持，左派擔心銀行與產業力量過大，會打壓勞工與消費者，右派則積極捍衛並推動市場競爭與完整度。寇斯對這一整套複雜的信仰體系與一些其他信仰投下震撼彈。

晚宴持續進行，爭執越演越烈。斯蒂格勒回憶，「一如往常，傅利曼講最多話。我印象中寇斯沒能說服大家，但他拒絕接受我們錯誤的主張。傅利曼從一側攻擊他，再從另一側，再從另一側。」但就像電影《十二怒漢》（Twelve Angry Men）一樣，氣氛開始改變。「我們很震驚，傅利曼沒打中他，倒打到我們，」斯蒂格勒說。晚宴快結束前，他們又投了一次票：所有人都支持寇斯。「我一直沒辦法原諒戴維德，居然沒有買錄影機。那是我人生中最刺激的一場知識饗宴，」斯蒂格勒說。

法律應該依循經濟上的成本效益分析，通過檢驗，如果不被接受就不應上路，這套對法律體系根基的強烈攻擊是經濟帝國主義的標準範例，經濟學教授想掌握更多權力，野心勃勃地要殖民所有他們能觸及的社會與政治領域。這套說法也是新自由主義的延伸，血氣方剛的新自由主義者認為律師與法律應該臣服於經濟學家與經濟學，而所有東西都有相應價格。

這次反動的規模與成功在一九八三年獲得彰顯。當時一群芝加哥學派經濟學家聚在一起，回憶——甚至可說是緬懷——那次奪權的場景。博克與另外兩位經濟學家短暫交流，一位是有影響力、支持壟斷的法官兼經濟學家波斯納（Richard Posner），另一位是一樣具影響力（且靠企業贊助）的經濟學家曼尼（Henry Manne）。曼尼是自由主義理論學者布坎南（James Buchanan）的同事，兩人與保守派大亨科赫（Charles Koch）聯手，透過設立智庫宣傳反政府思想，滲透學界。他們提出與范伯倫相反的理論，主張富有的資產擁有者是「創造者」（makers），窮人和中產階級是「獲取者」（takers），向創造者敲詐。有個說法是，「憲法就是聖杯，改寫憲法就能增強並保障富人的權力，而且完全不容政治人物提出異議。」下述對談就是很好的例子：

博克：就我所知，經濟學家還沒有對憲法造成任何傷害。

波斯納：我們正在嘗試。

曼尼：我們會把你從那裡也轟出去。（哄堂大笑）

就算不是天才，也看得出來把容易操作的數據推到法律之上，很可能造成各種違法情事，金融業就更不用說了。

這些創新的思想起初只是緩慢滲透，但支持者與企業贊助不難找。其中一位早期信奉者是華爾街顧問公司的合夥人，這位合夥人原本就是反政府小說家兼自由派精神領袖蘭德（Ayn Rand）的超級信徒。他的名字是葛林斯潘（Alan Greenspan），日後成為美國聯準會主席。一九六一年，他氣憤地說，「在這個國家，反托拉斯法的整套體系不合經濟邏輯、無知……讓人困惑、充滿矛盾、對法律細節吹毛求疵。反托拉斯的世界讓人想到《愛麗絲夢遊仙境》。」葛林斯潘說，問題不在大企業，在大反托拉斯和大政府。

美國一直是反壟斷的大本營，引領世界各地的風潮。從建國之初，反壟斷的思想就深植美國人民心中，美國對個人主義的堅持不僅成為反對政府過度擴張的堡壘，也阻擋了企業或金融業權力過度擴張。大家從一開始就很清楚，金融與商業權力過度集中不僅是經濟問題，還會撼動自由與民主的根基。一七七三年爆發的波士頓茶黨事件，就是為了對抗東印度公司的壟斷行為，該事件最終成為美國獨立戰爭的導火線。反壟斷措施通常會將政治與民主的目標放在金錢之前，二十世紀前葉最知名的反壟斷律師布蘭戴斯（Louis Brandeis）闡述了經濟效率並非重要目標的原因。他說，反托拉斯法的重點「不是要避免摩擦，而是利用政府三權之間無可避免的摩擦去分散權力，保障人民不受專治所害。」

在美國，反壟斷的熱誠與相關立法隨著政權轉移而起落。傑克森總統在一八二九到一八三七年間，強力對抗他稱為「貪腐九頭蛇」（hydra of corruption）的網絡，這個盤根錯節的壟斷者網絡以美國第二銀行（Second Bank of the United States）為核心。傑克森總統的成功，開創了不受企業掠奪且經濟動能強勁的時期。法國作家托克維爾（Alexis de Tocqueville）在一八四〇年寫下這段話，「外人看到一個可說是沒有富有人士的國家，執行如此良好的公共工作，往往會感到驚艷。讓我感到震驚的並不是部分企業有多麼宏偉，而是多到不可勝數的小型企業。」美國南北戰爭於一八六五年落幕後，美國進入了「帝政主義時期」，那是屬於洛克斐勒、卡內基、摩根的紀元。這些人合理化自己的權力，認為這是要用更「有效率」的方式讓他們所在的產業「變合理」所需的權力。

起身反擊政經權力過度集中的民主勢力有強烈地緣性，與我們現在看到的景況雷同得驚人。美國各地人民認為財閥從當地榨取財富和主控權，受惠者幾乎都是在紐約這樣的沿海城市裡的菁英。地區不平等的現象是《休曼反托拉斯法》（Sherman Antitrust Act）的推手之一。該法案於一八九〇年制定，以參議員休曼（John Sherman）的名字命名，賦予政府在一九一一年瓦解標準石油公司所需的權力。休曼表示，「如果我們不願臣服於帝王，就不應該臣服於貿易的專制。」《休曼法案》已經具備一排利齒，一九一四年加入新法案後更強而有力。一九三〇年代，經歷一戰與一九二九經濟大恐慌後，羅斯福總統推行新政，推出一系列進步的政治改革方案，把政治與經濟權力從金融業與大企業手上取走，轉交給市井小民，這套措施進一步加強了《休曼法案》的力道。新政制訂者謹慎設立校準系統，校正政府的制衡原則，在地方層級與國家層級調節彼此競爭的社會與國家發展重點，只要發現權力過度集中，就會出手拆散。這當中的旗艦法案就是一九三三年通過的《格拉斯．史迪格法案》（Glass-Steagall Act），強制銀行業將商業銀行業務從投機性強的投資銀行業務中拆出來，藉此拆解銀行巨獸。

在每一個階段，大家都很清楚改革重點不是經濟，而是政治權力與捍衛民主制度。當海耶克與新自由主義支持者把政府視為專制的代理人、把蘇聯當成最嚇人的怪獸，反壟斷的戰士們認為威脅來自於民間權力大幅集中的現象，這個現象也會催生專制政權，特別是法西斯主義。對他們而言，納粹統治的德國就是最佳例證。一九三八年，戰爭的陰霾籠罩歐洲之際，羅斯福總統在國會發表經典演說，「如果人民不斷忍受私有權力擴張，直到它勝過民主國家的權力，那麼該民主政體內的自由就不再安全。那基本上就是法西斯主義——政府被個人、單一群體或任何具掌控力的私人力量把持。」納粹國、統合主義法西斯義大利政權、日本帝國經濟體系中，壟斷情事都極為嚴重。納粹更在一九三三年積極促進大型產業聯盟成立，藉此加強上對下的掌控，消除外國競爭者、為大企業提高獲利，以金援軍備。如同拆解壟斷事業的美國眾議員塞樂（Emmanuel Celler）總結，「壟斷事業快速掌控了德國，為希特勒取得政權，幾乎把全世界推入戰火之中。」

戰後，戰勝的美國開始將這套嘉惠大眾的反壟斷信條推銷到全世界，就像民主化震波一樣。美國將反壟斷原則加入戰敗的侵略國的憲法中，成為戰後監理「4D」的一環：去納粹化（Denazafication）、去集權化（Deconcentration）、民主化（Democratisation）與去壟斷化（Decartelisation）。

有一段時間，英國也很重視反壟斷議題，只是方法不同。英國金融業由校友網絡把持，在大英帝國時期大賺一筆，也不受國際競爭威脅，對他們而言，建立像摩根或標準石油這樣的壟斷巨頭不是重點，重點是仕紳之間談妥協議，劃分勢力範圍、限制競爭，並享受由此而生的利益。但二戰過後，被血洗的英國勞工完全不想讓步，工黨黨魁艾德禮（Clement Attlee）帶領工黨投入一九四五年的選戰，宣言中直接宣告，「工黨是一個社會主義政黨，並以此為榮。」工黨大獲全勝，入主議會第一天，新任議員神采奕奕地合唱工人的愛歌——《紅旗歌》（Red Flag）。* 工黨的做法並非瓦解大企業，而是全面國有化，把能源產業、鐵道、礦坑、鋼鐵業都交由政府掌控。美國反壟斷原則也對歐陸造成強烈影響，一九五七年，為「歐洲經濟共同體」（European Economic Community）打下基礎的《羅馬條約》（Treaty of Rome）當中，包含以《休曼法案》為模板的多項嚴格反托拉斯條款。

然而，隨著「歐元市場」與歐洲境外帝國開始擴張，英國又從一九五一年起，長年由傾資方的保守黨當政，鐘擺再度盪了回來。美國政府也注意到英國的固執。一九六〇年代開始，持續推動反托拉斯法的美國資深律師布盧姆（Jack Blum）表示，「跨境總是會造成很多問題。」美國的相關法規應該要適用於全世界，但「英國卻在這點上死命與我們對抗。這類事情常發生，英國會跳出來捍衛財團，美國起身反抗，引發激烈對抗，英國還立法禁止美國進行調查。」布盧姆說，在美國，大企業也不斷攻擊反托拉斯政策。他直言，這是「一個純政治勢力介入以避免檢察官起訴的場域。」英國的敵意相對好處理，麻煩的是來自美國內部、破壞性強的攻擊，出手的是戴維德的學生和晚宴賓客，以及關鍵人物——博克。

博克是名愛唱反調的律師，他對於不斷迫近的道德崩壞備感焦慮。他責怪女權主義者、多元主義者、同志、色情業者，特別針對左派教授，他曾主張，「同志、美籍印度人、黑人、拉丁裔、女性等都宣稱曾受到壓迫。」他說，當代道德敗壞的解方就是審查制度，並補充說明，美國憲法不應該依據主流民主精神詮釋，而是要照字面解釋，不管從美國國父所處的時代起，經歷多少轉變，詮釋憲法時，仍要符合國父的初衷。

博克是個健壯、體格堅實的人，他時而睥睨、時而瞪視，有時雙管齊下，你可以想像一下那

＊譯註：《紅旗歌》是一首社會主義歌曲，強調全球勞工運動的犧牲與團結，也是英國工黨黨歌。

個畫面。他讓對手感到害怕，有一名電視名嘴形容博克時說，他「看起來和說起話來都像一個會嚴懲你、甚至整個國家的人。」博克任職美國聯邦總律師期間，開除了在水門案中勇敢對抗尼克森總統的特別檢察官。該案在一九七四年迫使尼克森下台負責，博克解雇該名檢察官的行為，日後也被判定違法。幾年後，參議員甘迺迪（Edward Kennedy）如此批評博克：

在博克心目中的美國，女人被迫秘密墮胎，黑人得在隔離出來的料理台享用午餐，流氓警察可以半夜突襲、破門進入民宅，學校不能教演化論，作家與藝術家必須接受政府恣意審查。聯邦法院的大門關閉，夾住數百萬人民的手，對那些人民而言，司法往往是唯一可以保障個人權利的方式，而那些個人權利正是我國民主核心。

博克反駁這些指控，他的所作所為也確實與甘迺迪所描繪的場景有些微差異，但無庸置疑的是，博克是個恐怖的人。

博克對即將爆發的戰局做出單一且巨大的貢獻：在一九七八年出版《反托拉斯悖論》（The Antitrust Paradox）一書，投下一小顆爆竹。這本書奠定在波斯納的著作之上，比寇斯的理論更進一步，決斷地把反托拉斯法的焦點從寇斯提出的「效率」轉移到更簡單易懂的概念：消費者面對的價格。博克說，「美國反托拉斯法唯一合理的目標就是要最大化消費者福祉。」博克受他的精神導師戴維德啟發，在假設市場運作有效率的基礎上，提出驚人的主張。他說，掠奪性訂價（predatory pricing）——市場參與者聯手以限制競爭，進而榨取獲利——是個「可能不存在的現象」。因為賺取高額獲利的壟斷者會立即被「像蝗蟲壓境一樣、殺進市場尋求更高獲利的新進者」削價競爭。掠奪者「絕不可能」透過收購競爭者取得市場主控權。（不妨跟現在想直接與亞馬遜競爭的人說說看這套理論。）博克說，如果壟斷者可以堅持下去，那只是因為他們更有效率，而且，就算壟斷者真的提高價格，那也沒有問題，因為壟斷者也是消費者！他認為，傳統上對壟斷的擔憂是「胡說八道……都是法律幻想出來的機制」與危險的左翼分子的陰謀。

博克不在乎現實，只在乎漂亮的現實模型。讓一切事物回歸價格，無視環繞法律、權利、權力的胡言亂語，自然就會有效率。美國反托拉斯專家貝爾克（Gerald Berk）說，這本書「強烈反憲政民主」。法令不應該聚焦市場結構與市場參與者權力是否過大，並採取預防性措施，而是該在事情發生後再採取行動，屆時受指控的壟斷事件已經成形，影響也可以量測。我們可以假設那些顯而易見的壟斷者不存在，因為他們就是沒辦法生存，如果存活下來，必然非常厲害。站在第一線反壟斷的美國組織「開放市場機構」（Open Markets Institute）表示，博克的著作太具影響力，已經「成為主要指南，指引超過一代的政策制訂者與執法者。」

博克的想法受到強而有力的順風力道推送。一九七〇年代到一九八〇年代初期通膨率高，明顯促使世人更關心如何調降價格。大企業、大銀行也很愛博克，盟友一一加入，博克派擴散。倒不是博克或波斯納的思想改變了反托拉斯法，比較像是法官開始用不同的觀點詮釋那些法令，因而讓大企業找到繞道的方法。

一九八〇年，共和黨黨員雷根入主白宮，博克派成員進行關說時，越來越常採用另一個弔詭的理論，那套理論與好幾年後梅鐸用來折磨與欺騙英國人民的論調類似，就是以打造美國國家經濟龍頭來捍衛「美國國際競爭力」為名，要求弱化反托拉斯法。他們想表達的是，讓這些優勝者透過剝削美國消費者與勞工，提高獲利，他們在國際舞台上就更具競爭力。歐洲官員從一九六〇年代起就很害怕美國的高科技跨國企業會在他們的市場中日益猖獗，因此歐洲也出現類似主張。

當時，許多美國企業是效仿「福特制」的大型垂直整合企業。「福特制」以福特汽車為名，指的是一站式購足的生產模型，在這套體系之下，煤礦、鐵礦與其他原物料聚集在紅河大型工業區（River Rouge Complex）的一側，完工後的汽車從另一頭冒出來。美國反托拉斯主管單位認定在像汽車製造這樣的產業中，必須進行大規模營運，因此選擇容忍這些企業巨獸，但他們仍試圖確保在各個市場中，競爭關係依然存在。歐洲也想打造自家的優勝者，對抗美國企業，因此開始推行新計畫，創造了當代企業巨頭，如：空中巴士（Airbus）和亞利安（Ariane）火箭計畫。歐洲的金融與市場整合，預計可以提供足夠根基，把這些歐洲跨國企業巨頭送上世界經濟的舞台，直接與美日企業相爭。

從一九七〇年代走進一九八〇年代，美國反托拉斯法令的焦點縮小了，從過去對權力集中的憂慮轉向較單純的訂價問題，主管單位也不再對他們所控管的產業與市場進行細部分析，對於市場運作、影響經濟的手法越來越不了解。美國資深反托拉斯專家暨前監理人員戴維森（Kenneth Davidson）指出，「反反托拉斯」派的學者與日俱增，部分人發現可以靠提供大企業顧問服務大賺一筆，這些人越來越像「收錢為豐厚企業利益辯護的人」。這些學者創立的顧問公司賺進數百萬美元，靠的是一九八〇年代反托拉斯法改革催生的併購風潮。那些由華爾街領頭的併購案造成市場壟斷現象。一九八一到一九九七年間，光是在美國就有超過七千起銀行併購案，經濟學教授靠著為巨型併購案辯護，每小時可以賺超過一千美元。

想了解這之後狀況變得有多糟，以及對現在的我們而言，為什麼如此重要，就要進一步了解現實世界的瘋狂，分析壟斷的運作方式。

現實世界的壟斷模式

走進購物中心，你會發現自己被博克的傳人與盟友包圍。超市架上色彩繽紛、大量的產品掛著數不清的品牌名稱，大部分是由聯合利華（Unilever）、卡夫亨氏（Kraft Heinz）所製作。（請注意後面這個名稱分兩部分，這個集團就是超大併購案的產物，還盛傳集團可能與聯合利華合併。）我們買巧克力、講電話、購買太陽眼鏡或鞋子、喝水、搭飛機、痛苦地搭火車或對社群媒體上癮，幾乎每次打開錢包，就要付隱藏的「壟斷稅」。博克說，掠奪性訂價不會、也不能發生，但當企業運用他們強大的市場力量，用各種難以察覺的方式暗算我們，我們都被掠奪性訂價所奴役。

壟斷的情境和策略不勝枚舉，包括：獨占（單一賣家）、寡占（數個賣家）、買方壟斷（單一買家）、買方寡占（數個買家）、掠奪性訂價與薪資設定、專利等。這些結構可以套用到各種市場，利基市場、地方市場、全國市場、國際市場。為了簡化，我將統稱為「壟斷」，有些不精確，但關鍵特徵就是某個人運用他在市場中的權力以獲取暴利。

最簡單且知名的做法就是水平式壟斷，企業會買下和他們製作類似產品或提供類似服務的競爭對手，或是靠著口袋較深，以低於成本的價格售出產品，透過削價競爭把競爭對手逐出市場。（以一般民眾為客群的家庭企業就是這樣敗給大型超市，近期更栽在亞馬遜手上。）稍微複雜一點的是垂直整合型壟斷，在這種情況下，大型製造商買下通路和零售業者，販售自家產品，並拒絕販賣其他製造商的產品。

以義大利眼鏡業龍頭羅薩奧蒂卡（Luxottica）為例，該集團整合眼鏡事業與時尚產業，因此為業主創造豐厚利益。羅薩奧蒂卡掌握一大部分的眼鏡產業，從設計到產品開發，再到製造、物流、配送與零售。該集團旗下有雷朋（Ray-Ban）、Oakley、Vogue、Persol、Arnette等熱門品牌，也與喬治·阿瑪尼（Giorgio Armani）、安普里奧·阿瑪尼（Emporio Armani）、寶格麗（Bulgari）、香奈兒（Chanel）、杜嘉班納（Dolce & Gabbana）、普拉達眼鏡（Prada Eyewear）、Polo、拉夫勞倫

（Ralph Lauren）、范倫鐵諾（Valentino）、范思哲（Versace）等品牌簽有獨家合約。它同時擁有英國主要零售通路Sunglass Hut與David Clulow，以及全球約九千家零售商店。二〇〇〇年左右，羅賽奧蒂卡停止在旗下商店販售Oakley商品，重挫Oakley股價，最終便宜購入該公司。

羅賽奧蒂卡的強項是製作鏡框，法商跨國企業依視路（Essilor）則掌控全球近半數處方鏡片業務，並自稱供貨給全球三十到四十萬家零售商店。上一副眼鏡花了我五百英鎊，在一個競爭更激烈的市場，我付的錢會少很多。在我寫這一段文字的前幾週，美國和歐洲監理單位剛核准依視路與羅賽奧蒂卡併購案。一位在眼鏡產業打滾多年的企業家說，「容我這麼說，這完全就是對整個產業的控制。」我想我下一副眼鏡又要更貴了，這頭巨獸的供應商也可以預期它們的努力將換來更少回報。

不同但一樣常見的手法還有大到不能倒的壟斷者。大型機構——通常是銀行——在系統中取得關鍵地位，由於太過重要，倒閉的時候會引發慘劇，如同我們在二〇〇七、二〇〇八年全球金融危機爆發時看到的光景。這些銀行利用高風險業務賺錢，榨取市場利益，等到風險真的變成危機，就要納稅人出錢幫它們紓困。總部位在瑞士的金融穩定委員會（Financial Stability Board）列了張官方清單，載明這些怪獸的名字。二〇一七年，上次統計的時候總共有三十間大到不能倒的銀行、九間大到不能倒的保險公司，包括巴克萊（Barclays）、滙豐（HSBC）、德意志銀行（Deutsche Bank）、保德信（Prudential）、摩根大通（JP Morgan Chase）和花旗集團（Citigroup）。這不只是金融監理的問題，也是反壟斷議題，但在英國、歐洲和美國，這些負責反壟斷的監理者都在睡覺。

還有一種是以所在地為基礎的壟斷手法。美國零售業龍頭沃爾瑪（Walmart）就是先鎖定幾個因為規模小而無法支持兩家超市的小鎮，從當地消費者身上榨取暴利，並透過壓榨當地供應商進一步提高利潤，再用賺到的錢去其他城鎮展店，或是金援其他壟斷策略。銀行很喜歡搞這套地區型或在地型壟斷，壟斷界強者巴菲特（Warren Buffett）也透過壟斷地方媒體組織大賺一筆。巴菲特說，「如果你的公司夠強，又有一間具獨占地位的報紙或是坐擁電視台，你那位白癡侄子也可以經營這間公司了。」

還有蛙跳式壟斷，也就是透過快速創新或是用新技術成功包裝老事業，讓措手不及的反托拉斯監管單位跟不上你的腳步。許多科技公司或私有股權公司都很擅長這類操作。

壟斷也會傳染。這就是防衛型壟斷的案例，為了避免自己被較大的競爭對手逐出市場，只好與其他人合併，組成聯盟以予以反擊。英國超市森寶利（Sainsbury's）在二〇一八年五月宣布與阿斯達（Asda）合併*，被分析師形容是要創造「亞馬遜破碎機」（Amazon crusher）的策略。標準人壽安本集團（Standard Life Aberdeen）是標準人壽（Standard Life）與安本資產管理（Aberdeen Asset Management）在二〇一七年合併後的產物，該集團共同執行長吉伯特（Martin Gilbert）指出，資產管理公司相互競爭，急著要壯大。他表示，「這年頭規模很重要。」

銀行、對沖基金或私募股權公司還有各種金融壟斷手法，目標是在特定市場中，影響或控制多個參與者，或是收購競爭者。

摩根一個世紀以前創造的超級壟斷系統控制了多個產業，就是最鮮明的例子。現在的金融業者到處插旗，貝萊德（Blackrock）、道富（State Street）、資本集團（Capital Group）三家金融業者就擁有美國一〇%到二〇%的主要企業，當中還有不少互為競爭者。它們旗下也有許多英國公司。倫敦金融城和華爾街的大型金融機構不只透過在市場中取得策略性股權以匯集市場力，同時也是金融化機器，專門推動併購，並創造市場壟斷者。企業合併與收購可說是倫敦金融城和華爾街最賺錢的活動之一。隨便拿起一份《金融時報》，頭條新聞十之八九和超大併購案有關。

還有一些自然形成的壟斷情勢，在這些市場中，「網絡效應」（network effect）永久阻止競爭者進入市場。臉書就是一個例子：你會想加入其他朋友所在的平台，而不是在五個不同的平台找朋友。英國金融支付系統由四間銀行壟斷，也是屬於這類型的壟斷。還有九頭蛇式壟斷（hydra monopoly），只要掌控供應鏈的一環，就抓住了整個產業的命脈。日本新潟一場小地震造成壟斷活塞市場的汽車零件製造商受衝擊，導致日本汽車產業幾乎完全關閉，光是豐田汽車（Toyota）一家車廠，接下來幾週就減產十二萬台車。這類壟斷狀況下，只要其中一個被壟斷的節點發生小缺失並向外擴散，就會引發動盪。

* 譯註：森寶利和阿斯達分別為英國第二與第三大的連鎖超市，合併後將成為英國最大超市集團。

或者，可以試試看境外秘密壟斷。在這個情境下，由同一集團擁有或彼此間密切合作的金融利益團體把公司所有權藏匿在避稅天堂的秘密空殼公司裡，藉此假裝成競爭者，實際上卻一手掌控。這個策略美妙之處在於你可以因為策略的成功，讓政府監理單位悄悄獲取個人利益。誰曉得哪個人可能利用這個機制來匯集金融力量、影響我們的經濟？壟斷就是權力。放任不透明的外國利益團體取得控制部分經濟體的壟斷力量，可能危及國家安全，像這樣的利益結構甚至還會明目張膽地展開行動。俄羅斯天然氣股份有限公司（Gazprom）和中國國營企業都非常清楚掐住能源與科技市場的命脈有多麼重要，歐盟執行委員會（European Commission）目前正為了天然氣供給問題與俄羅斯天然氣股份有限公司搏鬥，該案被稱為「十年一遇的反托拉斯衝突」。

還有一種或許可以稱為貪腐壟斷的手法。一名在美國大銀行倫敦分部的交易員兼主管告訴我，銀行如何賄賂客戶。他曾在新加坡的避稅天堂見識過這種操作手法，石油交易員會為客戶買春，找來「大批妓女」。「我們去烏節購物中心，他們把那裡稱為『四層樓妓院』（Four Floors of Whores），花二百美元就能找到俄羅斯人、中國人，要什麼有什麼。」他說，市場上的合作靠信任，但是是那種「盜之道」的類型。「如果你希望某個人信任你，你最好至少跟一個妓女睡過，和他們涉入一樣深。」賺錢的方法是預先取得資訊，讓你在客戶行動之前先行交易。例如，在英國航空（BA）、荷蘭皇家航空（KLM）、易捷航空（Easyjet）進入市場之前，搶先購入航空煤油，推升價格。「你和所有人攀談，獲得所有資訊，就可以率先行動。只要做出規模，就可以輕鬆賺錢。」更大規模的知名案例是倫敦銀行同業拆借利率（LIBOR）醜聞，該醜聞牽扯價值數兆美元的金融交易，也是類似同業聯盟的操作。誰為了這些暴利付出代價？是你，當你在購買機票或遭遇下一場金融危機時，最終是你在背負成本。

另一個重要的市場力來源是專利、商標、著作權的所有權。這些權利的設計初衷是要在反托拉斯法令中切出一塊特例，鼓勵公司創新，確保在一定期間，只有該公司可以靠自己所投資的事物獲利，現在卻變成給圖利者的概括授權（blanket license），經常阻礙創新。「生日快樂」這首歌最早是一名美國幼稚園老師在一八九三年創作的歌曲，原本受到著作權保護，纏訟多年後，二○一六年被法官推翻。在那之前，理論上你每次公開唱那首歌，都應該要付權利金給著作權所有人。著作權也時常與其他榨取財富的技巧結合。還記得我在第一章中形容的移轉訂價遊戲嗎？香蕉公司把它在厄瓜多與威爾斯賺取的獲利全部轉進避稅天堂？跨國企業也把大量專利放進開設於避稅天堂的空殼公司，不只可以大幅節稅，還可以加強維持高價格的動機。

舉例而言，美國生技製藥公司吉利德（Gilead）的C型肝炎藥Sovaldi療程共十二週，在美國要價八萬四千美元，英國則是三萬五千英鎊，製造成本僅六十八美元，這個專利就被放在企業避稅天堂愛爾蘭。依據倡議團體「追求稅務公平的美國人」（Americans for Tax Fairness）所言，雖然Sovaldi和相關藥品Harvoni在二○一五年熱銷，公司繳的稅卻大幅下降，因為它「大幅將在美國的獲利移轉到境外」。截至二○一五年年底，吉利德已經累積二百八十五億美元的境外獲利。

二〇一六年，英國全民健康醫療制度（NHS）決定把那兩種藥品納入制度中，但因為價格過高，只有一萬名C肝患者可以享有。在英國，總共有超過二十萬名患者受這個會致命的疾病所苦。瓦解這類壟斷可望帶來驚人的成效。南非曾經破解一項專利的束縛，成功減低購買抗逆轉錄病毒藥物的成本，原本這種提供給愛滋病患者的藥物每年每人要價一萬五千美元，政府把藥價降到原價的百分之一不到，國家平均預期壽命從二〇〇四年的五十三點四歲拉長到二〇一五年的六十二點五歲。南非統計局局長萊霍拉（Pali Lehohla）相信，讓這些藥品更容易取得是促成這項轉變的關鍵。研究壟斷的美國專家斯托勒（Matt Stoller）解釋，一帖受專利保護的藥要價一千美元，「你付的不是醫療照護費，是在買遊艇。」還是艘奪命遊艇。

因為這些複雜因素，解決壟斷問題只要靠支解財團或大企業即可的主流想法並不正確。處理壟斷問題，必須採取多樣、全面、可影響整體經濟的策略，包括：加強工會力量、改革銀行法規、削弱富豪與金融業對媒體的掌控、聚焦大型審計公司的利益衝突問題、取締以銀行與大型跨國企業優先而棄小企業於不顧的避稅天堂等多種手段。拆解集團只是其中一種工具。

看不見的拳頭大肆揮舞

在博克的破壞下，反托拉斯法令鬆綁，帶來潛在利益。前幾個注意到嶄新可能性的人是美國財團奇異集團（General Electric）執行長威爾許（Jack Welch）。一九八〇年代初期，像奇異這種業務包山包海、業務之間往往毫無關聯的大公司很常見，各項業務都對整體獲利有所貢獻。舉例而言，奇異生產電視、電車、燈具、汽車、X光機、洗衣機、醫療設備、飛機，還有很多其他產品，恰如其名。*一九八一年、博克出書三年後，威爾許提出新的公司策略：奇異的各項業務在產業中都要位居前兩強。

他著手重塑奇異集團，盡可能提高市場力量。奇異在相應的產業中買下競爭者，創造規模經濟，使其他競爭者更難打入市場，同時販售或關閉無法達標的業務單位。在博克出書前的時代，奇異許多動作都會被反托拉斯法規禁止，但現在不會了。威爾許的策略很受歡迎，助長了一九八〇年代華爾街併購風潮。同時，在博克強而有力的說詞促進下，雷根政權不再踩煞車。美國反托拉斯專家林恩（Barry Lynn）說，「慣用手法是解體一九五〇、一九六〇年代組成的舊財閥，再重組其中幾個部分，優化彼此間的連結……目標是要盡可能減少競爭。」

這件事情本身就夠賺錢了，而轉型還有第二階段：外包，特別是把勞力密集的生產設施外包給勞動力成本低廉的國家，如：中國或孟加拉。金融業者和激進派股東是這項轉變背後最強力的推手。金融業者同時促進了另一波風潮，就是讓大公司更積極使用避稅天堂，成功節稅。這

＊譯註：奇異集團英文名稱是「General Electric」，直譯是「一般電用品」的意思。

兩種向境外移動的形式都包括把錢或業務推向海外，以減少在國內繳交的錢，讓大企業與較小、較本土的競爭對手相比，擁有極佳的成本優勢，進一步強化它們的市場力量。過去用來孕育工作、技能、科技的場域被各種掠奪金錢的行為擊破，大公司看起來越來越不像在地深耕的工業製造者，反倒越來越像貿易公司。這些連結鬆散、跨境經營、壟斷或接近壟斷的財閥，不再把重點放在建立內部能力與專業，而是聚焦財務報酬。你或許可以把這些企業稱為「中間人壟斷者」（middleman monopolies），把自己放在連結多個市場參與者的重要閘口，如同大型連鎖超市站在生產者與消費者之間，利用位置優勢從雙方身上榨出更多利益。

這種景況對這些巨型企業上游的小型生產者而言特別可怕，這些生產者往往別無選擇。如同二〇一七年、代表美國家庭式農民的「農場援助組織」（Farm Aid）成員哈維（Alicia Harvie）所言，「那些與我們或我們的合作組織聯絡的雞農非常害怕，也備感威脅，那種恐懼程度極高、難以言喻。如果他們選擇發聲，就得冒著失去一切——他們的合約、土地與房子——的風險。」英國記者布拉沃斯（James Bloodworth）二〇一六年以員工身分加入亞馬遜，在位於史丹佛郡（Staffordshire）、魯吉利市（Rugeley）的工廠當臥底，也發現類似的問題影響著勞工。他宣稱工廠環境奇差無比，簡直「像是監牢」。

這些經濟力板塊的改變通常都是由投資基金、激進派投資人或其他金融利益團體推動，他們迫使企業不再把日益增加的獲利投入研發，而是拿來發放豐厚股利。林恩寫到，「金融業要求企業提振獲利，這股壓力造成我們所仰賴的產業體系被壟斷的狀況較過去更迅速發展。」而且新的反托拉斯模式「直接在系統中植入了破口」。整套流程是大企業金融化的一部分，在各個國家接連上演。

這一切不只關乎產業發展，遠勝於此。每一次轉變都牽動企業力量，以及企業力量和民主與社會的關係。新聞業被壟斷特別危險，因為這種壟斷會消滅意識形態之間的競爭，美國經濟歷史學家巴特利特（Bruce Bartlett）曾說，這會造成「每個市場的想法雷同，都是譁眾取寵的自由派」。總部位在倫敦或紐約的大型新聞機構態度傲慢、與大眾距離遙遠，因此傳播的內容對住在偏遠社區與貧困的人而言，感覺就像假新聞。隨著臉書、谷歌與其他壟斷市場的網路巨頭造成報業廣告收入銳減，只剩下最強的新聞業龍頭可以繁榮發展，加深了這些危險的發展趨勢，也激化了現在震盪世界各地的激烈新政局。二〇一七、二〇一八年，川普政權削弱對地方電視新聞的保護措施，電視台不再免於被壟斷的命運。極保守、挺川普的辛克來廣播集團（Sinclair Broadcast Group）將大量頻道收歸旗下。這些頻道很快開始複誦中央指示的內容，相似度高到把多家新聞台主播報新聞的影片匯集在一起，做成一支影片，會看到各主播播送完全相同的內容——攻擊主流媒體與川普批評者，這支影片在網路上廣為流傳。

有個正在匯集中的力量令人震懾。亞馬遜這間「無所不賣的商店」（Everything Store）因為便利性與低價讓消費者驚艷，它擁有並販賣書籍、玩具、專利、雲端計算空間，還有各式各樣的產品，同時坐擁一大部分販賣這些產品的基礎建設。想像一下，有一間卡車公司擁有英國大部分的道路，並且可以向用路人收費的場景，這是兼顧垂直與水平整合的全面壟斷。亞馬遜曾經推出瞪羚計畫（Gazelle Project），接觸並收購競爭者，如同亞馬遜執行長貝佐斯形容的，「就像獵豹撲向生病的瞪羚」。亞馬遜的策略並非併購競爭者，而是將它們吞噬殆盡。亞馬遜屠殺與它競爭的書店，在不斷拓展新市場的同時，把較佳的職缺替換成少量、薪水低、乏味、看不見窗戶的上架工作。亞馬遜的訂價看似低廉，但它的力量大到足以影響競爭者的價格，在過程中削弱競爭對手，接著將對方毀掉。然而，價格並非致命關鍵，真正的行動藏在背後。亞馬遜精密控制市場，隨著它掌握越來越大的市場力量，亞馬遜可以對出版商、書店、內部員工、稅務單位、終端消費者手上榨出壟斷者專屬的價格。

這些企業巨獸確實透過規模經濟擠出效率，但這些大老闆是把多賺的錢分享給消費者，還是放入自己的口袋，是另外一回事。當一間大型超市進駐小鎮，購物者享受便利性與看似較低的價格，但這只是事情的一個面向。超市賣的香腸或許比肉販便宜，但一旦它足以控制當地香腸市場，香腸可能就會變貴了。肉販倒閉換來便宜的香腸，如果讓當地消費者省下荷包，整體而言或許還算合理，因為這些消費者可以拿省下來的錢支持其他獨立店家。然而，這些壟斷事業創造的財富很多——幾乎全部——都離開了當地社區，送往在倫敦、紐約或日內瓦的超有錢股東手中，同時，肉販與一些當地供應商、通路的員工失去了工作。這就像是從別人的口袋偷走錢包，把錢包打開、再還幾塊錢給他們，笑著對他們說，你賺到了。

壟斷趨勢在世界各地嚴重傷害勞工。從一九七〇年代開始，富裕國家的勞工薪資占全國收入的比例銳減了一〇％到一五％。因此，雖然我們的經濟整體可能成長了，勞工——特別是低技術勞工——並沒有看到成長的果實。依據估算，美國的薪資如果沒有降這麼多，（在其他事情不變的情況下）淨企業獲利只有現在的三分之二。換個角度看，如果英國勞工薪資占全國收入的比例和一九七五年一樣，那麼（也是在其他事情不變的情況下）英國每一位勞工平均每年可以多賺六千到九千英鎊。

還有其他造成這些改變的原因，像是科技進步、業務外包、富豪減稅、工會弱化、經濟體內的剝削式金融化現象，以及全球金融危機留下的多年陰影，但有研究顯示，與上述所有因子相互重疊的壟斷現象扮演關鍵角色。時下大企業造成的不平等，看來不是源於執行長薪水太高，而是超富有的壟斷企業崛起，競爭者在它們揚起的塵土中窒息。貧窮國家也出現預料之外、反映現實的現象，貿易理論者過去總認為，當富有國家的企業把低技術工作外包給較貧困的國家，當地勞工薪資占收入比例會提高。但這件事情並沒有發生。

這個令人費解的情況很大一部分可以用壟斷型國際「領導企業」（lead companies）的成長解釋，這些企業（通常在境外）盤據國際產品與服務供應鏈的關鍵命脈，利用它們在國際市場上的力量榨取獲利，盡可能用機器人取代勞工，並壓低世界各國的勞工薪資，不管在窮國、富國都是如此。在世界各國，這場遊戲的重點都不只是大玩家取走了一大部分的餅，還有因為勞工失去購買力，導致餅縮水了，勞工買不起產品，最終減少對企業產出的需求。結果就是企業主管轉移注意力，不再關心投資，而是花更多力氣思考財務工程（甚至進一步追求壟斷），以提振獲利。

在這個過程當中，我們用均衡發展的經濟交換不均衡的經濟體。過去那個經濟體中，有許多穩定的高薪工作，還有蓬勃發展的社區，現在卻充滿零工時契約*、碎片化的社區與便宜的電視。（那些電視可能也沒有真的便宜到哪裡去。）我們把斯密（Adam Smith）所說的、功能健全的市場中那隻看不見的手，抽換成壟斷力量看不見的拳頭。這些改變與金融法規鬆綁、央行業務獨立、「歐元市場」崛起等發展聯手，創造了颶風，推動大銀行與跨國企業向前航行，幾乎每一次都傷害了較小的本土競爭者與納稅人。

為資本主義黃金時代奠定繁榮基石的工具受到破壞，使左派政黨面臨前所未有的挑戰。受到這些新思想的影響，左翼政黨開始尋求新的、對金融與大企業較為友善的道路。美國總統柯林頓和老婆希拉蕊在一九七〇年代，都曾在耶魯大學法學院上過博克的課。柯林頓說，「我們已經將那些了無新意的辯論拋諸腦後，不再看一方說政府是敵人，另一方把政府視為解答。親愛的美國人，我們已經找到第三條路。」

* 譯註：零工時契約（zero-hour contract）讓雇主可以不保證工時與薪水，是一種極度不穩定的契約，在英國受到強烈抨擊。

第五章

第三條路

境外天堂盧森堡

一九七二年，黃金時代即將終結之際，一位穿著時尚的巴基斯坦銀行家阿貝迪（Agha Hasan Abedi）和幾個同事分享，他的夢想就是要建立一間「世界級銀行：一間為第三世界國家服務的國際型銀行」。他豪氣地承諾，十年內，「你們就知道，我們都會成為百萬富翁。」那一年，阿貝迪獲得來自阿拉伯聯合大公國總統的創業資金，便在小小的歐洲避稅天堂——盧森堡設立新銀行，與美國銀行（Bank of America）結成國際聯盟，開始設立分行，在世界各地吸收存款。不出五年，這間國際商業信貸銀行（Bank of Credit and Commerce International，簡稱「ＢＣＣＩ」）就在三十二國設立了一百四十六間分行，耀眼的新總部大樓設在倫敦金融城，距離英格蘭銀行走路只要幾分鐘。

BCCI什麼都做，不分對象、地點、手段。它走私核子原料與機密，也走私中國蠶式反艦飛彈。它資助並參與跨國古柯鹼與海洛因交易，為客戶買春、雇用傭兵和殺手，除了為外派人員提供一般存款服務，BCCI的客戶還包括海珊（Saddam Hussein）、諾瑞嘉（Manuel Noriega）、哥倫比亞麥德林與卡利販毒集團、真主黨、各地軍閥、阿富汗聖戰士與北韓。只要有BCCI的地方，賄賂就像香檳一樣湧出來。一位曾負責遞送賄款與費用的BCCI前員工回憶，「我到利德賀街一〇一號（位於倫敦金融城）和一位男士見面，他名叫……他微笑對我說，『請在這張紙上簽名。』我在衛生紙上寫下『米老鼠』，之後那張紙就被扔了。他給我一袋錢，我再帶回去分掉。」（他並沒有說這些錢分給了誰。）

BCCI也入侵了美國政治。其中一位最後協助拉倒BCCI的律師——布盧姆（Jack Blum）著手調查BCCI時，美國中情局（CIA）和「華府各方人馬」立即出手阻撓。BCCI不只是隻國際型大章魚，搞謀殺和組織型犯罪，也是超大的龐氏騙局，向存款戶與投資人大削一筆，最終被爆出是二十世紀最大的銀行詐騙案。它把主要業務分成三個部分，兩間分別位於盧森堡與開曼群島的控股公司，以及位於倫敦的總部，藉此欺騙所有人。

這本書寫到這裡，阿貝迪選擇開曼群島和倫敦的原因應該顯而易見，但大家比較不能理解的是盧森堡扮演的角色。盧森堡是個小型避稅天堂，位處法國、德國、比利時的地理交界處，從這些小型避稅天堂觀察全球化通常很合適，因為那些地方多半不像大型民主國家一樣，要面對權力制衡和各種騷動，部分操作流程會更純粹地被彰顯出來。

盧森堡一直很歡迎國際上的黑錢，錢到位了以後，不會多問，連自家法律都不怎麼落實。BCCI只是多個全球醜聞之一，揭露盧森堡大公國的罪行。一九六〇年代，留著大鬍子的美國騙徒科恩費爾德（Bernie Cornfeld）就是在盧森堡和瑞士設立如今惡名昭彰的投資者海外服務公司（Investors Overseas Services，簡稱「IOS」）。在科恩費爾德身邊會看到咕嚕叫的獵豹、穿著皮衣的女司機與多位美女，包括演員普林瑟伯（Victoria Principal）和知名的「好萊塢女士」（Hollywood madam）芙蕾絲（Heidi Fleiss）。IOS總部位在日內瓦一座由拿破崙打造的古堡中，就像BCCI一樣，IOS在一九七一年因會計醜聞倒閉、落入暴力幫派手中以前，從富國、窮國捲起黑錢，再透過「歐元市場」送進美國證券市場。安保信控股股份有限公司（Banco Ambrosiano Holdings SA）這個爛到骨子裡的企業總部也設在盧森堡，該子公司位居安保信銀行（Banco Ambrosiano）醜聞核心，義大利黑手黨、梵蒂岡、共濟會會所都捲入其中，安堡信銀行董事長「上帝的銀行家」（God's Banker）卡維（Roberto Calvi）最終吊死在倫敦黑衣修士橋一事也極為出名。

盧森堡在二戰後歐洲最大貪腐醜聞——「億而富案」（Elf Affair）中扮演關鍵角色。法國國家石油公司億而富（Elf Aquitaine）化身大型境外行賄基金，把秘密金流送到所有法國主要政黨的帳戶與情治單位，並代表法國企業向世界各地行賄，從委內瑞拉到德國，再到台灣。全球騙徒麥道夫（Bernie Madoff）也在盧森堡操作他最大的幾樁詐欺案。事實上，從一九六〇年代起，幾乎每一起西歐大型金融與政治醜聞，都有一個精彩的章節與盧森堡有關。這些年來沒什麼變化，就像二〇一七年《金融時報》的分析提到的，「盧森堡有時候就像一間犯罪企業，只是附上一個國家。」

如果有誰堪稱形塑盧森堡這個現代避稅天堂的建築師，那就非容克（Jean-Claude Juncker）莫屬。容克從一九八九年起擔任盧森堡財政大臣，並在一九九五年到二〇一三年間擔任首相，現在是歐盟執行委員會（European Commission）主席。容克的父親是鋼鐵廠工人兼工會成員。容克總是神采奕奕、極具個人魅力，他也是個老菸槍、非凡超群的操縱者。一支短片紀錄二〇一五年五月在拉脫維亞舉行的歐洲領袖峰會，該影片突顯了容克的公眾魅力。他站著，搖晃並傻笑，各國與各政府領袖接連走過，他們向容克問好，容克拍拍他們的臉頰、拉領帶、來場男人間的寒暄、友善地親吻對方的禿頭處。極右派匈牙利總理歐爾班（Viktor Orbán）經過的時候，容克半做了個舉手致敬的動作，再來個幫派式握手，打了聲招呼，「獨裁者！」笑得開懷，再拍拍一臉僵硬的歐爾班臉頰。容克否認酗酒傳聞，二〇一六年他告訴法國報社記者，他偶爾的步履蹣跚是因為一九八九年車禍造成腳傷。（那一次採訪中，容克就喝掉四杯香檳。）他不時爆出毫不理性的真心話已成傳奇，二〇一一年，他在電視直播上，聳聳肩說，「狀況變得嚴重的時候，你就得說謊。」

雖然容克所屬的基督教社會人民黨（CSV）是中間偏右的政黨，他本人始終帶點左派色彩。他大肆發放政府補助，包括豐厚的退休金與失業津貼；他也推動極嚴格的勞工保護法規與進步的薪資政策；促成勞工、老闆、政府三方開啟歐洲式的社會對話，用種種方式減輕全球化帶來的傷害。這套方程式讓他在盧森堡大受歡迎，任內滿意度超過八〇%。

在容克的帶領下，盧森堡提供的避稅天堂服務大增。從一九八〇年代開始，盧森堡透過與瑞士（偶爾和英國、奧地利）合作，成功行銷自己，破壞了歐洲打擊避稅天堂、秘密銀行、空殼公司與其他秘密服務的努力。容克也領導盧森堡成功扮演協助跨國企業避稅的角色。種種事蹟在二〇一四年《盧森堡文件》（Luxleaks）醜聞爆發後，終於浮上檯面。當時兩名吹哨者流出數萬份機密文件，顯示針對普華永道（PwC）提出的計劃，盧森堡只是橡皮圖章，未仔細審查即核准通過，幫助世界上前幾大的跨國企業避稅，企業名單包括：迪士尼、科氏工業集團（Koch Brothers）、百事（Pepsi）、宜家家具（IKEA）、聯邦快遞（FedEx）、德意志銀行（Deutsche Bank）、黑石集團（Blackstone）、摩根大通（JP Morgan Chase），還有其餘超過三百家企業。盧森堡稅務單位負責人柯爾（Marius Kohl）每個星期三會接收稅務審批申請，常一口氣收到三十或四十份申請案，全部用隨身碟送過來。當柯爾開始弄丟隨身碟、忘記密碼，普華永道給他權限直接使用公司系統，在普華永道的辦公室裡，甚至還放著柯爾負責的機構的專用信紙，供員工自行草擬柯爾的批准通知。當記者問柯爾，他如何判斷一項複雜的計劃是否合法，他只是舔了一下拇指再舉起來。*前英國稅務調查員、後來轉任記者並踢爆盧森堡醜聞的布魯克斯（Richard Brooks）指出，這些稅務計畫可能隱藏世界上前幾大跨國公司犯下的「嚴重稅務罪行」，最終卻只有二名吹哨者被起訴。容克否認自己知情，但流出的外交電文顯示，他在布魯塞爾奮力並成功地擋下本該執行的取締行動。

在盧森堡，要針對金融發展的共識提出異議相當困難。當地人的態度和我拜訪或研究過的每一個避稅天堂具有相同特質：不要惹事、不要提問、不要做任何會威脅境外金融產業的事。竭盡全力、扭曲法律、對問題視而不見，想盡辦法維持金融中心的「競爭力」。同時告訴外人這個地方很清白、負責且法規健全，不是避稅天堂。這樣的共識在盧森堡十分普及，獲得主流媒體全面支持，大部分的盧森堡人也都同意。

在避稅天堂，要控制反對金融業的意見通常仰賴細微的機制：工作機會莫名消失、法院偏頗、家庭反對或社會上的訕笑。在盧森堡公開反對境外金融的人，有時候會被稱為「*Nestbeschmützer*」——巢穴的污染者，也就是最糟糕的叛國者。二〇一一年十月，我前往盧森堡市之前，收到一封當地商人寄來的電子郵件，他和一間盧森堡銀行起了衝突。他要我注意盧森堡的法律與法官如何使用法律這兩者之間「絕對令人震驚的落差」。他接著寫到：

> 受牽扯的人不敢公開，怕會遭到盧森堡主管單位報復。我自己有經驗，很清楚結果有多

糟，如果你不能證明自己對既有體制完全忠誠，不能至少做到接受所有不當操作，就沒辦法在這個國家生存。我的經驗也告訴我，對外國人而言要清楚掌握盧森堡如黑手黨般的運作模式，極其困難。外國人難以想像狀況有多糟，如果你真心想找到答案，就要準備好面對意料之外的事。

盧森堡擁有全球第二大的共同基金產業，僅次於美國，但一名律師曾說，當地司法體制「只有一個小的外地城鎮的規模」。這個系統不可能監管翻騰流淌此處的金融海洋，他們也不打算這麼做。畢竟，在金融監理上保持競爭力，是其中的重點。許多把歐洲投資人的存款送進麥道夫超大龐氏騙局的基金，都是在盧森堡運作，財務重整服務公司德米諾（Deminor）合夥人柏曼斯（Erick Bomans）說，「整套設定都違反歐洲法律」。德米諾代表約三千名被麥道夫欺騙的投資人。柏曼斯告訴我，「沒有任何控管機制，沒有年度盡職調查，什麼都沒有，完全沒有，就是沒有。他基本上可以隨心所欲。」四大會計師事務所沒有提出任何反對意見，被掌控的監理單位充滿各種利益衝突，完全無視麥道夫令人氣憤的計畫。當受害者試圖向牽扯其中的銀行求償，盧森堡政府永遠和銀行站在一起。他接著說，「讓人難以置信，這是個醜聞。我們沒有辦法獲得公正

---

* 譯註：這個動作有「測風向」的意思。此處應指柯爾沒有實質根據，隨意決定計劃合法與否。

的判決，這都是拜盧森堡的司法體系所賜。」盧森堡是標準的避稅天堂，法律等各方面，全盤被境外金融所掌控。

容克一方面促進這個歐洲境外金融的燈塔大幅擴張，推動新自由主義式法規鬆綁、減弱對金融犯罪的監督並加強國家「競爭力」。另一方面則利用施行這些做法獲得的財富，撒錢給盧森堡人民，大幅加強政府支出並推動社會政策。這看似矛盾的行為，對許多人而言再熟悉不過，因為那就是某一套發展計畫的經濟核心，這套發展計畫獲得一整個世代的西方政治人物支持，超過四分之一個世紀擔綱許多國家主要經濟策略的基石。一九九〇年代起，多位政治人物開始採行這套做法。一九九三年，柯林頓為首的「新民主黨」（New Democrats）因此當權，一九九七年布萊爾（Tony Blair）領軍的新工黨也成功贏得選戰，澳洲、法國、德國、義大利、荷蘭、葡萄牙和瑞典等國的領袖也都靠著同一套主張取得政權。這套被稱為「第三條路」（the Third Way）的方程式，讓政治人物在選戰中獲得絕大多數民眾支持，也讓倫敦金融城賺到翻掉。

第三條路的想法非常單純，就是左派政黨要在政治上找到新的中間定位。支持者主張，全球化無可避免，因此各國都要擁抱並適應這個趨勢，搭上全球金融市場的成長，再採取進步的社會政策與一些傳統重分配手段，抹去全球化的稜角。如同布萊爾與德國前總理施羅德（Gerhard Schröder）在一九九八年發表的聯合聲明中提到的，第三條路「不只為社會正義而戰，也是為了活絡經濟並釋放創新與創意」。

但第三條路自始至終都是境外模型，這套方程式讓國家成功化身避稅天堂，以在動盪的全球化海洋中繁榮發展。這套模型因著競爭力訴求而生。競爭力訴求的想法或意識形態就是國家必須「對企業開放」，各國因為害怕大型跨國企業、銀行和無根的全球熱錢會轉移陣地到更友善或更「具競爭力」的地方，如：杜拜、新加坡或日內瓦，只好不斷推出各種誘因（如：減稅、金融法規鬆綁、對罪行視而不見）來留住它們。

然而，競爭力訴求——和進一步延伸而出的第三條路——最終並沒有成為開創榮景的方程式，像英國這樣擁抱第三條路的國家並未因此蓬勃發展，而是得到相反的結果。

第三條路的推手並非某位天才或某個大事件，這個現象或許無論如何都會發生。隨著金融全球化如火如荼地展開，左傾的政治人物發現自己像是搭上了即將沉沒的船，急著找出口。他們很高興看到一票戴著白手套的隨從指引他們走向光明的逃生路線與救生艇。盧森堡已經開心在水面上漂了，手上還拿著香檳。

風向轉變

其實仔細搜尋的話，會發現第三條路背後最根本的思想可以追溯到很久以前。一七九九年，英國首相小匹特（William Pitt）開徵新稅——一〇％所得稅，倫敦金融城就說那是「惱人、壓迫、可惡的盤查行為」，並搬出「競爭力」理論，直言這筆新稅會把有錢人嚇跑，激發「搬遷氛圍」。（這件事並沒有發生。）到了近代，回首最後促成歐盟問世的前期計畫，也可以看到競爭力訴求清晰的輪廓。整合歐洲的概念神聖且進步，目的是創造經濟上的連結，讓受戰爭摧殘的歐洲國家再也不會想相互開戰。然而，如果你去看一九五七年簽訂的《羅馬條約》（Treaty of Rome）——該條約確立「歐洲經濟共同體」（European Economic Community）的設立——會發現它反映了對全球競爭的焦慮，以及渴望將大型泛歐企業推向國際、與美國大企業一較高下的想法。條約內容呼籲要達到「高競爭力」與「高就業率和高社會保障」。當時的景況就已經有點第三條路的味道了。

同時，美國芝加哥學派對效率市場的各種想法，開始滲透傳統左派政黨——民主黨。到一九七〇年代中期以前，一支新的自由派北方民主黨分支開始浮現，誓言要在水門案後肅清華府。反銀行業的情緒隨著對經濟大恐慌的記憶淡化而消退。頑固、戴眼鏡，推崇民粹主義的老德州民主黨黨員帕特曼（Wright Patman）是與大銀行、壟斷勢力相抗衡的聖戰士，在二戰前被稱為「銀行的掃把星」（Bane of the Banks），像他這樣的聖戰士，此刻已不再受歡迎。

取而代之的新血是柯艾婁（Tony Coelho）。柯艾婁是葡萄牙裔美國人，具備募款天賦，也因此親近大企業。柯艾婁成為大型農企業利益的主要捍衛者，幫助他們對抗小農，並在一九七八年獲選為眾議員，那也是博克寫下暢銷書《反托拉斯悖論》（The Antitrust Paradox）的一年。在民主黨年度晚宴上，柯艾婁募得的款項是平常的五十倍，因此很快被指派為民主黨國會競選活動委員會（Democratic Congressional Campaign Committee）主席。他在塑造新的民主黨企業募款機器時宣告，「金錢是政治的一部分，而且永遠是如此。」他的核心思想是，大企業和有錢人不會只因為共和黨壓低稅率、追求自由市場的意識形態而支持共和黨，這些大金主真正想要的是特權、稅務優惠與漏洞、併購案順利過關、以及利潤豐厚的政府合約。換言之，就是操縱市場。而民主黨和共和黨在提供這些特權上，具備相同的能力。

柯艾婁打開大門，為民主黨迎來大筆新錢。其中一位捐助者是狄克森（Don Dixon），這名交易商後來因詐欺坐牢，為期六週的開庭內容駭人聽聞，證人提到傳播妹、熱水澡、遊艇，還指證狄克森送價值四萬美元的畫作給梵蒂岡政府，換取與教宗會談的機會。民主黨在一九八〇年慘敗給雷根之後，柯艾婁更加執著於靠大筆募款取得政權，最終造成民主黨的腐敗情事。

同時，新民主黨人士不再以勞動階級的白人與勞工議題為重點，轉而聚焦公民權與社會包容。一九八二年，民主黨全國委員會（Democratic National Committee）正式認可七個新候選人決策團體：女性、黑人、拉丁裔、亞裔、同志、自由派人士與商業專家。這個動作背後的算計沒那麼單純，民主黨的想法是：如果他們可以從這些文化族群獲得夠多支持，或許就能擺脫傳統上勞工守護者的角色，不用再對抗大銀行或壟斷市場的大企業，並做黨內許多有影響力、野心勃勃的人**真正**想做的事——與大企業交好。這項戰術順利推行了一段時間：民主黨自豪地在美國中西部建立起死忠的「藍色城牆」，在全球金融危機爆發前，幾乎未曾被攻破。

開放市場研究所（Open Markets Institute）研究員斯托勒（Matt Stoller）二〇一六年投書《大西洋月刊》（The Atlantic）。在那篇指標性文章中，他說明，從進步型經濟轉向身分認同政治，如此巨大的轉變創造了矛盾的現象。那篇文章的標題是《民主黨如何扼殺黨內民粹魂》（**How the Democrats Killed their Populist Soul**）。文章寫到，「這個國家塑造了堪稱美國史上最具包容力的文化，同一時間，民主黨內部卻摧毀了反壟斷與反銀行的傳統，清除路上障礙，促成這個世紀以來最嚴重的經濟集權現象。」這件事「是民主黨協助創造當代理想破碎、悶悶不樂的大眾的一環，這當中有許多人現在是川普支持者。」這項轉變也為第三條路鋪路，二〇一六年希拉蕊在一場造勢場合中，具體呈現了這項轉變。

她吶喊著，「如果我們明天就拆散大銀行，種族主義會因此終結嗎？」

「不會！」觀眾回應。

「會終結性別歧視嗎？」

「不會！」

接著，她繼續用包裝得面目全非的挺銀行口號，挑動群眾情緒。

此際，大筆資金在歐洲透過其他方法擴張影響力。其中一個最具影響力的載具就是名為「歐洲產業家圓桌會議」（European Round Table of Industrialists，簡稱「ERT」）的組織。ERT成立於一九八三年，宗旨是要讓歐洲「競爭力升級」。ERT成立至今都是歐洲大企業老闆的俱樂部，這些年來總在歐洲頂層決策單位中，為企業打頭陣。ERT持續為大型跨境銀行與國際企業推動更無縫接軌、更少規範、更低關稅的單一歐洲內部市場，它的影響力之大，讓前歐盟執行委員會主席德洛爾（Jacques Delors）形容它是「歐洲單一市場背後，其中一個主要推手」。ERT強力推動競爭力訴求，並利用博克的反托拉斯改革掏空歐洲的反壟斷屏障，使得歐盟的指導文件現在充滿了對大型壟斷業者的包容，以及博克式、對消費者福祉與價格的執著。

不要被那些你在新聞上看到的鉅額歐洲罰款給騙了，那些相形之下都是九牛一毛。二〇一七年之前的五年之間，歐洲對財團祭出的總罰款達一百億歐元，聽起來很多，但平均每年二十億歐元的罰款，對照那段期間歐洲企業的獲利，也才占〇．〇三％或約三千分之一而已。考量到現在壟斷情事在我們的經濟體中多普遍，這個數字著實驚人。

就像所有有利於富人的轉變，這些改變背後也有學界的支持。最有名的就是哈佛商學院的精神領袖波特（Michael Porter），他著有多本影響力深遠的書籍與文章，探討企業策略。一九七九年，他在《哈佛商業評論》（Harvard Business Review）撰文，主張最好的企業策略就是找尋可以壟斷的利基點，在這個利基點上，其他人無法參與競爭，因此可以規避競爭。波特在一九九〇年出版長達八百五十頁的暢銷書《國家競爭優勢》（The Competitive Advantage of Nations），書中把他對企業的觀點提高到國家層級。那本書並沒有直接揮舞新自由主義的大旗。波特說，各國應該善用自己的優勢，匯集知識與創新，避免短視近利。他還提到許多無從反駁的論述，但他的論點很明確地奠基在「有競爭力的」國家與城市必須照顧企業（特別是大企業），才能繁榮發展這個想法之上。舉例而言，他並沒有特別強調透過教育培養全方位、有知識、社會化、懂得參與政治、誠實的人，而是強調技能教育，也就是企業所需的教育。此外，波特用企業的角度來詮釋公共政策策略，幫助左派政治領袖找到和大銀行與跨國企業溝通的共同語言，更同理對方，同時讓大企業不那麼害怕左派政黨。

每年在瑞士滑雪勝地達沃斯舉辦的年度盛會──世界經濟論壇（World Economic Forum，簡稱「WEF」）都會再次激發這種類左派相互吹捧的全球趨勢。WEF成立於一九七一年，起初該組織是為全球大型跨國企業創立的論壇，之後逐年擴大規模。一九九〇年代，參與WEF對國際領袖而言越來越重要，他們來到達沃斯，和金融與商業領袖、智庫名人、知名記者討論世界局勢，順便提供瑞士銀行家絕佳的機會，向齊聚一堂的全球菁英推廣反稅務、違法財富管理服務與境外心態。在波特的協助之下，WEF開始公布年度國家競爭力排名與評分，讓政府擔憂自己的國家是否能順利在國際競賽中維持佳績。答案永遠是否定的，就算對名列前茅的國家而言也一樣，因為對手就在那裡，緊咬著他們的腳後跟。柯林頓一九九三年的宣言附和了這樣的想法，讓火越燒越旺。他說，每個國家都像「在市場上競爭的大企業」。

在英國，金融城人士總是不斷告訴我們，我們來到了「轉捩點」，如果不採取行動，資金就會對英國失去信心並外逃，如此一來，工作機會就要流入排水孔，就此消失了。一場全球經濟競賽正在進行，如今已人盡皆知。新達沃斯時代的英國政治經濟學家戴維斯（Will Davies）寫下，「國家的命運與企業的命運相連，反之亦然。政治權力長出新的視角，在這個場景中，國家、城市或區域可以比做企業，政治領袖是執行長，人民則是員工。」

隨著一九九〇年代持續推進，全球領導人逐漸聚焦競爭力訴求以及第三條路的想法，即：接受全球化，「競爭」並盡可能重分配。一派典型男性作風的澳洲前總理霍克（Bob Hawke）曾創下世界上最快乾掉超長啤酒杯的紀錄，有機會和容克一較高下。他也是支持這些想法的一員。其餘還有義大利前總理普羅迪（Romano Prodi）、瑞典前首相佩爾松（Göran Persson）、荷蘭前首相科克（Wim Kok）、德國前總理施羅德。施羅德還提出「新中間路線計畫」（*Die Neue Mitte*, The New Middle）。知名政治哲學家福山（Francis Fukuyama）於一九八九年總結這些改變。隨著這場運動的動能越來越強，福山認為市場資本主義的勝利是「一段歷史的終結。準確地說，是人類意識形態演進的終點，而西方自由民主制度的普及，是人類政權的最終型態。」對左派而言，第三條路是唯一的出路。

一九九七年，英國歷經保守黨長達十八年的統治之後，已經乾涸，當時的氛圍給了新工黨推派搖滾明星式政治人物出任黨魁的絕佳機會。布萊爾承諾會改革、重建、推行現代化、協助企業、推動創新，同時承諾將慷慨進行財富重分配，也提出新的社會發展目標，仿效美國民主黨，從勞工鐵票轉向新的、多元文化支持基礎。布萊爾贏得了選戰，而且一上任支持度就暴增。一九九七年某個時點、黛安娜王妃過世後，他的滿意度一度達到九三％——和容克一樣驚人的數字。有一段時間，我也為布萊爾所傾倒。

在就任首相之前，布萊爾就揮舞著「競爭力」的大旗，引發嚴重後果，破壞力甚至超越在他之前擔任首相的保守派成員。華威大學教授華森（Matthew Watson）說明，「面對外國企業家和外國記者，他就談論全球化帶來的機會，要吸引海外企業到英國作為典範、提高經濟競爭力。他會提高對方的預期，要他們『投資英國，移入英國』。」但面對本地群眾，布萊爾會釋放不同的訊息，不再談機會，而是談必須做的事與政策限制，談這些機會多麼侷限以利重分配、課稅與支出，並推行各種傳統上與工黨連結的事務。面對本土聽眾，「一切都關乎降低預期。由於實際考量，得讓商業利益勝出。這是機會，也可能是威脅，是國家再造的機會，也或許是該盲目追求的必要作為。」

針對這個議題，布萊爾在二〇〇五年的工黨會議上，發表了他最為強硬的指標性演說。他對現場觀眾說，變化萬千的世界「無視傳統，也不會原諒弱者……充滿機會，但只會給那些快速適應、不多抱怨的人。我聽到有人說，我們要停下來，針對全球化來場辯論。你乾脆辯論秋天是否該接在夏天之後算了。」《倫敦書評》（London Review of Books）其中一篇文章的標題總結了這種態度：失敗主義，失敗主義，失敗主義。麥克基賓（Ross McKibbin）寫到，「新工黨投降了。它投降的原因是因為相信除了偶爾搪塞，他們沒什麼其他事可做。」他們傳達的訊息就是，向外國熱錢低頭、貶低稅務、貶低法令與監理，錢就進得來。布萊爾的「第三路線說」，就是容克避稅天堂模型的翻版。是國家為自身利益狗咬狗背後的自私信條；是新自由主義的拳頭外包裹著的、圓鼓鼓的「社會團結」拳擊手套；是為了隱藏金融詛咒那醜惡的事實所採取的技巧。

布萊爾和他的眾多支持者倒不覺得自己投降了，因為他們搭上新的強權順風車——閃亮亮的現代化私募股權巨頭、超賺錢的國際銀行與私人金融措施。新工黨政治人物覺得傳統的「煙囪」產業很無聊，不顧地方產業發展的繁重工作，在英國製造業較其他工業化國家快速衰退之際，微笑旁觀。相反地，他們與像U2這樣光鮮亮麗的愛爾蘭音樂家交好，請U2在非洲村落取景拍照，鼓勵納稅人提供資金進行國際援助，自己卻在避稅，並且完全無視英國避稅天堂的暴利行為如何掠奪、吸取非洲的財富。布萊爾用各種方式美化自己的金融藥方，像是提出重建個人責任議程目標，與U2、綠洲樂團（Oasis）、辣妹合唱團（the Spice Girls）、酷不列顛尼亞（Cool Britannia）等振奮人心的歌手合作，或是創立梅菲爾對沖基金。就連擊潰工會、靠著大幅鬆綁金融城內的金融法規以仰賴「歐元市場」混亂得利的柴契爾夫人，都不再是工黨的死敵，而是現代化推手，工黨勉強給予尊重。

新的態度在一封滑稽的信件中表露無遺。那封信在英國稅務單位底下的大企業辦公室（Large Business Office）中流傳，該辦公室負責向跨國企業收稅。二〇〇二年，各界指控假智庫資料被用來合理化出兵伊拉克的行為之際，那一封信偽裝成聯合國武器查核人員布里克斯（Hans Blix）所寫的信件，信件開頭寫著「親愛的海珊」，內文是，「我們正在測試一種新的武器查核體系，仿效內地稅務局（Inland Revenue）向大企業收稅的方式。你只要告訴我們，你沒有持有任何武器，我們就會離開。布里克斯敬上。」這封嘲諷信件出現之前，超過六百棟政府稅務辦公室建築被以「效率」為名，販售給一間設在避稅天堂——百慕達的公司。那是一連串丟臉情事中最新爆發的事件，這些事件讓原本以工作為傲的稅務檢查員，現在因工作而感到苦澀、甚至絕望，他們被重新定位為「客戶關係管理員」。一位稅務檢查員疲憊地告訴我，如果他們太認真做好自己的工作，上層就會「親上火線，參與以他的身分地位根本不需要涉及的案子。過去，我們以收稅為主要目標，現在的首要目標卻是維持關係。」這種向跨國企業收稅的方式，在容克看來應該會覺得很值得驕傲。

當以倫敦為據點的大銀行犧牲納稅人的利益，靠欺瞞客戶、承擔數兆美元的風險大賺一筆，布萊爾起身抨擊英國金融監理單位。布萊爾說，金融服務局（Financial Services Authority）「在從未欺騙任何人、絕對值得尊敬的公司眼中，是妨礙高效率企業的超大絆腳石。」他痛斥監理者傾向「靠監理消除風險，情願限制而不願放行。如果這就是我們的反應，就得付出代價。我們會把業務拱手讓給準備好接受這些風險的印度和中國。」這可是工黨領袖在要求把英國的法令、甚至勞動力降級到和開發中國家的血汗工廠相同水平。

平心而論，也有幾個掃興者一開始就對第三條路的說法澆冷水。一九九八年，霍爾（Stuart Hall）在《今日馬克思》（Marxism Today）刊物上批評，「所謂『第三條路』被炒作成『新型政治』。它的核心主張是不管面對什麼問題，都在既有的極端解答之間，找到神秘的中間路線。然而，越仔細透過媒體檢視這套說法，越覺得它不是一條直接面對問題的路，而是繞過問題的愚昧道路。」右派媒體《經濟學人》刊登了一則基本論點相同的文章，批判名為《第三條路》（The Third Way）的書，書籍作者紀登斯（Anthony Giddens）是倫敦政經學院教授暨布萊爾的學術顧問。《經濟學人》評論這本書是「一連串傳統對公民道德的訴求，但閃避了所有賭注與艱難的決定」。

然而這些分析都只談到表面的問題，忽略了知識上的錯誤與實務上的謬論。那些錯誤和瞎話構成了第三條路與競爭力訴求的基礎。

競爭力謬誤

一九九四年，也是布萊爾當上工黨領袖的那一年，美國經濟學家克魯曼（Paul Krugman）寫了一篇名為《競爭力：危險的狂熱》（Competitiveness: A Dangerous Obsession）的文章。他在文章中寫到，「在最先進的幾個國家，對國家競爭力的迷戀程度日益高漲，這股憂慮毫無根據，是個與證據完全相反的觀點。然而，它顯然是人們非常想堅持的觀點。」克魯曼列舉「國家競爭力」可能代表的意思：貿易順差、貿易條件、勞動力成本、李嘉圖（David Ricardo）（截然不同的）比較優勢概念，或單純指國力與全球經濟影響力。他得出結論——盡可能寬厚地說——這個概念歸根究柢是「用一種好笑的方式談生產力」。沒有和其他國家相比較，只重視最純粹的、傳統的生產力。他接著說，「如果我們可以教會大學生在聽到別人談論『競爭力』的時候皺眉頭，就為國家做了很大的貢獻。一個與競爭力思想締結連理的國家不可能制定好的經濟政策，就像堅信神造天地論的政府沒辦法制定好的科學政策。」

競爭力訴求的核心蘊藏讓人困惑的思想，層層堆疊。經濟體、稅制或城市完全不像公司，也沒有辦法有意義地「競爭」。唯一一個有條理的解釋方式就是軍事上的競爭，當一個國家變得強大到足以征服對方，才是「競爭過」該國，但這不是經濟運作的方式。公司追求獲利，獲利要課稅。對國家而言，什麼是獲利？預算盈餘？貿易順差？這些現象可能都指向病態的經濟政策，像是不必要的緊縮政策或消費不足。（而且，你要怎麼對預算盈餘課稅？）一個國家想降低出口價格最簡單的方法就是讓貨幣貶值。企業沒有自己的貨幣，沒辦法貶值，如果加強表現，製作更好、更精巧的產品，就可以把競爭對手擠出市場。然而，就算英國加強科技發展或教育，也不會讓德國退出市場，可能還讓德國人變得更有錢。加強教育可以使英國人民更具生產力、更平等而富足，也得到許多其他好處，但不是因為跟德國競爭的緣故。前英國內閣首席經濟學家波特斯（Jonathan Portes）說，「『讓英國更有競爭力！』屬於那種聽起來很棒的事，但我認為這是無意義的自嗨……讓大家從實際發生的事情上分心。」

不可否認這是個棘手的領域。你可以隨便找個英文詞，像在這個情境下就是「國家競爭力」，然後賦予它任何你想賦予的意思。例如，你可以主張說，支持你所謂「國家競爭力」最好的方式，就是讓教育升級、加強社會保障，或控制危險的資本跨境流動。你可以說，這個詞代表的是採納保護主義，並審慎制定目標明確的產業政策，扶植具生產力的國內經濟生態系統。你可以堅持「國家競爭力」必須通過檢驗，生產力佳又能創造好的工作，並提升整體生活水平。每一種說法背後都有強而有力、值得推崇的論述。但布萊爾完全沒有提出這些主張，他選擇推動競爭力訴求，純粹是在全球化世界裡，追求無根的資本。大銀行和跨國企業要什麼就給什麼，當他們素行不良，要假裝沒看見，眼睜睜看著財富被捲起再一點點流下。

競爭力訴求讓人困惑的另一個重點是，它認為我們無法阻擋或改變全球化，就像天氣一樣，最好的做法只有讓社會適應大銀行、企業、移動力高的有錢人的需求與衝動，之後再盡力彌補輸家。這種自我貶低的信仰要我們對全球市場低頭，在某種越比越爛的競賽中，想辦法跑得快一點。這套信仰獲得廣泛支持，右派支持是因為認為樂於助人的全球市場會起身控制、管教事事干涉及無能的政府，左派支持是因為害怕政府沒有足夠的力量保障人民不受惡意的全球力量傷害。《金融時報》首席經濟評論員沃爾夫（Martin Wolf）解釋，「雙方都同意無能的政治人物現在必須向萬能的市場低頭。這儼然成為這個世界的老生常談，但它（幾乎）是一派胡言。」

人民之所以會相信這套謬論，是因為有其他令人困惑的事情。第一，他們沒有發現那些隨著全球化而生、對金融業友善的改變幾乎都需要政府積極介入，或刻意不介入才能推動。政府主動釋出央行的控制權，讓央行不會直接受到民主制度控管，而央行刻意把目標從促進全面就業等事項，轉變成達到目標通膨率。鬆綁金融法規時，政府會積極弱化法規，以保護上層社會。謹慎協商後簽署的貿易與投資協定束縛了政府，避免他們出手保護本土產業。政府也刻意讓大量公有資產私有化，並小心翼翼地把這些資產放進相互競爭、金融化的架構中，他們還降低了對資本課徵的稅額，並削弱勞工權益。金融全球化不只關乎資本無可避免地能夠輕易移動，穿過國家刻意設立的束縛，還需要跨政府協定，確保債權人錢要得回來，更有數不清的決策搬開阻擋這些金流的障礙物。這些都是確切的政策決策，由國家刻意設定且不可逆。

競爭力訴求的核心還躺著一個更深層的迷思，圍繞著「組成謬誤」（fallacy of composition）的概念，那就是相信大企業和大銀行的財富等同於整個經濟體的財富。如果政府政策可以提高匯豐集團在世界上的競爭力，英國也會更有「競爭力」。很少人可以超脫這個單純、有趣的說法，然而，讓匯豐集團更賺錢未必會提升英國整體的財富，如果匯豐一大部分的獲利還是取自經濟體其他部分，那就更是如此了。此訴求的最大受惠者——大銀行、跨國企業或對沖基金——不只在全球市場競爭，也和規模比他們小的本土企業競爭，並殘害這些企業，不僅在銷售市場上競爭，還會搶人才。倫敦金融城的高薪資把天賦異稟、受過教育的人才從更具實質生產力的領域吸了出來。最厲害、最聰明的人靠著當高頻交易員致富，沒有在找尋癌疾的解藥。金融詛咒的概念在這裡再度浮現。如果金融**過剩**拖累經濟成長，並對你的國家造成其他傷害，遵循競爭力訴求制定政策，以追求**更高度**金融化十之八九會讓狀況雪上加霜。

在這個場域，語言被證明是絕佳的詐騙工具。其中一種做法是標準的混淆視聽，把企業的市場競爭力與國家「競爭力」混為一談，兩者實際上完全不同。有些人認為，這套說法和十九世紀英國經濟學家李嘉圖提出的、看似雷同卻截然不同的概念——「比較優勢」（comparative advantage）相關。比較優勢的概念是，一個國家應該專注於培植最具生產力的產業，並與其他國家做交易，進口國內相對弱勢的產品與服務。或是用超級英國人的想法，把整個經濟體重新想像為一間企業，當成「英國公眾有限公司」（UK plc）。這個想法被描繪得天花亂墜，說明我們「需要」做出「艱難的決定」，減少醫療、教育和殘疾福利，以釋出資源幫助「我們的」大企業在世界舞台競爭。然而，我們卻不覺得需要給予沒有在全球舞台競爭的本地雜工或影印店同等支持。政治圈中，許多人**需要**這種對全球競爭的恐懼來嚇唬群眾，要大家接受政策、嘉惠他們在大企業、華爾街和金融城裡的好朋友。二〇一七年，川普就利用這種散播恐懼的戰術創造絕佳效果，他稱讚中國與「稅率低得驚人」的國家「超有競爭力」，說那些國家「說真的，把我們擊潰，所以我們必須——我們別無選擇——我們必須減稅。」他的政權給予美國跨國企業與十億級富豪，全球史上最大的總體減稅幅度。

在第三條路與和它密切相關的競爭力訴求中，「國家競爭力」指的是向較窮、較小、較沒有移動力的經濟部門榨取財富，轉交給較大、移動力較強的全球玩家，讓他們可以在國際舞台上競爭。這基本上就是個不公平製造機，也是個創造罪行與惡行的機器。深入檢視幾個當代經濟大醜聞——LIBOR事件、《盧森堡文件》外流、《巴拿馬文件》、蘋果超過二千五百億美元未課稅的境外錢堆、全球金融危機——所有你想得到的事件，你會發現每一條頭條新聞、每一項政策，包括減少對全球金融市場的規範、監理與稅收，背後都隱含著競爭力訴求。這就是全球化最強而有力的武器，馴服政府與群眾。

許多被圍剿的留歐派人士會把歐洲浪漫化，形容成進步的社會民主堡壘，抑制英國國內由金融城為核心的寡占權勢集團因勢力過大而造成的負面影響。確實有其道理，歐洲國家的不平等程度，一般低於英美兩國，許多歐盟成員國的社會福利制度受到世界各國羨慕。相對地，脫歐派全面攻擊歐洲，直指歐盟雜亂無章、不民主的官僚體制，以及它有部分受到企業與金融利益團體掌控。脫歐派的主張也有道理。留歐派必須了解，歐盟的計畫充斥第三條路的思想，以及競爭力訴求，也因此奠定在相同的知識謬誤之上。換言之，目前的歐盟不穩定而且脆弱。如果沒有革命性地重新審視歐洲整體目標，歐盟計畫看來終究會崩壞。

歐洲在二〇〇〇年批准的《里斯本議程》（Lisbon Agenda）中宣告，歐盟的目標是要讓歐洲「在二〇一〇年以前，成為世界上最活絡、最具競爭力、以知識為本的經濟體……世界上經商最容易也最便宜的地方。」這是什麼意思？細看會發現這個目標基本上就是競爭力訴求，通常靠（真的很大筆）的凝聚基金（cohesion fund）與其他吸收風險的工具增添色彩，而且包含突出的「歐式混亂」（Euro-confusions）。

要感受一下這些讓人困惑的混亂情況，可以看二〇〇七年歐盟競爭事務專員克洛斯（Neelie Kroes）發表的演說。其中一句話是說，「併購海嘯是個好徵兆。」她也說，併購案「必須自由發展，不受過度政治性干擾。」克洛斯負責控制並監理壟斷情事，但她歡迎「併購海嘯」、批評「不合理的障礙阻擋跨境併購的執行」，並公開提倡執著價格的芝加哥學派思維。（《華爾街日報》報導，歐盟官員提到克洛斯時，說自己「從來沒有和與企業關係如此良好——還可能有利益衝突——的事務專員共事過」。）克洛斯並沒有誇大企業整併的情況，在二〇〇〇年以前，就有一份數據顯示，所有可估算的、外國直接投資的全球資金，超過八成和併購案有關，而不是真正有生產力的新「綠地」投資。此際，前蘇聯吐出一列寶藏列車，滿滿的新資產準備好匯聚成壟斷市場、擊垮勞工、逃避稅款的巨型企業與投資基金。在富裕國家，幾乎一〇〇%的投資金流都是因為併購案而流入。

克洛斯的第二個論點比較簡短，但更詭異。「競爭是提高競爭力的主要推手。」她的邏輯是這樣的：如果對跨國企業開放歐洲內部單一市場，金融、交易與投資就會更自由地在歐洲各國邊境無縫移動，迫使歐洲企業更積極與彼此競爭，提升效率，進而幫助這些企業更有效地在國際舞台上競爭。一言以蔽之，就是在指涉歐洲的市場競爭與歐洲的「國際競爭力」之間，那不穩固的連結。

這項主張又帶來新的問題與困惑。企業要如何提振效率，才能更具國際競爭力？其中一項做法是容忍、甚至鼓勵壟斷情事。換言之，就是要讓大型歐洲企業剝削歐洲消費者，以幫助他們和美國與中國企業硬碰硬。或者故技重施，減少歐洲內部的競爭，加強歐洲的「競爭力」。這些想法不只讓人聽得一頭霧水，歷史也顯示它們很危險。二〇〇四年，德國負責監理壟斷情事的單位警告，培育一家國家級銀行龍頭（也就是德意志銀行）的計畫，會使銀行「大到不能倒」，並引發金融危機，該單位同時指出，一九三一年類似的政策就創造了孕育納粹黨的環境，但中央政府叫該單位閃邊去。他們說，銀行法規非常完備。德意志銀行不穩定的財務狀況至今仍使德國與其他歐洲經濟體憂心忡忡。

另一個讓企業提高效率並在國際舞台上更具競爭力的方式，就是降低成本。但那些成本是什麼？就是薪資、退休金、企業稅、金融法規、社會保障與環保等等——歐洲民主與社會的命脈。又是要把財富與資本往上輸送，把錢從勞工與納稅人手上拿走，送交大企業。德國研究壟斷的專家威格（Angela Wigger）總結這整套提升歐洲競爭力的手法是「對勞工與民主的大規模攻擊……現況令人難以置信」。

《里斯本議程》現在基本上被認定失敗，主要原因是它幾乎沒有促成經濟成長，也完全看不出歐洲產業復興的徵兆。面對這個局面，歐盟領袖決定加碼，試圖進一步整合內部市場，在加強競爭的同時，推動「團結機制」以減緩痛楚。他們提出「整合與競爭力工具」（Convergence and Competitiveness Instrument），聽起來就像（實際上也是）酷刑工具。二〇一四年，容克就任歐盟執行委員會主席後，開始推動「歐元區競爭力主管單位體系」，清楚強調各國要利用「競爭力委員會」規避正常歐盟程序，以閃避反對力量。

以他在盧森堡的背景，容克當然是競爭力訴求的死忠粉絲。這又讓我回到在本章節剛開始問的、玄妙的問題：如果盧森堡這麼有錢，為什麼沒有成為大家爭相效法的對象？盧森堡非常富有，人均國民生產毛額是歐洲平均的二六〇%，從數字來看感覺是金融詛咒現象的反例。因此，必須說明一下為什麼英國與其他國家不能效法盧森堡的做法。

有些主導脫歐的人士會幻想著開創蓬勃發展的盧森堡自由貿易模式，或是建立「泰唔士河上的新加坡」，化身歐洲外的避稅天堂。二〇一七年，英國財政大臣夏文達（Phillip Hammond）把這個幻想轉成威脅，在脫歐協商過程中告訴歐盟官員，如果他們給英國一紙糟糕的脫歐合約，「我們只好改變發展模式以重拾競爭力……我們會再回來，而且會非常有競爭力地參與其中。」

他想說的是，歐洲，給我們我們要的，不然我們就進一步推行境外避稅天堂模式，讓你們受傷。

這個威脅是個空包彈，比較像在說，「給我們我們要的，不然我們就開槍射自己的腳。」第一，盧森堡的勞工中超過三分之二是外國人，從法國、德國或比利時天天跨境通勤，或者是外籍居民。這些人年輕的時候，靠其他國家教育，而盧森堡雇用他們工作，受惠於他們生產力最高的幾年。當這些勞工退休或者生病，通常會回到自己的家鄉，仰賴其他國家的健康與福利制度。英國不可能複製這種模式。

盧森堡還玩了許多其他國家不可能做到的遊戲，像是印製不成比例的歐元紙鈔而大發利市，或者大砍油稅，吸引所有路過邊境的汽車或卡車司機到盧森堡加油，提高盧森堡的收入。此外，對避稅天堂而言，國民生產毛額是個糟糕的指標，因為它計入所有透過盧森堡空殼公司洗錢的企業收益，當地人幾乎享受不到那些好處。國民所得毛額（Gross National Income）不看這些項目，因此是比較好的指標，從這個數字來看，盧森堡只有其他人的一七〇%，而非二六〇%。

但盧森堡之所以無法成為模範更重要的原因是，它從歐元區最大的金融中心獲取財富，再分給約五十萬人口，這套方程式沒有辦法規模化、套用到英國。如果要用相同的方式嘉惠英國六千五百萬人民，我們需要一個服務全球與其他幾個經濟成功的星球的金融中心。屆時，金融業遊說政府的力量會大增，人民得起身抗議，以確保財富真的重新分配到人民手上，但即便是這樣，不管你採用多有「競爭力」的秘密逃稅機制或稅制漏洞來吸引熱錢，永遠都有敏捷的小盧森堡，手握歐洲權力操縱桿，準備好削價競爭。此外，盧森堡可以吸引到這麼多金融業者的關鍵因素，還有一項是它地處歐洲核心，讓它在與大型歐洲資本市場的連結上佔有優勢，這是其他避稅天堂無法匹敵的。英國脫歐八成會截斷類似連結，因此「泰晤士河上的新加坡」不可能起飛。

你可以在網路上輕易找到一支短片，拍攝者是名為「入侵者」（the Intruders）的團體。這群人在二〇一二年穿上正裝不請自來，闖入在牛津大學新學院（New College）舉辦的稅務會議晚宴，該場宴會是要表彰英國稅務與海關總署（HMRC）個性外向的最高主管哈奈特（Dave Harnett）。在那之前，英國《偵探》雜誌（Private Eye）揭露哈奈特在沒有適當諮詢HMRC的律師或稅務專家的情況下，就中止了一起訴訟案，該訴訟案牽扯電信公司Vodafone可能高達六十億英鎊的稅款。哈奈特也曾公開砲轟自家稅務調查員對跨國企業「太嚴格」，他說，「我們看待法令有時候太過非黑即白。」

在YouTube影片中，侵入者送給哈奈特一面諷刺的「企業稅務規劃服務終身成就獎」，現場要員紛紛鼓掌，直到維納布爾斯（Robert Venables QC）起身宣布，「這些人是闖入者和侵入者！」他開始把這群人往門邊趕，一邊說，「你們立刻離開，不然我們就要放狗了。」激進分子一邊撤退一邊唱著，「因他是個超級好夥伴／高盛如是說！」維納布爾斯把他們送走之際，補了最後一槍，「你們這些入侵敗類！滾！」

讓這些獵松雞的金融城稅務會計師害怕的，是那些入侵者與類似稅務正義網（我曾與他們合作）的組織橫跨全國，推動稅務正義活動，取得從左到右、政治光譜各處的支持。二〇一〇年以前，以「x」結尾的三字母單字攻佔主流媒體頭版。就連右翼媒體《每日郵報》（Daily Mail）都暫停譴責騙取社會福利的事件，推出系列報導，抨擊政府大幅增加給企業的好處。其中一則《郵報》文宣寫著，「如果你不繳我們的稅（tax），我們就不吃你的起司，卡夫！」在那之前，美國食品業龍頭卡夫（Kraft）買下英國吉百利公司（Cadbury's），並把所有權轉到位於日內瓦的控股公司。（《郵報》忽略了它的控制股東——樂德梅勛爵〔Lord Rothermere〕也在玩境外避稅的把戲。）激進分子贏得大眾支持，靠的是一個簡單的技巧——改變辯論焦點，不再提棘手的問題、探討躲避企業稅是否合法，而是聚焦更基本的經濟、民主、公平競爭、市場誠信問題。在極為重要的面向上，媒體與大眾比稅務會計師更懂稅。

即便全球金融危機和其後果引發眾怒，實質改變依舊沒有發生。反而發生了完全相反的事：二〇一〇年之後就任的政府，和全球跨國企業締結不透明的特殊夥伴關係，共同設計英國企業稅政策。他們一而再、再而三地大砍企業稅率，成功讓Vodafone與其他企業用來避稅的多個漏洞合法化，藉此主動且刻意地鼓勵位於倫敦的跨國企業分支將獲利轉移至避稅天堂，幻想著這樣跨國企業就會在英國設立更多支點。一名畢馬威（KPMG）會計師事務所總監告訴《偵探》雜誌臥底記者，在新的法規下針對某些交易，「你實際上可以淨減免約一五％（稅率）。」有些跨國企業還可以完全抹去在英國的獲利。依據政府自己的統計，這些鼓勵跨國企業英國分部使用避稅天堂的調整，每年約使英國損失一兆英鎊的稅收，而二〇一〇年至今持續調降的企業稅率，造成的稅收損失更是前者的十到十五倍。這些「競爭力」政策中，沒有任何一項成功化解英國「超級生產力難題」，現在英國勞工的生產力比法國、美國、荷蘭、瑞典或德國低約二五％到三〇％，差異仍在擴大。

政府和它的盟友把「競爭力」的概念端到大眾眼前，藉此推銷各種支持跨國企業的行為，催生了支持全球避稅天堂的心態。發明第三條路的不是布萊爾或柯林頓，容克早就走過那條路了。還有另一名講英文的政治人物抱持類似願景，他也曾踏上第三條路，那就是不屈不撓的愛爾蘭前總理豪伊（Charles Haughey）。豪伊經營快速成長的企業避稅天堂——愛爾蘭，他也四處宣傳要以「具競爭力」的經濟「解放財富創造者」，再花掉大筆收益的必要性。但他有些不同。布萊爾和柯林頓都等到離職才擔任好賺的顧問職務，豪伊則樂得在擔任總理期間多賺點外快，而由他開啟的愛爾蘭「賽爾提克之虎」經濟成長模式最終成為他們每一個人的亮麗樣板。

第六章 賽爾提克之虎

在奇蹟之前

「賽爾提克之虎」描述的是愛爾蘭在一九九〇年代至二〇〇〇年早期的經濟成長奇蹟，可說是現代社會中影響力最大的經濟歷史寓言之一。愛爾蘭的低公司稅模式提供了最終極的免費餐點：無痛的稅務減免引領了經濟成長，而後這些減免創造了潮水般湧來的新投資，最終帶來了巨量稅收。芬坦・奧圖爾（Fintan O'Toole）是《愛爾蘭時報》的時事評論家，也是批評賽爾提克之虎事件的書《愚人船》（Ship of Fools）的作者，他認為：「愛爾蘭的模式變成了經濟、社會與發展的新興宇宙真理。它穿越了歷史與地理的界線，無視時間與空間的限制。」

雖然愛爾蘭的興起過程中遇上了不少泡沫，全球金融危機對愛爾蘭造成的傷害也大過於大部分其他國家，但這隻老虎並非海市蜃樓，時至今日老虎還鮮活存在：外國投資依然雄厚；起重機再次裝飾了天際線；咖啡廳充滿了銀行家的牢騷，都柏林充滿了顯而易見的活躍氣氛與目的性。賽爾提克之虎的故事看似一道雷電般的證據，筆直劈向本書的其中一個重要論點：如果你想要創造廣泛的繁榮經濟，你不需要利用削減公司稅率或者放寬金融規則這一類的方式去「競爭」。

為了理解上述廣為人所信的論點為何錯誤，我們必須先說一個截然不同的故事。這個故事要回溯到一九四〇年代，當時需要飛越大西洋的道格拉斯DC-3與其它螺旋槳飛機需要在愛爾蘭西岸的夏儂機場補充燃料，因為這裡是歐洲最西的登陸點。為了替航空公司裹上糖衣，夏儂在一九四七年從愛爾蘭的課稅系統中創造出了全球首家免稅商店。但在五年內，商務航線就開始使用噴射機，這些飛機可以直接從倫敦或巴黎飛到紐約而不需要中途在夏儂加油。熱情的當地企業家布倫丹·奧雷根（Brendan O'Regan）提出警告說，若夏儂不打算變回無名小卒的話，它就必須「把飛機從天空上拉下來」。他提議在機場外建立新的免稅區，舉了波多黎各正在籌畫的一個免稅區為範例，外國投資人到了這裡可以不受通常的稅務與法規規範。免稅區在一九五九成立，此後飛速成長。（讓奧雷根開心的是，他在機場擔任餐飲與服務經理，可以利用職務之便把關鍵合約交給受他控制的公司。）

在夏儂的檔案庫中有一張一九八〇年拍攝的中國代表團的照片，他們被派到這裡來了解愛爾蘭的實驗，當時新上任的總統鄧小平正帶領中國往現代化的方向走。在照片裡排排站的人群中，你會看到一位戴著黑色墨鏡、身穿厚重大衣的年長中國海關官員。在免稅區參觀了一圈後，代表團被帶到德帝奈利酒吧招待唱歌——這或許可以協助我們理解，為什麼愛爾蘭總理伯蒂・埃亨（Bertie Ahern）在一九九八年訪北京時會受到這位戴墨鏡的官員——那時他已成為了江澤民總統——的熱烈招待。中國受到夏儂啟發，設立了經濟特區，這成為了往後推動經濟發展奇蹟的關鍵要素之一，如今中國人非常尊崇經濟特區，習近平與許多中國高官都曾到夏儂朝聖。「倫敦的中國大使館時常帶人去夏儂參觀，夏儂就像是他們的路德*一樣。」夏儂區的資深顧問湯姆・凱萊赫（Tom Kelleher）說。「參觀夏儂你就能獲得救贖。」

這個背景故事能闡明愛爾蘭是如何偶然發現這個魔術戲法的：降低公司稅與金融鬆綁就是促進經濟成長的魔法藥水。不過這個快樂的童話故事中有一個難題，而且是很大的難題。在賽爾提克之虎出現時，愛爾蘭的經濟成長與其身為公司避稅天堂的悠遠歷史是沒有關聯的——**完完全全**沒有關聯。事實上，若公司稅減免與西部荒野般的金融中心能消失的話，或許愛爾蘭的人民還會過得比較好一點。賽爾提克之虎的真正故事位於他處。

愛爾蘭的避稅天堂策略不像某些避稅天堂一樣著重於秘密，愛爾蘭的重點在於減免公司稅。該策略始於一九五六年一個名為出口利潤稅額減免的便利條款——在那時的標準看來，這是非常具有侵略性的公司稅避稅天堂策略，只要作一些微小的更動，就代表大量製造的商品在出口販賣

---

* 譯註：Lourdes，法國最大的天主教朝聖地。

時可以完全免除稅額。在那之後不久，出口與經濟成長出現了少許上升，許多人都認定這是公司稅減免所帶來的成果。但事實上當時正是黃金時代，西歐多數國家的經濟都出現了成長，英國的成長率並沒有高出多少。愛爾蘭的製造業雇員率在可見未來中以每年百分之一的速度成長，到了一九七〇年代初期，受到外商的工業公司雇用的人數小於愛爾蘭勞動人口的百分之三，絕大多數都是低薪受雇。

接著，一九七〇年代早期發生了一件怪事。愛爾蘭的外國直接投資額（Foreign direct investment，簡稱「FDI」）突然出現爆炸性成長：在短短七年內就從一九七一年的二千五百萬躍升了十五倍，自一九七五年達到了三點七五億。許多經濟學家都把FDI看作能夠使努力前進中的國家出現經濟成長的萬靈丹；那些外國投資人不但建造工廠、繳交稅金並創造工作，他們還把許多知識與技術都交給了願意接納他們進入的國家。

在這段期間，愛爾蘭不斷調整國內的公司稅政策，但其實只有一件事能解釋這段期間的FDI驟增：愛爾蘭在一九七三年加入了歐洲經濟共同體（European Economic Community，簡稱「EEC」）。在此之前，位於愛爾蘭的公司可以將自由地將產品放在愛爾蘭的小市場販售，也可以在一定程度上將產品賣到英國，但若他們想要把產品推廣到更遠的地方就會遇上關稅與許多障礙。愛爾蘭加入EEC的時間比英國還要早兩年，此一舉動改變了投資人的計算。對美國投資人來說——尤其是對那些公司執行長具有愛爾蘭血統的投資人來說——他們很難想像比愛爾蘭還要更方便、更友善又使用英文的平台了。「在此落腳的跨國公司可以把這個國家當作平台，把產品出口至具有二點五億人口的歐洲市場的平台。」前任副首相雷．麥克薩里（Ray MacSharry）與前任愛爾蘭產業發展局局長派德瑞克．懷特（Padraic White）在他們合著的書《賽爾提克之虎的誕生》（The Making of the Celtic Tiger）中這麼寫道。「最重要的是，加入ＥＥＣ使愛爾蘭能擺脫英國如影隨形的影響。」

歐洲帶來的影響遠不止進入市場的機會。歐洲協助啟發了愛爾蘭的深度社會改革，尤其在女性解放上的進步最為明顯。信不信由你，在一九七三年之前，愛爾蘭女性公職人員必須在結婚之後辭職，原因是結婚後女人的工作就是照顧男人。在法律中，「婚姻強暴」是一個矛盾的概念，因為愛爾蘭的丈夫有權利在任何他希望的時候與妻子發生性行為。女人幾乎沒有管道得取得避孕藥；唯有父親能領取孩童津貼，女人不能全權擁有自己的家。許多酒吧不允許沒有男人陪同的女人進入。歐洲迅速地迫使愛爾蘭褪去這些落伍的歧見。愛爾蘭記者潔絲丁．麥卡錫（Justine McCarthy）形容加入歐洲是「從奴隸制度之中把我們拯救出來」。

但歐洲也不喜歡才剛學會飛的愛爾蘭避稅天堂制定的「歧視」規則。歐盟對貧困國家（也就是富有程度不及歐洲平均值一半的國家）網開一面，但到了一九八〇年時，愛爾蘭必須逐步淘汰〇％的製造率稅率，將之替換為一〇％的「製造業與國際貿易服務」稅率。那時候新的外國投資浪潮已創造了七萬個工作機會，這是件好事，不過這個數字仍然只是愛爾蘭勞動人口的五％。但是，還是有事情出了差錯。

對於追求發展的經濟體而言，外國投資只是達到目的的一種手段。說到底，最重要的還是經濟體本身的整體表現狀況如何。其中一個理由在於，若你為了補助FDI而從經濟體的另一個部分取來金錢或者經驗豐富的工作者，這種作為可能不會帶來整體的成長。對我們來說，衡量愛爾蘭經濟表現的最佳方式就是檢視每人國民所得毛額（GNI），並將之與歐洲平均做比較。用這種方法檢測後能得知，愛爾蘭的GNI自從一九五六年開始就保持在歐洲平均值的六〇％，在一九七〇年初期雖然湧現大量外國投資，但GNI卻出現了些微的下降。到了一九八〇年代晚期，愛爾蘭的人均GNI依舊沒有超越歐洲平均值的六〇％；失業率超過了一五％，每年每一百個愛爾蘭人中都會有一人移民至他國。在這二十至三十年間，愛爾蘭的積極公司稅避稅天堂策略替少數人帶來了好處，但國家整體卻並未受益。

接著，大約在一九九二年的時候突然發生了一件新鮮事。經濟突然出現爆炸性成長。賽爾提克之虎於焉誕生。

若我們想要理解如今已被放出的這隻野獸具有何種天性，我們首先必須了解的會是在過去十多年間控制了愛爾蘭政壇的人：查爾斯・豪伊。

英雄腐敗

豪伊的欺騙行為已經算得上是梵諦岡級別了，他在二〇〇六年死亡時手頭上已累積了一棟豪宅、杜拜附近一個佔地二百八十英畝的地產、一群賽馬、南岸的一座僻靜島嶼、沙烏地阿拉伯公主的慷慨贈禮，以及橫跨數個避稅天堂的個人帳戶與資產所結成的複雜金融網。豪伊在巴黎的高價裁縫店夏維（Charvet）花數千元購買訂製絲質襯衫和睡袍，那裡的員工稱呼他為「閣下」，但較親近的人則會稱他為「老闆」。豪伊在一九二五年出生於偏遠的梅奧郡，曾擔任過愛爾蘭自由邦（Irish Free State）空軍上校，具有會計師資格也曾受過律師訓練，但他命中注定要走上政治這條路。他在一九五一年結婚，妻子是代表主流的愛爾蘭共和黨（Fianna Fáil）領袖的女兒，共和黨是態度溫和、秉持民粹主義但觀念保守的政黨，已支配愛爾蘭政壇約半個世紀的時間，與之並肩的是右派的愛爾蘭統一黨（Fine Gael）。

豪伊對勢力的渴求是十分值得注意的地方。「敵友雙方都會因他對於權力的無休止追求而受到迷惑。」喬・喬伊斯（Joe Joyce）與彼得・馬爾多夫（Peter Murtaugh）在一九八三年出版的傳記《老闆》（The Boss）中解釋。「他是『人永遠不該在政治場域中放棄』的活生生證明。」一九六一年時三十六歲的豪伊已成為司法部長；五年後他晉升成經濟部長，最後他成為了愛爾蘭總理，分別在一九七九年、一九八二年和一九八七年贏得競選。他的其中一件創舉就是通過一九六八經濟法案，該法案使他與他的朋友無須為往後累積到的財富繳稅。一九六九年，他被抓到拿一億德國馬克的公用款來賭錢，一九七〇年他被發現協助走私軍火給北愛爾蘭的愛爾蘭共和軍與英國軍打仗，之後便被政府解雇（他也被逮捕並接受審辦，但最後判決結果是無罪）。

一九七〇年代主導愛爾蘭經濟的依舊是教會、大型農業利益團體與一群生活在上流社會的銀行家與會計師，這個系統依然聽命於倫敦，他們欺騙偏鄉窮人，使那些採擷並出口勞力成果（大多是出口至英國）的富有中間人受益。豪伊像是別上榮譽勳章一樣提起自己的勞工階級出身，將自己定位成反建制的候選人。但不斷有謠言說這位趨避問題的不速之客一直在利用詭計透過愛爾蘭不動產獲利，他的受歡迎程度正如同在滿載電梯裡腸胃脹氣的受歡迎程度一樣。他們會打電話給豪伊和他的合作夥伴「安哥拉羊毛西裝男」或「高利貸男」。政治歷史學家柯諾爾．麥卡比（Conor McCabe）解釋說，最適合形容他們的詞大概是「不擇手段」。「他們他媽的放高利貸，你知道嗎？他們是在做黑市交易。」

豪伊似乎因此而生出了極度不安全感。他謊稱自己是古時愛爾蘭高王的直系後代，又為了此謊言設計了一個家徽。在一九八二年於華盛頓特區進行的一頓午宴上，他在客人的掌聲中憂傷地對愛爾蘭記者們說：「你們聽。他們愛我。」《豪伊的數百萬》（Haughey's Millions）的作者．基娜（Colm Keena）寫道，這種不安全感「將終其一身糾纏著他，他永遠也不會獲得接納。」

他在一九九二年最後一次放下政權，過了許久之後，公眾法庭發現那些流入豪伊的個人帳戶的可疑金流中，金額最大的那幾筆金流大多都出現於他擔任首相的那段期間。而且他在整個政治生涯中都長期且穩定地表現出了這個模式。「豪伊掌權時通常就會有金錢流入。」基娜說，「他失去權力後，金錢就會逐漸枯竭。」一九七〇年被解雇後，他直接放任財務透支，因為他認為一旦再次掌握權力，銀行就會劃銷他的債務，事實證明他想得沒錯。

豪伊似乎一點也不因自己靠著政治聯繫與政治活動致富而感到羞恥。「豪伊抱持的態度是，他完全值得擁有這些錢，」奧圖爾說，「他的想法就像是：『我理應擁有一座育馬場並搭著直升機飛來飛去。若我必須代表這個國家，那麼這些就都是很重要的事，我必須和那些財富創造者站在同等高度。』」他的這種態度能讓我們在尚未深入檢視內部運作狀況並重新區分他的收入之前，就稍微理解以下三者之間的深層關聯：豪伊的腐敗、愛爾蘭渴望成為的公司稅避稅天堂，以及減少公司稅與允許金融業為所欲為的第三條路態度（Third Way）。

奧圖爾解釋，基本的意識形態假設，就是區隔財富的創造與財富的分配。「這麼一來，你就無需詢問被創造出來的是哪種財富，或者這種財富的核心是否含括了貪腐在其中。道德問題只存在於財富分配的領域。」此分析也可以應用在容克、布萊爾、柯林頓和其他主張第三條路的領導者與逢迎者身上。U2樂團為了把必須繳交的稅額降得更低，決定把絕大多數的工作從低稅率的愛爾蘭轉移到另一個公司稅避稅天堂荷蘭，當有人針對這個決定詢問主唱波諾的意見時，他將之描述為「聰明」的經營方式，並抨擊那些評論都來自非愛爾蘭人，他們「不會理解」這個國家是因為身為公司稅避稅天堂而致富的。

說起來有趣，事實上腐敗的汙點有時對政客是有助益的。對坐在酒吧裡喝酒的群眾來說，豪伊要嘛是個騙子，要嘛是個勞工階級救星。《愛爾蘭的政治腐敗》（**Political Corruption in Ireland 1922-2010: A Crooked Harp?**）的作者伊蓮・伯恩（Elaine Byrne）解釋說，在經歷了英國數百年來的控制後，許多人都根深柢固地認為愛爾蘭是格格不入的、英國風格的地區。「他們覺得都柏林是一個截然不同的國家。」豪伊把錢拿走時，人們沒有連接起關聯性——「那是我的錢」。從整體結構上看來，這個論點有助於我們解釋為什麼許多城市的投票者會以不同尋常的熱情看待具有道德爭議的候選人，例如或西爾維奧・貝魯斯柯尼（Silvio Berlusconi）和唐納・川普。奧圖爾說：「在面對『人的命運會被沒有臉孔的、不可預測的力量所形塑』這個概念時，極度的地方忠誠與極度的個人親密性是針對**它們**的反抗舉動——無論**它們**是什麼都不會改變這件事。人們之所以會做出最不應該做的事，或許是因為他們想要把這種舉動視為對力量的一種最後掌控，藉此抵抗無能為力的感覺……真正值得思考的並非詐欺犯當選這件事，而是越來越少政客在當選後會因為當選前的所做所為而被認為是騙子。」

全球各地的腐敗根基，來自於人們把地方、家庭與個人擺在最優先，因此犧牲了更大的國家利益——或許你可以稱之為英雄腐敗。這個概念可以擴張到全球的層級。豪伊與之後的繼任者毫無心理負擔地利用這個概念獲得民眾對於愛爾蘭避稅天堂的支持，把愛爾蘭的利益擺在優先——

或者更準確的說，把愛爾蘭社會中的某些部分擺在優先——付出代價的是他國的多數繳稅人口，那些城市的跨國公司把愛爾蘭當作金融妓院來規避稅款與其他規則。

豪伊終於在一九九二年離開政府，當時愛爾蘭正開始享受驚人的經濟成長與外國投資。愛爾蘭的每人國民所得毛額在一九九〇年是歐洲國家平均值的六〇％，二〇〇〇年的上升至一〇〇％，到了二〇〇七年則抵達了不可思議的絕妙一三〇％。這樣的爆炸性成長被稱之為賽爾提克之虎經濟，促成此狀況的有兩大成長。其中一個是真正的成長，立基於外國投資創造出的工作，這些工作在一九九〇年佔了GDP的二．二％，到了二〇〇〇年達到了驚人的二五％。接著，二〇〇一年出現了全球經濟大衰退，世界各地的FDI都出現劇烈下降，外國投資機器讓出位置，接著上位的是金融服務帶來的假性成長，以及奧圖爾所謂的「神經錯亂財產邪教」，其中混雜了「全球意識形態與愛爾蘭習性的致命道德雞尾酒」。第二次成長將會以令人咬緊牙關的財務困難把狂暴的老虎帶回地面。但屏除這一切越軌行為不談，這依舊是世界經濟史上幅度最大的短期成長。最大的問題就在這裡。是什麼秘密元素使得愛爾蘭出現如此劇烈的成長？

純粹好運？

減免公司稅的故事似乎沒什麼說服力：自一九五六年開始那些避稅天堂的法規都從沒有成功

啟動過經濟成長的引擎，愛爾蘭在接下來的三十五年間幾乎快要跟不上歐洲其他國家的速度了。一九七〇年代初期的外國投資驟增一開始是來自於愛爾蘭加入歐洲經濟共同體。事實上，愛爾蘭的標誌性一二·五%公司稅率的啟用時間是二〇〇三年，遠在經濟爆炸性成長開始之後——其中也包含了過去從一〇%開始**增加**的稅率，對出口公司而言這個稅率本身就是一種增加，因為更早之前的稅率是〇%。一九九〇年代和愛爾蘭相像的法國和英國公司稅率落在三〇%到三五%之間，在接下來數年內都維持同樣的水平或者調得更高。無論如何，吸引跨國公司的主因都不是公司稅率；而是稅法中的漏洞，跨國公司將能藉由愛爾蘭的稅法漏洞把稅率降低到接近零。舉例來說，蘋果在愛爾蘭的子公司的稅率就低於〇·一%。愛爾蘭在跨國公司稅法上的漏洞從一九五〇年代開始就存在了。

若養育出這隻老虎的並非公司稅，那會是什麼呢？回答這個大哉問的最簡單方式就是把一切歸結於愛爾蘭的好運。同時有七至八個不同尋常的因子以完美的方式產生擾動，推進了愛爾蘭的爆炸性經濟成長。很明顯的，沒有任何一個國家有望能複製這種經濟成長的哪怕一小部分。愛爾蘭絕非任何國家的經濟成長模範。

最大的因子顯然來自歐洲，以及愛爾蘭在一九九二年進入歐洲單一市場此一事實。EEC已使外國投資出現陡然飆升，但依然有國家為了保護國內事業而設下無窮無盡的阻礙。而單一市場則把一切都掃蕩得一乾二淨。《歐洲貨幣》（Euromoney）的董事長派德瑞克·法倫（Padraic

Fallon）以「古德里安（Guderian）的坦克部隊輾壓過馬奇諾防線」來描述愛爾蘭進入歐洲單一市場的過程。

彼得・薩瑟蘭（Peter Sutherland）是世界貿易組織的愛爾蘭前任總幹事，也曾擔任歐盟競爭事務委員會的委員，他對愛爾蘭進入歐洲單一市場的重要性下了結論：「單一市場的完備對我們來說是攸關生死的一刻。」

突然之間，愛爾蘭變成了進入法國市場的絕佳跳板，幾乎和法國一樣好。

這個事件又恰好趕上了驚人的潮流：在完全一樣的時間點，全球投資浪潮開始出現。從一九九一年至一九九九年之間，富有國家的外國直接投資額幾乎翻了五倍——從二點三億增加到一兆——而愛爾蘭最大的投資方美國的全球投資總額則翻了將近七倍。增強並引導愛爾蘭的爆炸性成長投資的，是另一個關鍵因子：愛爾蘭英勇且不屈不撓的產業發展局（Industrial Development Authority，簡稱「IDA」），該機構實在太過擅長於吸引外國投資者，我們幾乎可以肯定全世界沒有任何一個機構能出其右。

遠在一九九〇年代，IDA小組就已經將手伸到正在發展中的世界各地去了。光是在愛爾蘭成為EEC成員的一九七三年那一年，IDA前往世界各地的公司進行簡報的次數就高達了驚人的二千六百次，大部分的簡報內容都是針對個別客戶量身打造的。IDA前任局長派德瑞克・懷特解釋說，他們的做法是「用獵槍精確瞄準達到特定標準的個別公司，直接找上門，說服他們來愛爾蘭設點。」他們提供的誘因自然有低公司稅，不過還有其他誘因——很多其他誘因。他們付錢在全球商業媒體上進行密集廣告。他們邀請記者到愛爾蘭進行豪華旅遊並會見大人物。他們從離開機場開始就謹慎地規劃路線，避免任何不美觀的景色或者交通壅塞。他們替拜訪者安排了許多一流的飯店、餐廳與娛樂場所。「（我們）從全然的貧困中創造出了另一個愛爾蘭。」懷特說。但是，他補充道，王牌是無庸置疑的。「愛爾蘭是EEC會員，可以進入歐洲的廣大市場，這才是他國企業進入愛爾蘭投資的最基礎商業原理。」

IDA採取的是「旗艦行銷」策略，他們積極鎖定世界知名的企業，這些企業的肯定將會讓愛爾蘭能更輕易地吸引其他企業來投資。他們在一九八〇年成功說服蘋果到愛爾蘭投資，接著又藉此說服了英特爾進駐。然後他們的目標轉向了微軟。每一次都是成功的。「我通常是負責賣產品的人，」微軟的總裁史帝夫・巴爾默（Steve Ballmer）在回想起IDA的出色推銷方式時這麼說，「那次是我頭一次因為政府要賣東西給我而被人請吃午餐！」

IDA將愛爾蘭原本在國際上的古怪形象精心雕琢成了充滿吸引力的新形態。懷特說，美國人對愛爾蘭的傳統看法是「一座浪漫又多霧的島嶼，居民與《沉默的男人》（The Quiet Man）中的角色如出一轍，到處都是沼澤和野驢。」但新資訊徹底把愛爾蘭的吸引力轉到了新的方向。愛爾蘭依舊擁有未被破壞的美景，清新的空氣與開闊的地景，對家庭的多重吸引力，以及在世界歷史、文學、歌曲、幽默感與通俗文化魅力中所佔的高到不成比例的份量。但新資訊同時也成功地將上述特點結合了其他優點：愛爾蘭是個安全的港灣，讓你無須在倫敦花大錢通勤還要忍受激烈競爭，也無須忍受被鬼影重重的棕梠葉圍繞且缺乏靈魂的開曼群島免稅區，或者日內瓦詭異、非英語的歐洲式枯燥氛圍。愛爾蘭向世界各地的公司老闆提供了真誠的新選擇。

他們做了調查，發現對公司來說最大的吸引力之一就是資質良好的大學畢業員工，因此他們在推廣時還增加了另一個元素增加拉力：愛爾蘭在一九六〇年代進行了大規模的教育改革與教育投資，因此到了一九八〇年代，一大群年輕且受過良好教育的愛爾蘭職校畢業生與大學畢業生像浪潮一樣席捲社會，開始尋找工作。與此同時，歐盟引領的愛爾蘭女性解放也在短期內迅速增加女性勞動力，大幅推動了愛爾蘭生產力與成長。一九九四年，在家中工作的愛爾蘭女性中——一般而言此種勞動活動並不會被算在經濟成長指數中——有四分之一在四年後的一九九〇年進入了家庭以外的工作場域。經濟因此獲得了極大的益處。進一步增加勞動力的，是一大群因為先前的經濟蕭條而逃離愛爾蘭至別的國家尋找工作的人，他們都曾在職校和大學中受過良好教育與訓練，如今回到家鄉，一同加入了經濟的迅速成長。每一樣因素都協助了愛爾蘭的經濟轉型，一九八六年，愛爾蘭每十位勞動人口就要支撐二十二名因太年輕、太年老或者罹患疾病而無法工作的人，到了二〇〇五年，比例變成了十位勞動人口支撐二位無法工作的人。這是革命性的人口紅利。

ＩＤＡ設計了迷惑人心的新市場宣傳，善加利用此種轉變。他們的口號是「愛爾蘭——我們是年輕版本的歐盟。」在《經濟學人》、《華爾街日報》和《商業周刊》刊登大型廣告。「愛爾蘭的人力資源就像是俄州的石油一樣。」一則廣告寫著這則標語，旁邊展示的照片中有幾位畢業生正在校園中微笑，有男有女。另一張照片上則是一群看起來積極樂觀的年輕學生，他們站在都柏林三一學院的台階上，展現出愛爾蘭青年的富強繁榮，下面是簡潔俐落的標語：「雇用他們——或者之後將會是他們僱用你。」許多頂尖的美國領導人依然記得那些廣告。「廣告提供空中作戰資源，」愛爾蘭的行銷行政主管約翰．范寧（John Fanning）解釋，「讓IDA的軍隊能夠在地面專心戰鬥，為投資作戰。」

IDA的策略不是張開雙手擁抱國內自由放任的、減免稅額的自由市場，並等待投資者進駐；而是由政府插手執行厚顏無恥的積極策略，精確地鎖定目標區域與商業領域，然後緊咬不放地進行全面轟炸。他們所做的特定選擇——尤其是醫藥品、資訊科技與藥物科技——全都經過調查與精密的時機安排：賽爾提克之虎的崛起與大型製藥的黃金時代一九八〇至一九九〇年代正好重合，也遇上了一九九〇年代的網路科技爆發。政府在處理電信基礎建設時揮霍無度的態度對愛爾蘭來說更是錦上添花。

但我們依舊還沒有看到事情的全貌。

北愛爾蘭的和平進程有了成果，在一九九四年以愛爾蘭共和軍停火告終。「這是愛爾蘭數十年來第一次展開了美好的新故事，」著名的愛爾蘭政治評論家奧莉維亞．奧萊利（Olivia

O'Leary）說，「同時ＩＤＡ正試著把美國投資引入愛爾蘭……此時有一整個世代的愛爾蘭裔美國商人開始在美國公司中嶄露頭角，ＩＤＡ產生了很大的幫助。」每個人都想要從愛爾蘭分一杯羹。此外，雇員、公會與農民之間從一九八七年就開始的一系列社會夥伴（Social Partnership）協商也正好在此時有了突破，帶來了產業和平，所有人從一開始就認為愛爾蘭的社會夥伴概念非常成功，甚至連社會夥伴的先鋒瑞士政府都在沒多久後向愛爾蘭尋求建議。前任阿爾蘭副總理雷・麥克薩里（Ray MacSharry）說這些交易「替愛爾蘭在一九九〇年代的經濟奇蹟……奠定了穩定的基礎。」

然而創造了這場完美風暴的因子不止於此。愛爾蘭不但成為了進入歐洲的銷售平台，還在一九八〇年代後期接受了大量的歐盟農業轉移以及數十億的歐洲結構基金，該基金在一九八八年增加了一倍，而後在一九九三年又增加了一倍。「這筆基金協助愛爾蘭大量投資基礎建設，相應地促進了快速的經濟擴張。」懷特解釋。「外國投資對愛爾蘭的歐盟身分帶來了極大的長期利益。」這個在一九七二年只有一條雙向道路的國家很快就轉變成現代的投資核心，國內綜橫交錯著閃亮嶄新的道路、鐵路、港口與機場。

這些因素都在短短幾年內就位，無論公司稅的誘因如何，大概唯有在都柏林機場把比爾・蓋茲與史蒂夫・賈伯斯的頭掛在長矛上才有可能阻止美國跨國公司大量注入的投資。然而，這又勾起了一個問題。跨國公司、大型會計公司與其他企業的的老闆全都說愛爾蘭的秘密元素就是公司稅減免，但為什麼呢？簡易的答案是，他們**就是可以**這麼說，為什麼不呢？沒有任何事物像愛爾蘭的稅務漏洞一樣能夠大幅助長股票選擇權與合夥收入。況且動動嘴皮也不用錢。

然而在經過了全球各國接二連三的研究後，我們發現在真正投資人的優先順序考慮名單上，一般而言稅率只名列第五或第六。他們最穩定的需求是法律規則、健康且受過良好教育的勞動力、進入市場的許可、優秀的基礎建設，最好還有使用英語的環境。「我從來沒有因為稅法而做出任何投資決定。」保羅．歐尼爾（Paul O'Neill）說，他是美國鋁業巨頭美鋁（Alcoa）董事長，隨後在小布希手下擔任美國財政部部長。「如果你要給我錢，我會拿。如果你想要給我某種誘因，讓我去做我本來就要做的事，我當然會去做。但高明的生意人不會只因為某種誘因就去做某件事。」

打造出賽爾提克之虎的並非公司稅，而是上述所有因子再加上愛爾蘭趕上了終有一天會發生的強大經濟成長的順風車；這才是真正的賽爾提克之虎的故事。公司稅減免當然對愛爾蘭蓬勃發展的投資有所幫助，但公司稅減免是否一手推進了愛爾蘭的經濟蓬勃發展，則完全是另外一回事。就算當初愛爾蘭的公司稅系統比較平凡，大多數的投資還是會湧入；事實上，愛爾蘭甚至很有可能因此從投資浪潮中賺進更多稅收，協助政府扶持經濟發展的其他區塊，例如教育程度更好的勞動力或者基礎建設，接著或許能促使經濟發展更加蓬勃，此外，更強而有力的稅務金融基礎也能使經濟發展更持久。

不過，我們依然還沒有看到故事的全貌，在公司稅發展的過程中，還有另一個與金融關係更大並且更無益於健康發展的因子，時常被視為養育老虎的糧食。

裹著糖衣的ＩＦＳＣ

都柏林利菲河北岸的海關大樓碼頭（Custom House Quay）上矗立著好幾個已黃化的銹蝕黃銅雕像，是為了紀念在一八四五至一八五二年間的愛爾蘭馬鈴薯大飢荒時期從這裡出航的船隻，當時愛爾蘭依然是英國的一部份，是倫敦的經濟封臣之一。當時愛爾蘭的耕農必須長時間辛勤耕種窄小的寶貴農地，而其他繼承了財產的天主教盎格魯愛爾蘭人則大多數都是地主階級與掮客，他們搜刮耕農的成果，送到英國去處理或宰殺。馬鈴薯病害出現時，倫敦幾乎沒有提供任何協助，他們認為愛爾蘭應該要靠自己的資源和自由市場解決問題。農業上的損失導致了大量的農地迫遷，緊接而來的是大飢荒，當時的死亡人數超過了一百萬人，是愛爾蘭人口的八％。同時有超過一百萬人移民至其他國家。

紀念雕像旁邊矗立著國際金融服務中心（International Financial Services Center，簡稱「ＩＦＳＣ」），那是一棟七層樓的現代風格龐然大物，正前方滿是藍綠色的玻璃窗。這棟建築與旁邊用來紀念愛爾蘭悲慘歷史的雕像呈現出無比強烈的對比。ＩＦＳＣ代表了愛爾蘭低稅率與低度管制的海外金融業，這棟充滿未來感的建築如今橫跨了利非河岸的上下游，佔據了海關大樓碼頭與周遭區域。從一定程度上來說，ＩＦＳＣ是影子銀行業的中心：在這裡進行的交易都位於傳統銀行的法規管理高牆之外，其中包括了避險基金與其他外來的金融活動，這些活動的名字對於熟知全球金融危機的人來說並不陌生：管道（conduit）、特殊目的載體、傳統型證券化、信用違約交換協議等。

ＩＦＳＣ就像是規模較小的第二個賽爾提克之虎。只不過他們提供的並非公司稅減免，而是讓在此落腳的企業能享有寬鬆的金融規則與監督。雖然兩者提供的服務不同，但基本上來說，製造迷思的方法都是一樣的：愛爾蘭放鬆金融法規，說服全球金融玩家進駐愛爾蘭，而ＩＦＳＣ在充滿破舊煙囪的荒地上打造出一個閃亮的新金融中心，在此過程中創造出了數以萬計的工作機會。若你去了都柏林，你將很難不對於那裡的建築規模感到訝異。ＩＦＳＣ的起源必須回溯到一九八五年，一群生意人與政府官員在舒爾本萬麗酒店聚會。舒爾本萬麗酒店是文藝復興式的老舊紅磚建築，位於都柏林的中心，與愛爾蘭議會（Oireachtas）位於同一條路上，距離不遠。當時生活水準正不斷下降，失業率與通膨率都很高，年輕的愛爾蘭人紛紛外移。財政部秘書長莫里斯・道爾（Maurice Doyle）憤怒地回憶起他寫信給倫敦的《時代雜誌》，質疑他們暗指「國際上的銀行將會拒絕愛爾蘭」。在舒爾本萬麗酒店的聚會中，每個人都在尋求新的主意。曾在花旗銀行與普華永道工作、個性浮誇的德蒙特・達斯莫德（Dermot Desmond）提議：要不要設立一個金融中心？

達斯莫德已閱遍這個繁華世界了：他曾在喀布爾的世界銀行工作，於一九七九年蘇聯入侵時離開。他天生像蒸汽火車一樣動力十足，充滿吸引力，他是現在多數人記憶中唯一一個以局外人身分成功打入自命不凡又一團混亂的愛爾蘭股票界的人，僅僅三十一歲就設立了全國城市經紀人公司（National City Brokers）。在都柏林設立金融中心並非創新的想法。一九七〇年代，華爾街律師兼境外金融業務專家包柏．斯雷特（Bob Slater）替ＩＤＡ撰寫了一篇摘要，敦促愛爾蘭效法百慕達的秘密避稅天堂設立境外金融中心，甚至引起了好幾家華爾街銀行的興趣。但愛爾蘭央行阻止了這個計畫。「這個計畫是成為香蕉共和國的糟糕徵兆。」ＩＤＡ的派德瑞克．懷特這麼描述。一九八四年又有人重提類似的境外方案，但也同樣沒有實行。

但在舒爾本萬麗酒店酒店的會面中，達斯莫德發現政府似乎終於提起了一絲興趣。根據他的回憶，他很快地寫下了簡短的概念備忘錄，向政府官員做簡報，並同意他的股票經紀人公司會負擔普華永道進行可行性研究的十五萬英鎊的一半金額。他花了一段時間逐漸崛起，在一九八七年時，他已獲得了大量政治支持，大多支持顯然來自豪伊。這時豪伊早已擺脫了軍火走私的不光彩過去，成為了反對黨的領袖，正面對選戰。豪伊給了達斯莫德四十八小時完成一份簡述並將之放進他的選舉綱領中。達斯莫德與幾位同事一起熬夜寫下了政策計畫——利用愛爾蘭的特色創造一個金融中心。豪伊在他的競選綱領中加入了這份簡述，他團隊中的一位寫手稱之為「宏偉艱難的概念」，豪伊把這個概念幾乎一字不差的轉變成一份光鮮亮麗的文件，在選前記者會中發布。豪伊宣稱，最重要的是愛爾蘭與其他城市都正在加入一場「比賽」。「讓他們放馬過來，最優良的馬中就會獲勝。」

雖然這個提議大多是受到盧森堡、新加坡與香港的避稅天堂的直接啟發，但每個人的潛意識中其實都還惦記著倫敦。「我們的確在想辦法將倫敦的企業吸引到我們這裡。」懷特說。「但是我們想要企業維持衛星關係，而不是和倫敦發生我們不可能贏的衝突。」倫敦的銀行家必定覺得豪伊想要在都柏林的破舊碼頭創造出成功商業模式一事十分可笑，但豪伊已下定決心要推行計畫。一九八七年三月他三度當選總理，上任第一天他就決定了首要政治調停者的人選，一位名叫派翠克．希金斯（**Pádraig Ó hUiginn**）的老者。

他們像是變魔術一般在海關大樓碼頭地建立了一個吸引力十足的合法區域，取得資格的金融公司進駐這裡後可以擺脫正常的愛爾蘭法規系統，政府擔保這些公司只需繳交一〇%的公司稅率，設置了由金融家與事務官組成的全能委員會，強行執行計畫。「沒有人能阻止我們。」豪伊在就職會議上如此宣稱。每當出現反對聲浪或發生衝突時，希金斯會強硬地迫使所有人依照他的方法行事。全能委員會，也就是後來廣為人知的結算小組（Clearing House Group），逐漸演化成令人畏懼、難以信賴又充滿秘密的組織，是受金融俘虜的境外國家可以使用的典型工具。在缺乏公眾審查的狀況下，來自世界各地的影子銀行家可以和愛爾蘭的法律制定者同席而坐，列出他們希望能放鬆哪些管制的清單，以避開地方民主這一類的煩惱。國會議員娜莎・切德爾斯（Nessa Childers）在全球金融危機剛開始出現時拿到了結算小組的會議紀錄，她形容會議的遊說過程是「關起門來秘密進行……銀行家和避險基金企業幾乎得到了他們所要求的每樣東西，社會大眾則受到一連串緊縮措施的重擊。」任何批評計畫的言論都會被嘲笑是背棄了國家利益，愛爾蘭的每個人都迫切渴望能被歸類成以國家利益為優先的愛國者。

一九八七年的金融法案引入了IFSC，明確地把目標放在全球資金經理人、外匯交易員、未來、選項、債券、股票、保險、結算、資訊儲存與雜項交易上。這些項目的範圍非常廣泛，因為沒人能確定最後哪個目標會崛起。IDA的高級官員布倫丹・羅格（Brendan Logue）認為：「我們採取的是動態研究——換句話說，我們是一邊往前走一邊調整方法。」對於進入IFSC的公司來說，特別的公司稅率的確很吸引人，但這裡最主要的賣點其實是寬鬆的金融法規。這其實並不算是銅牌操作（brass-plate operation）；銅牌操作通常會需要新進入市場的企業至少提供一點點實質且具有概略意義的當地工作，但這裡的公司並不會提供這樣的工作機會。

立法過程中有兩個主題特別醒目，熟悉境外交易的人會馬上認出這就是真槍實彈的避稅天堂模式。第一，法規特別闡明IFSC的參與者應該要是「平時並不居住在國內的人」，很明顯就是在指「其他地方」的避稅天堂。他們不希望愛爾蘭居民也參與這個遊戲，因為他們很清楚，使用這些法規的人會傷害到自己的國家。（如果說IFSC因為這麼做而破壞了其他國家的稅務系統或者監管制度的話，嗯，那倒是沒關係。）第二，法律規定政府必須推廣ＩＦＳＣ。這是非常典型的境外規範，因為若一般國家想要以非國內居民為主的商業為基礎來推廣與發展金融區域的話，典型做法是藉由創造漏洞、放寬規範並移除標準民主控制來引誘外國資金；換句話說，就是為了讓外國的企業擁有者在那裡設立的商店不受規範。這就是典型的避稅天堂策略。

愛爾蘭媒體中的啦啦隊員們傳達了能夠帶來幫助的狗哨訊息，例如「沉重的規範使企業僵化」、「官僚主義的篝火」、「稅務效率」、「支持商業」（還有必不可缺的「國際競爭力」）的法規環境。在這支邪惡的傘下，世界各地的銀行、影子銀行和會計公司都開始露面了：一開始是試探，而後轉為火力全開。到了一九九三年，ＩＦＳＣ創造了大約一千個工作，外國的監管機構已經開始擔心了。瑞典開始進行調查，德國政府憤怒地說，他們的銀行正利用ＩＦＳＣ逃避他們應該為再統一支付的份額。但是，替大型銀行創造會惹怒其他國家的逃脫路線其實正是一直以來的重點，避稅天堂的模式正是如此，因此愛爾蘭並未對他國的舉動做出任何反應。

無論如何，愛爾蘭獲得的整體利益從來都不明顯。進入了迷人ＩＦＳＣ重鎮的眾多公司中，有一半以上都只是把現有的非本地居民營運成員送進ＩＦＳＣ換取特殊待遇。「馬路對面的愛爾蘭壽險把他們的檔案櫃排得整整齊齊，就是要轉移到五十碼以外的ＩＦＳＣ去，」工黨的一名成員抱怨說，「為了把稅率從五〇％下降到一〇％。」原本就已經存在於愛爾蘭的跨國公司也開始加入，他們發現ＩＦＳＣ的寬鬆規定、視而不見與低稅率環境很適合他們把管理全球金流的公司設立於此。

在都柏林進出的金流高達數十億，之後又增加到數兆，但這樣的數字還遠遠未達到飽和。這個境外平台吸引了短期業者和許多知名人士，讓愛爾蘭賺到了手續費和稅金。到了二〇〇一年，IFSC中的「投資額」正式達到了整個愛爾蘭經濟體的六倍——到了二〇〇五年，愛爾蘭的銀行資產額幾乎又翻了三倍。愛爾蘭的前任歐盟委員查理・麥維理（Charlie McCreevy）滔滔不絕地談論「『寬鬆』的法規系統能釋放巨大的企業能量」，然而相較於高到驚人的投資額，工作與稅收卻悄然無聲——被雇用的愛爾蘭的勞動力不到一％。

能夠從愛爾蘭通往歐洲這一事實也刺激了信貸湧入國內，熱情而激動的情緒渲染到那些外國的大量直接資金尚未抵達的地區，提高了房價，幫助中產階級覺得自己變得更有錢，鼓勵他們花錢、借錢、花錢、借錢並蓋房子。這種不動產餵養出來的成長泡沫在二〇〇〇年代早期不斷增大。到了二〇〇六年，當時的總理伯蒂・埃亨歡欣鼓舞地看著「繁榮的時代變得更加繁榮」，隔年，儘管愛爾蘭的人口數量只有英國的十四分之一，但愛爾蘭建造的房屋數量達到了對房地產無比狂熱的英國的一半。所有人都沉迷於這種瘋狂的城市建造狂熱之中，幾乎沒有人注意到製造業其實正逐漸衰退，這是金融詛咒中排擠影響的典型徵兆。信貸不斷飆升，刺激價格上漲，削弱了許多公司認為在愛爾蘭極具吸引力的成本競爭優勢。如今，眾人腳底下的火山已開始隱隱顫抖。

全球金融危機爆發才終於讓我們看清，IFSC是這場全球性轉變的關鍵節點。四家德國銀行——薩克森邦銀行（Sachsen Landesbank）、德國工業銀行（ＩＫＢ）、西德意志銀行（WestLB）和德國聯合抵押銀行（HypoVereinsbank）——的崩潰都可以追溯到它們在ＩＦＳＣ的活動。在愛爾蘭法規的寬厚規範下，德國聯合抵押銀行位於都柏林的附屬事業德普發銀行（Depfa）營運時的槓桿比例一直都是高到不可思議的八〇比一，也就是說，只要它們的資產掉了幾個百分比，就會導致整個企業破產。金融危機立刻就讓德普發銀行陷入了無力償還狀態，德國政府必須拿出一千三百四十千億歐元作為緊急紓困，德國的領頭商業日報《商報》（Handelsblatt）稱德普發銀行為「所有邪惡的根源」。薩克森邦銀行也透過旗下設立於ＩＦＳＣ的奧德蒙碼頭公司（Ormond Quay，公司名稱取自距離海關大樓碼頭不遠的利非河北岸的碼頭）作為載體，在插足美國次級房貸之後徹底崩塌。愛爾蘭金融機構曾在蓬勃發展時期表示：「我們沒有必要管制像奧德蒙碼頭這樣的載體在進行的活動……因此國際上的態度一直都是如此，這種載體不需要嚴密的規則監督。」你可以在下午三點繳交一份厚達數百頁的基金說明書，然後在隔天立刻獲得經營許可。愛爾蘭似乎沒有人在認真檢查任何東西。

二〇〇八年，美國投資金融巨擘貝爾斯登公司（Bear Stearns）倒塌後我們才知道，它在愛爾蘭證券交易所有好幾個不可靠的投資載體，還有三個位於ＩＦＳＣ的附屬事業，都是由愛爾蘭控股公司貝爾斯登愛爾蘭有限公司（Bear Stearns Ireland Limited）所持有。都柏林三一學院的教授吉姆·史都華（Jim Stewart）是愛爾蘭少數幾個曾揭露ＩＦＳＣ鬧劇的人之一，他發現貝爾斯登愛爾蘭有限公司在二〇〇七年的金融槓桿金額極高，每一美元的股權支撐的是一百九十九元的資產總額。只要有一%的資產價值出現衰退，公司的一切就都毀了。後來也的確發生了這樣的狀況。

貝爾斯登的例子描繪出了外境「逐底競爭」（race-to-the-bottom）的金融與法規背後的真相。他們的詭計是把公司設立在好幾個國家的管轄地區之下，接著跑去每個國家說：「這是別的國家負責管理的事」。美國公司會計說貝爾斯登愛爾蘭有限公司及其附屬事業都受到愛爾蘭政府機關管轄，然而愛爾蘭政府機關說他們的職權範圍只能管理總部位於愛爾蘭的銀行。因此這個風險高到不可思議的機構會在別的國家受到管理——簡單來說就是沒有國家能管理它。這種「別的國家、沒有國家」的概念和稅務的狀況很像。蘋果國際運營公司（Apple Operations International，簡稱「AOI」）是蘋果這個科技巨投的附屬事業，蘋果的其他境外附屬事業幾乎都受到AOI的管轄，而AOI也同樣在玩這個遊戲。以美國法規來看，AOI在愛爾蘭組成公司，所以不是美國的稅務居民（tax resident）。但愛爾蘭用的稅務居民判斷方式與美國不同：重點在於公司的「有效管理與控制」位於何處，以AOI來說，就是位於美國。美國參議員卡爾・李維（Carl Levin）說這是「幽靈公司……太神奇了，這間公司既不在這裡，也不在那裡。」因此，沒有國家向AOI收稅，根據估計，這使得蘋果在二〇一七年年底創造了高達二千一百五十億的資金隱藏在境外——無人能觸及，不存在於任何地方。

IFSC是否有對愛爾蘭帶來益處？乍看之下是有的。造訪都柏林的遊客會驚異於玻璃、金屬與水泥成的亮麗城市景觀、所費不貲的服飾店與茶店、高價位啤酒節，以及這些日子你會在IFSC逐漸蔓延的利非河畔看見的熙來攘往日場景象。根據最新的統計，自從全球金融危機之後，IFSC的公司每年需支付五億元的稅金給愛爾蘭，官方數據顯示這些公司提供了三萬八千份工作。愛爾蘭的管制趨於寬鬆——據說是如此——削弱官僚主義，催生了嶄新的經濟引擎。

但這個簡單明瞭的故事尚未結束。三萬八千份工作還不到愛爾蘭總工作數量與稅收的二%，工作收入也只有國民所得毛額的〇．二%。這件事並非不值得重視，但也不算太特別。由於政府不願意發表IFSC的僱員分析，因此我們無法知道上述的工作數量是否準確。我曾詢問過兩位住在愛爾蘭的人，他們認為真正的工作數量應該遠少於此。考慮到IFSC每年賺進的美元與歐元是以兆為單位計算，這裡創造的工作實在少之又少。二〇一三年，吉姆．史都華研究了八十二個特殊目的載體（special purpose vehicle，簡稱「SPV」）——也就是受其他大型金融中心擁有與控制，並且設立於愛爾蘭的那些公司。平均來說，每一間外來且不受規範的投資載體所持有的資產約落在三點五億元，而他們的平均資本基礎則落在渺小又搖搖欲墜的四萬元——金融槓桿的比例是每一元資本對上驚人的八千二百元資產。史都華認為，這些公司的全年公司稅額中位數是零元：「SPV付給稅務顧問的錢比他們繳的稅金還要多。」其他大銀行也沒有好到哪裡去。舉例來說，愛爾蘭最大的銀行之一聯合愛爾蘭銀行（Allied Irish）預計在未來的二十年間都無須支付任何公司稅，原因是他們在金融危機期間遭受了稅損。

整體而言，IFSC是否有在愛爾蘭創造工作機會呢？上面所提到的那些因子——歐盟單一市場、歐盟津貼、IDA的努力、帶來大量具有技術知識畢業生的教育改革、女性解放、社會夥伴、和平進程等——都幫助了IFSC成長。處於這種黃金環境中，許多受過高等教育的愛爾蘭畢業生都進入了IFSC工作，若他們留在其他需要專業知識的崗位上的話，必定可以為社會帶來更多貢獻，或許還能使國家的生產力更加強盛。但IFSC魯莽地推動了愛爾蘭銀行系統的迅速繁盛，帶來了更嚴重的損害。歐盟執行委員會在二〇一二對全球金融危機進行了官方調查，提出利卡寧報告（Liikanen Report），列出了每個國家在金融危機期間提供了多少國家補助給銀行系統。其中有八個會員國沒有提供任何補助。法國提供的補助金額大約是國內生產毛額的四%，德國是一〇%，英國則將近二〇%。至於愛爾蘭，金額達到了二六九%。如此高額的經濟、民主與社會支出已完全掩蓋了IFSC提供的任何稅收或者雇員福利。我們很難相信IFSC替愛爾蘭創造了工作機會或稅務收入；事實正好相反。

除了對愛爾蘭造成的損害之外，IFSC也破壞了其他國家的稅務系統和法規系統，對全球所造成不可估量的損害，並且在金融危機期間協助將巨大的全球風險與恐懼轉移到國際市場的一片混亂之中，同時也造成了愛爾蘭銀行的崩潰，在家鄉進行類似的大屠殺。另外一個問題在於愛爾蘭的公司稅系統造成的稅收損失導致的國際損害。由於涉入這些稅務遊戲的國家實在太多，我們很難估量出損害的實際數字，但每年大約都落在數百億元。愛爾蘭在全球金融危機中扮演的角色以及事後造成的影響綜合起來會是一個令人無比毛骨悚然的故事，這個故事包含了貪婪、腐敗、傲慢、無知、自大、緊縮、秘密與競爭力物化主義，金融詛咒在此表現出它最傑出也最令人厭惡的狀態。

機會不再

直至豪伊在二〇〇六年逝世之前，他和其他有錢的愛爾蘭人一樣，利用毀謗訴訟來掩蓋自己道德淪喪的舉動。在二〇〇六年十二月，也就是他逝世的六個月後，愛爾蘭政府中專職調查政治腐敗的莫里亞提法庭（Moriarty Tribunal）提出了一系列令人吃驚、罪證確鑿的事實。豪伊不但是奧林匹克級別的逃稅者，他和他的親友還在境外打造一個巨大的金融王國。莫里亞提法庭的報告提到了開曼群島超過四百次，提到曼島超過一百三十次，此外也提到了澤西島、蘇黎世和日內瓦。舉例來說，報告裡提到了安斯巴赫詐騙（Ansbacher scam），該詐騙案涉及了一間位於開曼群島的銀行，豪伊的朋友丹尼斯．崔諾（Dennis Traynor）是中間人兼籌款人。愛爾蘭央行原本就知道這件事了，但卻毫無作為。「有鑑於這些事件的棘手特質，我們沒有繼續追究下去。」其中一份銀行備忘錄這麼寫。「要是稅務機關注意到了這種狀況，銀行將會陷入非常尷尬的地位。」

一位央行的主管從安斯巴赫借了很大一筆貸款，並主持了豪伊的秘密委員會。銀行甚至竄改自己的紀錄，把違法的「逃稅」改成了合法的「避稅」。

愛爾蘭有一個稅種名叫DIRT——儲蓄利息保留稅（Deposit Interest Retention Tax）。非當地居民無須繳稅，而任何人都能直接走進一間銀行宣稱自己並非當地居民。就連一般人想像中應該最符合當地居民這個特質的愛爾蘭農夫都能做到。「有一半的非當地居民帳戶都被認為是假帳戶。」一份官方文件這麼寫。「我們都很清楚這件事……每個人都同意這是錯誤的。『看在老天的份上，別大驚小怪好嗎』……我國的文化就是如此；這就是使我們繼續前進的必須因素。」

莫里亞提推估豪伊在二〇〇六年至少把四千五百萬歐元放進了口袋——這是他從一九七九年至一九九六年間的薪水總額的一百七十一倍。他甚至把為了最好的朋友肝臟移植所募款而來的錢拿來作私人花用。他用存放在政治捐款帳戶中的錢過著奢華的生活，建造了一個橫跨政治光譜的共謀混亂網路，也組建了一個情報蒐集小組，提供素材讓他能勒索絕大多數愛爾蘭政客與商人。如同伯恩所說，愛爾蘭「執法機構對愛爾蘭的銀行系統抱持著極其尊重的態度，同樣的，銀行機構也對政客抱持著無比尊重的態度。」

造訪愛爾蘭並與公眾人物聊天時，我很訝異提起愛爾蘭的金融體系會引起多大的焦慮——不過對某些人來說，用「恐懼」來代替「焦慮」或許會比較適合。在這裡有兩個特別需要注意的禁忌：稱呼這個國家為避稅天堂，以及質疑公司稅對愛爾蘭的成功有多大的貢獻。愛爾蘭像其他避稅天堂一樣試圖展現出廉潔的表象，包含了無止盡地重複相同的訊息——「我們不是避稅天堂，我們是乾淨、管理得宜、透明且有意願合作的政權」——專門挑選最有利的統計數據包裝外表，並再三告知ＩＭＦ等廣為人知的國際組織所發表的聲明與他們毫無關聯。

普華永道曾提出了一篇滑稽的報告，聲稱愛爾蘭的公司稅是一二．三％，比法國的八．三％還要高。這份數據馬上佔據了愛爾蘭的媒體版面。而媒體報導通常缺少的資訊是，普華永道的數字來自於一個在愛爾蘭製造陶瓷花盆的公司，該公司的負責人並非來自國外，也不會進行海外貿易。任何人只要一提起要更動公司稅的制度，就會馬上被來自愛爾蘭政壇、社會與媒體的和諧合唱給壓下去。ＩＭＦ、歐盟執行委員會與歐盟央行組成的三駕馬車在二〇一〇年與愛爾蘭討論紓困交易時，強行提出了高額的開銷裁撤與極其不公的條件，愛爾蘭沒辦法在這種時候把公司稅擺上檯面來談，最後愛爾蘭只能付出非常巨大的談判資本。「他們執意這麼相信，就像看到了一支崇高的圖騰柱一樣。」雪菲爾大學（Sheffield University）的安德魯．貝克（Andrew Baker）說，他在北愛爾蘭工作了好幾年，不斷密切分析南北兩邊的稅務政策。「幾乎變成了某種國家精神了。」

貝克表示，某些特定的升稅權力正逐漸跨越邊境轉移到北愛爾蘭議會中，不斷有人大聲疾呼要把愛爾蘭的公司稅調整至一二．五％，這也吻合那些想要統合愛爾蘭的民族主義政客的想法。但如果你更仔細檢的話，就會發現在這樣的推力的後面還有其他利益團體。貝克深入研究了將近兩百頁的英國立法下放權力至北愛爾蘭的文件，偶然找出了一片地雷區：「一些難以理解的法律術語，充滿各種條件與附屬要點，尤其在哪些人有資格支付一二・五%稅金，以及他們要怎麼做才能獲得此資格的部分最多」還有許多類似的內容。誰會因為這些複雜的法律規範獲得最多益處？老天，當然是大型公司法律與會計公司，他們正是愛爾蘭公司稅背後最強而有力的支持者。

賽爾提克之虎之所以能獲得成長，背後的真正主因並不是公司稅減免或者金融法規鬆綁；這兩點最多只創造了短期的泡沫，而後卻帶來的致命的後遺症。廣泛研究愛爾蘭經歷的美國經濟學家肯尼斯・湯瑪士（Kenneth Thomas）認為「推動愛爾蘭經濟的並不是低稅率。」我敢打賭，就算愛爾蘭的稅率是一二・五%的兩倍，也照樣會有大量的投資湧進愛爾蘭——或許漲幅不會那麼劇烈，但必定會更加持久，更不聚焦於財富汲取，並發展出更強大的勞工保護以及更平衡的財富與權力。人們有時會用其他低稅率的國家取代愛爾蘭（或盧森堡）拿來作為模範，示範減免公司稅的道德界線：香港、脫離蘇聯後成長速率極快的東歐國家，或者以夏儂為例的中國經濟特區。但這些國家的故事都和愛爾蘭一樣，是獨一無二且無法複製的，它們經濟快速發展的主要原因都不是低公司稅。

全球只有極少數國家能討每個人的喜歡，愛爾蘭曾經也位列其中：老房子、用音樂帶給世界活潑生氣的衣衫襤褸的貧困小男孩、威士忌、綠色的原野、傳說中的小精靈還有「愉快的談話」（craic），從不傷害任何人。如今愛爾蘭卻像是拆房子的工程車一樣往世界各國的稅務系統與監管系統拋出了鐵球，過去的印象全數消失了。即便是為了愛爾蘭，這一切依然不是必要的。洞察力極佳的芬坦・奧圖爾對愛爾蘭現今的窘境做了總結。「他們搞砸了。」他說。「愛爾蘭的菁英享受富翁般的生活方式，浪費掉原本能夠打破剝削與孩童貧困循環的機會。他們實行的是愚蠢至極的經濟策略，眼睜睜地看著受到控制的爆炸性成長轉變成一場瘋狂的火災，用充滿汽油的壓力軟管對準熊熊烈火。他們將自信轉變成傲慢，將樂觀轉變成狂妄，將志向轉變為自欺欺人。」

不幸的是，愛爾蘭的自欺欺人逐漸征服了世界。

全球金融危機帶給愛爾蘭慘烈的後果，愛爾蘭把這些影響轉移到了全世界去，不過話說回來，相較於橫越愛爾蘭海、距離愛爾蘭三百英里遠的倫敦野獸而言，愛爾蘭只不過是一個小玩家。在那場金融危機中，其中一個尚未有人述說的龐大故事就位於倫敦。

第七章　倫敦的漏洞

災難的中心

在二〇一二年與二〇一三年，美國的高階金融監管者葛雷・根斯勒（Gary Gensler）發表了幾次演說，調查全球金融危機的殘餘損害。他說，有些金融機構操控了複雜的「境外機構業務，幾乎傾覆了美國經濟。」他列出了一長串金融危機造成的知名災難，並說他已鎖定幾個特定的境外司法管轄區。這些災難包括了美國金融保險巨擘美國國際集團（American International Group，簡稱「AIG」），AIG被位於倫敦梅菲爾一間辦公室的空轉單位AIG金融產險給拖垮了。二〇〇八年AIG獲得了一千八百億元紓困金，這是美國史上私人公司所領過的最高額紓困金。他也提起了因為在開曼群島經營的兩個投資基金而陷入困境的貝爾斯登。還有雷曼兄弟與其以倫敦為基地的金融衍生工具（金融衍生工具是一種合約，其價值來自於某些商品——例如金價或者政府債券——的表現），這是造成該公司結束的關鍵。接著是花旗集團，他們設立結構性投資載體（structured investment vehicles，簡稱「SIVs」），將資產與風險從資產負債表上轉移出來，避開投資人與監管機構的檢視，而後花旗集團的崩潰讓美國支付了好幾十億的紓困金，對美國的納稅人造成嚴重打擊。「SIVs是從哪裡出現的呢？」根斯勒問。「倫敦。那註冊登記地呢？開曼群島。」

十年前出現了一個名為美國長期資本管理公司（Long-Term Capital Management，簡稱「LTCM」）的傳奇，這個以康乃狄克為據點的避險基金有一點二兆的衍生合約，最後卻出了差錯，差點就導致政府撥出鉅額紓困金。「這些交易都登記在開曼群島，所以我們完全不知道我們的金融系統會在什麼地方出現什麼後果。」根斯勒說。「這種感覺很糟。」還有摩根大通因為英國分部一位綽號「倫敦鯨」的交易員執行的信用違約交換而受到了數十億元的貿易損失。根斯勒原本也可以提到安隆的例子，這間金融化的美國能源公司在二〇〇一年破產，是當時史上最大的破產案，該公司為了隱藏資產，在開曼群島還有更混亂的英國海外領土土克凱可群島設立了數百個金融載體。他也可以提起BCCI。他也可以提起其他使用了英國蜘蛛網而造成金融穩定性危機的醜聞。在每一個案例中，英國與其附庸避稅天堂都在貿易狀況良好時從中獲取利益，接著當風險終於變成了災難之後，「災難帶來很大的衝擊，像巨浪打在我們的沙灘上一樣。」根斯勒說。「當美國的納稅人替摩根大通紓困，也就等於是在替倫敦的公司紓困。」美國民主黨黨員卡洛琳・馬洛尼（Carolyn Maloney）表示：「倫敦真的變成金融貿易災難的中心了。」她說我們能從中看見「一種令人不安的模式」。

英國金融城的分析師對這些指控進行了怒氣沖沖的簡短回應。以倫敦為基地的一間基金管理公司的董事長告訴我，美國金融系統和倫敦一樣充滿了爛演員。他直白地說：「美國人滿嘴胡說八道。」與此同時，已經習慣了華爾街大量製造恐怖蝙蝠洞的美國評論者簡直無法接受產出披頭四、黛安娜王妃、茶與女王的國家竟能變得如此駭人。他們的大腦無法思考這種事。控訴全都消失了。

但根斯勒的論點很重要。從金融規範來說，英國與倫敦金融城在某種程度上是不是比華爾街還要「更糟」，因此應該對全球金融崩潰負更大的責任？如果答案是肯定的，那麼這有可能就是與金融危機相關的最重大意見壓制。

而毫無疑問，答案的確是肯定的。

本書的讀者現在應該都有了大概的概念，在論及全球市場轉變為組織犯罪、腐敗、跨國隱藏掠奪而來的財富、避稅的溫室時，倫敦與其境外附庸地區扮演的角色有多關鍵。隨著一九七〇年代金融管理的布列敦森林體系崩垮，倫敦創造的歐洲市場逐漸遍及全球，到了一九八〇年代人們慢慢不再談論這件事，因為一旦資本可以自由跨越國界，歐洲市場與國家經濟體之間的區隔就不再重要，這促使倫敦和英國網絡開始尋找方法，把自身轉變成法治寬鬆的境外金融區域，增強誘因使他國繼續投資。

全球金融成長不但促使英國對不斷上升的全球犯罪浪潮做出貢獻，也使英國站到了引導全球金融危機的一系列改變的中心點。在這兩個領域中，倫敦與蜘蛛網以兩個主要的形式影響了其他國家的經濟系統：首先是提供豁免渠道，其次是「競爭」破城槌，讓華爾街的說客有範例可依循，並且能夠用「不這麼做，我們就轉移陣地到倫敦」這樣的台詞來威脅美國進一步放鬆管制。英國的網絡引領紐約進入全球寬鬆法治比賽，而蘇黎世、盧森堡和其他境外金融中心也在這場比賽中佔有一席之地。英國不可避免地被倫敦金融城「擄獲」，正如美國被華爾街擄獲一樣：這兩個全球金融中心的層級大小相似，但美國較龐大的民主政治對華爾街帶來了稀釋作用，加之華爾街也不像倫敦金融城及其中的機構一樣可以享有英國基礎建設長達數世紀的歷史淵源。

金融犯罪學者兼前任美國銀行監管者比爾．布萊克（Bill Black）提到了孕育金融危機的「3Ds」：法規鬆綁（deregulation）、缺乏監督（desupervision）與金融公司的實質罪犯化（de facto criminalisation），正是3Ds引來了詐欺性貸款等行為。美國本身的海上法規鬆綁就已經夠糟糕了，但徹頭徹尾的寬鬆法規競賽帶來的損害更加嚴重，而引領這種競賽的則是來自布萊克所謂的倫敦「反監管」。「老天，倫敦贏得競賽的方式就是對美國執行寬鬆的監管法規，」他在二〇一二年告訴我，「這就是為什麼倫敦會變成世界金融的汙水處理廠。」布萊克說的是房貸詐騙與相關犯罪，但我指涉的範圍更廣：這個世界充滿了高風險金融衍生工具、影子銀行機構和餵養金融危機的活動，除此之外，還有更危險的犯罪行動：BCCI的境外地區、哥倫比亞販毒收益和全球組織犯罪。這些危機和犯罪其實全都來自於相同的英國菁英所下的相同決定，以及相同放鬆了法規「競爭性」的非禮勿視境外意識形態，一切的目的都是把錢帶進倫敦。顯然這些趨勢彼此大不相同，但它們全都同時浮現，我們必須將之視為整體來理解。

在檢視全球金融危機如何形成時，你想追溯到多久遠以前都可以，但一九八〇年代會是一個不錯的起始點，當時金融法規鬆綁的浪潮正向美英兩國襲來。每一波浪潮都餵養了下一波更大的浪潮。英美兩國的改變其實都與真正的經濟需求無關：法規鬆綁之後，金融系統的顧客服務並沒有顯著的改善。如果說有任何東西出現顯著改變的話，只能說顧客服務變糟了。

在布列敦森林體系崩潰後，英國經歷的最大事件就是突如其來的柴契爾夫人大爆炸（Big Bang），也就是一九八六年的大規模法規鬆綁。柴契爾夫人顧問早先就曾提出警告說，這麼做將會導致「不道德的行為」和「金融興衰循環」，但她不予理會。柴契爾夫人的政策小組組長約翰・瑞德伍德（John Redwood）向她保證：「英國大眾的基本常識不會因為受到『迅速致富有限公司』的誘惑而消失。」成熟的金融參與者與高端客戶可以自己照顧好自己。

但在一九八〇年代晚期開始，美國投資銀行巨擘們大搖大擺地帶著一疊疊鈔票湧入城裡，英國參與者束手無策，它們過去洋洋得意，靠著東拼西湊的校友關係網絡成長至今，如今和美國相較之下，它們的競爭力簡直不直一提。然而美國人不只帶來了錢；他們也帶來了危險的新行事方法。在此之前，金融城的許多生意都是以夥伴關係進行的，他們在生意順利時會賺大錢，但若遇到災難就有可能會集體輸到連一件衣服也不剩。美國銀行則與此相反，它們時常出現在證券交業所的清單上，因此雖然成功時能讓銀行管理人變得非常富有，但遇上失敗時他們不需負個人責任，可以把成本丟給銀行股東或社會大眾支付。在這種「正面我贏，反面他們輸」的計算公式下，參與者投入資金時面對的風險越來越少，他們越來越常用市場上所謂的ＯＰＭ——別人的錢（other people's money）——來對賭。ＯＰＭ會鼓勵投資人做出魯莽到令人吃驚的舉動，可以說是現今金融市場中的最大難題。

監管機構堅持銀行必須雇用風險與合規人員，他們的工作是限制交易人進行過量危險交易，但公司文化讓我們清楚看見到底是誰在限制誰。根據金融城的人類學研究顯示，交易人是狼、是老虎、是世界上最聰明的那群人、是「搖滾明星、造雨人、黑暗面、手握權勢的人、大老二」。合規人員則是「負責阻斷商業、停止交易、中斷展示、進行毫無必要之事的人」。一位合規人員形容自己是「喜歡被踢的狗」，另一位則把自己與同事形容成橄欖球隊的線鋒，是「穿越白線來回跑動的輸家，阻斷其他玩家得分或做出任何有效舉動」。

大爆炸同時也吸引了另外一批美國人進入倫敦。警方反詐騙小組的金融犯罪學家兼前任警探羅旺·巴斯沃斯—戴維斯（Rowan Bosworth-Davies）描述他遇到的華爾街文化中的各種犯罪行為：「一大堆騙子、詐欺犯、金融騙徒和形形色色的招搖撞騙者，全都頂著『金融顧問』的名義。」金融城對此一點規範也沒有。「十點在希斯洛機場下飛機，三點你就已經在談生意了。」他回憶道，「我們開始接到前所未見的詐欺指控……這些詐欺指控與衍生市場、期貨、買賣權等問題有關。我們開始注意到負責經營那些設立在金融城的企業生意的人其實是主流美國黑手黨。他們是邪惡的美國組織罪犯。」他接著列出出了名字：阿諾德．金姆斯（Arnold Kimmes）、湯米．昆恩（Tommy Quinn）。「他們來到這裡是為了從新的寬鬆環境中賺取利益。我們問過在美國的朋友，並且特別向曼哈頓的地區檢察官打聽，他們說：『所以他跑去**你們那裡**了啊？我們還在想他跑到哪裡去了呢。』」

巴斯沃斯—戴維斯說，面對這些問題讓他覺得自己像是正逆著急流向上游的鮭魚。他的工人階級口音與警察背景帶來的幫助不大：他說，金融城的圈子裡的人都很輕視他，覺得他是「卡通裡的討人厭小警察」。簡單來說，金融城的大人物全都凌駕於法律與秩序之上。他出差到美國時發現美國的警察都還算友善，但他們對英國對付金融犯罪的手法有很大的不滿。一位監管人員私下跟他談了一陣。「他說：『你們英國人的問題，就是你們預先認定那些持有他人錢財的人都是紳士。接著你們才震驚地發現事實正好相反。我們在美國的作法，是預先認定那些持有他人錢財的人都是潛在犯罪。我們立法預防犯罪的可能性。』」

在巴斯沃斯—戴維斯和同事處理大量流入的罪犯的同時，英國爆發了ＢＣＣＩ的醜聞。正如我在第五章所描述的，ＢＣＣＩ將組織犯罪、謀殺案和威脅金融穩定性的風險機制相互結合，全都包裝在單一的龐氏騙局中，而這個騙局的執行地點正是這間銀行位於倫敦的全球總部。這無庸置疑是二十世紀最大的單一銀行詐騙案。這個醜聞在一九九〇年代早期被揭露，英國與英國央行在美國試圖勒令這個惡棍銀行停業時不斷進行積極阻撓。當時負責主導勒令ＢＣＣＩ停業的曼哈頓地區檢察官羅伯特．摩根索（Robert Morganthau）還記得，開曼群島的總檢察長是個拒絕幫忙的「壞脾氣英國老兄」。美國轉向倫敦求助，希望對方的態度有所不同。「英國央行不願意和我們合作。」摩根索回憶道。「我們想要從倫敦調閱金融紀錄；他們什麼都不提供給我們。」事實上，英國央行正努力保護ＢＣＣＩ這個惡棍銀行。一九九〇年四月，英國央行協助ＢＣＣＩ把總部、辦公室與紀錄全都從英國轉移到了阿布達比。美國參議院外交委員會要求英國提供英國政府內部針對此醜聞提出的沙塵暴報告（Sandstorm Report）的完整副本，但英國斷然拒絕，「他們表面上宣稱提供該報告會嚴重危害英國的保密與機密法。」根據美國參議院的報告，英國央行在發現了ＢＣＣＩ在援助恐怖主義與洗錢活動中的角色後的反應「不是勒令ＢＣＣＩ停業，而是想辦法資助ＢＣＣＩ，不讓該銀行崩潰。單單這件事就能看出英國央行是在對ＢＣＣＩ的債權人與上百萬名存款人隱瞞ＢＣＣＩ這家銀行本質上的嚴重問題。」英國央行的總裁羅賓．利－帕姆伯頓（Robin Leigh-Pemberton）揭露了英國的態度：「如果我們每次發現一件詐騙案就勒令一間銀行停業，我們剩下的銀行將屈指可數。」

巴斯沃斯－戴維斯記得他在ＢＣＣＩ的醜聞爆發後曾到倫敦金融城發表一場與洗錢有關的

演講。演說結束後，他坐到了一位商業銀行的總裁身旁，那位總裁說：「我剛剛聽你演說時非常專注，但我很確定，若你覺得女王陛下政府會起訴我們這種階級的人，那麼你是就錯得不能更錯了。我們是受到保護的物種。」

我們可以把一九九〇年代初期倫敦所抱持的態度，拿來和一九八九年美國遭遇儲蓄與貸款危機後的態度作比較，儲蓄與貸款危機是雷根時代的法規鬆綁帶來的結果，當時關門的儲蓄金融機構超過了一千家，是一九二九年以來美國最嚴重的銀行倒閉潮。在該危機發生後的六年內，倒閉的儲蓄銀行中有超過三千七百位高級主管與老闆都因詐欺被關進監獄：超過九五%受到控訴的銀行執行長與主席都被美國司法部裁定有罪。所有人的刑期加起來超過好幾千年。而英國的狀況恰好相反，實在諷刺至極。

一九九四年的夏天，美國的許多前任銀行老闆一一出獄，一群來自倫敦、東京和紐約的摩根大通交易人在佛州波卡拉頓的豪華飯店中聚首。他們一如往常地開始飲酒作樂；在草坪上劫持了高爾夫車互相比賽，嘻嘻笑笑。當時最資深的交易人是古板的德國人比得・維伊卡（Peter Voicke），他試著要眾人冷靜下來；他們最後把他推進了游泳池裡。他的副手也被推了進去，撞斷了鼻樑骨。《金融時報》的記者吉蓮・邰蒂（Gillian Tett）在她的著作《傻人的黃金》中詳細描述了這個事件，她說幾乎沒有人能講清楚該次會面的內容，因為多數受訪者都「因攝取太多酒精而只有模糊的記憶」。然而，正是在那個週末的狂歡中，這些人想出了一種新形式的金融衍生工具。該工具將會在世界金融市場中引爆，是推動隨後金融危機的最重要機制之一。

貪婪的槓桿把戲

衍生工具（derivative）的最簡單形式，是兩個參與者簽訂合約，合約價值衍生自某一項標的資產——例如一桶原油、一張政府債券或者一蒲式耳小麥。現代金融衍生工具大約在一八五〇年代出現於芝加哥，當時那裡是儲存與交易小麥的大型中心。小麥農夫會在收成之前和投機商人簽下合約，訂定小麥的固定價格。對農夫而言這就像是保險，對投機商人而言這則像是賭博。這個概念後來變得越來越受歡迎，市場也穩定擴張。到了一九七〇年代，衍生工具的使用範圍已超出了小麥、蛋和奶油，成為了以外匯價格、利率與其他市場為基礎的金融衍生工具。到了一九九〇年代，一種名為掉期交易（swap）的衍生工具風行一時，指的是簽訂合約的雙方可以互相交換某一種金融債務。例如說，你有一筆五年期的固定利率房貸，你的朋友則有一筆五年期的浮動利率房貸。你覺得利率會掉，她則覺得利率會升。你和朋友可以利用掉期交易互相交換支付額：你會支付五年的浮動利率，她則會支付固定利率。在這個例子裡，你們交易的是單純的金融約定，而非真的交換房貸，因此，掉期交易也被稱作為合成衍生工具。如果你想要賭上一把，你也可以在沒有標的貸款的狀況下用掉期交易交換支付額。摩根大通小組在波卡拉頓想出來的金融衍生工具後來成了廣為人知的信用違約交換（credit default swap，簡稱「CDS」）。這項工具使市場參與者的打賭（或者投保）的對象不是某樣物品的**價格**，而是某個債券或貸款**倒債的**可能性。

這場實驗的關鍵核心是倫敦，原因在於一九三三年的格拉斯・斯蒂格爾法案。該法案把投資銀行業務與商業銀行業務作出區隔，使美國避免於經歷較高風險也較高獲利的類似狀況。歐洲單一市場的法規則在一九九三年通過，這代表銀行可以在倫敦設立金融工具，並在不違反歐盟國家的國際規範的狀況下把金融工具販賣到歐洲各地，一九九四年，摩根大通的小組在波卡拉頓聚首時，他們已發行了估計約十二兆的掉期交易，這個金額與美國的GDP相當。嚴重的憂慮在此時浮現。在兩年前，一名資深銀行家曾警告說金融衍生工具是「金融氫彈」。

若想要理解接下來發生的事，重要的是要先弄清楚銀行如何製造金錢的幾個基本原則。數個世紀以來，銀行都在貸款給公司或房屋持有人（他們在償債時要附上利息），同時銀行會向存款方借錢。銀行家過去時常提到「三六三銀行業務」規則，代表的是支付三%給存款方，用六%利率貸款給他人——還有在下午三點去高爾夫球場。如果你能以三%利息向他人借款並以六%利息貸款給他人，你就可以因為提供借貸款的服務賺到差價——三%。但事實沒有那麼簡單；你必須支付員工薪水、銀行建築成本和其他日常開銷——再加上有時借款人會因為破產而無法還清貸款。傳統上來說，想要管理並弄清楚這些後期風險的話，銀行必須做出一些怪事，例如在高爾夫球場上凝視某個申請貸款公司執行長的雙眼、適當地檢視公司的資產負債表並研究公司目前所處的競爭環境。算上所有間接費用後，若銀行家以三％利息向他人借款並以六％利息貸款給他人，到了最後他們會發現提供這些服務的回報不是三％而是一％。聽起來似乎不多，但一百億的一％也不是一筆小錢。

放貸有一定風險，因此政府堅持銀行必須有安全緩衝墊。理論上來說，銀行擁有的資產（他們擁有的物品價值）應該多於他們的負債（他們貸款給他人的金額）；緩衝墊就是這兩者之間的落差——資產減掉負債。一間銀行的資產包括現金、股份、房地產、電腦設備，或許還包括了你的房貸，房貸使銀行能從你手上拿到長期穩定的支付額。債券也同屬資產；依照債券的規則，銀行將會在債券到期時一次取得所有支付額，不過它們其實和房貸類似，都保證其擁有者能在未來獲得利率回報。負債包括了存款，以及其他出借給他人的銀行所有物。如果你在銀行裡放了五十五英鎊的紙鈔，那麼雖然那張紙鈔在銀行手上，但實際上那五十五英鎊還是你的錢，所以銀行欠了你五十五英鎊，必須在你要求拿回來的時候把錢還給你。因此，儲蓄在銀行裡的錢應該被算成銀行的負債。一間銀行的資產負債表呈現的就是該銀行有哪些資產與負債。兩邊必須互相平衡。

緩衝墊就是所謂的銀行資本——也就是資產減掉負債——資本的金額應該要大約等於銀行擁有者或股東認為銀行應具有的價值。如果向銀行借錢的公司倒閉了，該公司的貸款將會一筆勾銷，銀行的資產金額就會扣掉那筆貸款的金額，其他一切按照原樣；此時資產與負債之間的差額將會縮小，銀行的股東就必須吸收這筆損失。接著銀行的股價下跌，但除了股東之外，此時並沒有任何人會遭受損失——但這只是目前為止的狀況。等到銀行的資本歸零，或者更糟，等到銀行的負債多於銀行能支付的金額時，就會出現問題。這樣的銀行有可能會倒閉，也有可能會在金融系統中造成巨大的破壞。沒有人希望銀行發生這種事，因此監管人員才會堅持銀行必須持有金額夠高的資本緩衝墊，並利用資本佔總資產的比例來確認資本金額，目的就是為了防止這種慘劇發生。但問題在於，許多資產（例如金融衍生工具）的價值都難以衡量，而且在遇到市場出現恐慌時，資產的價值有可能會急遽縮水，甚至歸零。這就是為什麼在任何運作良好的經濟體中，緩衝墊的金額都應該很高的原因。

但現今的銀行家通常都很痛恨緩衝墊，因為他們想要的是壓縮短期利潤，增加他們的紅利。請想像你的銀行今年透過貸款賺了一百億（資產），獲得了一％的淨利，也就是一億元。如果你的銀行被迫要保有資產一〇％的緩衝墊（股東權益）——十億——那就代表股東的十億元股東權益賺到了一億元，是還算不賴的一〇％年回報。現在請想像另一間位於法規寬鬆地區的銀行，同樣賺了十億的資產，同樣獲得了一％的淨利，但這裡規定的資本只有五％，也就是五億。一百億的一％獲利同樣是一億，但現在股東的股東權益變成了的五億，也就是說現在的年回報是魅力十足的二〇％。若把規定的資本金額削減到二％，那麼你的回報就會躍升至五〇％。想想看：對股東而言，資產的一％回報能轉型成五〇％回報呢！這就是銀行版本的金融槓桿，經濟學家高伯瑞在他的經典著作《一九二九年大崩盤》中把這樣的金融槓桿形容成「一種空甩響鞭的遊戲，靠近起始點的小幅度揮動會被轉化成極遠處的大幅度震盪」。這麼做的危險之處自然就是銀行的緩衝墊只有資產的二%，只要資產的價值下降了三%，銀行的一切就全都失去了價值。這就是金融危機時發生的事，只不過當時的價值下降是全球性的。

最關鍵的地方在於：監管機關要求你必須持有的資本越低，你的獲利就越大——紅利也越多。理論上來說，把資本要求從一〇%縮減到二%將會大幅增加你的獲利高達五倍。這自然而然變成了一個極大的誘因。銀行迫切地試著想要降低資本需求，說服政府把標準降低。想要吸引貪婪銀行家的國家可能會試著制定「更有競爭力」（或者說更寬鬆）的資本需求；接著各個國家可能會一一把規則制定得更寬鬆，最後引發了資本需求寬鬆競賽，使得資本需求低於安全標準。

政府很清楚這麼作的危險性，因此各國政府努力制定出了各國都同意的全球標準。接著，以倫敦為基地的胡鬧旋轉木馬就此出現。英國監管機構受到金融危機的集體迷思所控制，該迷思類似於開曼群島這樣的避稅天堂中的自由主義態度。這樣的態度倚賴的是有效市場假說（Efficient Markets Hypothesis），此假說認為市場會在問題發生之前就注意到問題的存在——所以那些粗野的監管機構實在不應該試圖在事後去勸告那些聰明又紳士的銀行家該怎麼做。監管機構應該作的，是公布良善行為的「原則」，然後站在遠處觀望就好。美國人則正好相反，他們極度依賴規則與法律。英國以原則為基準的規範使得英國能夠更積極、更全面地參與全球競賽。

世界各國一致同意的原始銀行資本規範是一九八八年的巴塞爾協議（Basel Accord），該協議要求國際銀行必須把維持資本緩衝維持在資產的八%，這個數字來自於頑固的美國監管人員保羅・沃爾克（Paul Volcker）。理論上來說，銀行的出借貸款額度不應該多於股權資本的十二點五倍，但沃爾克在巴塞爾和其他央行的銀行家討論這項協議時，發現歐盟的監管單位想出了一個名為風險加權資產（risk-weighted assets）的概念。出現爭議的地方在於有些銀行資產，例如現金或者美國債券，比其他資產還要安全，所以他們應該要把風險加權設置於低於八%。在巴塞爾的與會者一致同意公司貸款的風險加權應該要是一〇〇%，住宅房貸的風險加權則是五〇%，因此一百元的房貸只需要四元的資本緩衝，也就是完整的八元資本緩衝的五〇%。放貸給其他國家的銀行被認為更加安全，因為與會者都寬容地假定他國監管機構的工作做得很棒，因此這種貸款的風險加權是二五%，也就是說每貸款出去一百元，銀行的資本只需要二元。基本的原則是合理的，但這些原則變得越來越複雜，有可能會出現弊端。這也表示銀行會減少他們放貸給非金融公司的金額——這是任何一個有效運作的金融系統應有的最基本功能——銀行比較喜歡放貸給房屋持有人與其他銀行，因為這兩種貸款比較不會把資本的金額給吞掉。（如果你買不起房子，那麼我可以告訴你，上述狀況就是如今的房價這麼高的原因：巴塞爾使銀行放出極高額的貸款給房地產市場。）

銀行的緩衝墊如今變小了，利潤也變高了，但它們依然想要更進一步地改變規則。金融衍生工具與傳統型證券化這兩個偉大的金融化新發明正是在這個時候出現的，接下來一切才真正走向了瘋狂。在這個過程的每個階段中，金融創新者都會找到阻擋在路上的監管機構與其他障礙，他們在每個階段都會在英國蜘蛛網的幫助下找到通道繞過這些障礙。

傳統型證券化的由來並不久遠，是在一九七〇年代的美國逐漸形成如今的模式。銀行從這時開始接受能創造收入的資產，例如房貸或政府債券，並將這些資產捆在一起販賣給特殊目的載體（SPV），也就是為了特殊目的而設立的典型公司——在我們目前描述的例子中，這些公司的特殊目的就是持有這些資產。SPV通常會設立於境外管轄區，例如開曼群島。請試著想像你的SPV包含了一千份住宅貸款，平均每份貸款價值三十萬，每份貸款平均每月會繳交一千五百元的貸款支付額，因此每個月你會獲得一百五十萬，也就是每年一千八百萬。為了有資金能夠買下這些房貸，SPV首先發行證券來借錢，以營利為目的把證券大把大把地賣給外面的投資人，而銀行也會自己保留一部份的SPV，在此假定一〇%。

很重要的是，那些貸款如今不再屬於銀行了；它們現在屬於開曼的SPV。它們不再是銀行的資產，為了資本用途而從銀行的資產負債表被摘除。若銀行依照舊方法行事，持有價值三億的貸款，銀行就必須留下四%的資本需求，也就是價值一千二百萬的資本。但如今銀行唯一需要留在資產負債表上的只有SPV本身資產的一〇%，所以只需要留下一百二十萬。銀行依舊能藉由把這些貸款打包賣給SPV來賺取利潤，但相較於原本持有房貸時必須持有的資本，如今銀行只需要留下一小部分的資本就夠了。資本的改變讓銀行有暇餘能夠再次重複相同的詭計。接著再次故技重施。然後再重複一遍。然後，一轉眼間，每個人都有更多紅利囉，（小聲耳語）別管那些金融系統中變大的風險啦。因此，銀行可以使用傳統型證券化迂迴地在銀行資本規則中前行，它們也的確這麼做了。它們不只這麼處理房貸；它們把傳統型證券化使用在債券、信用卡帳款、車輛金融代管支付額、車輛貸款和各式各樣的事物上。

要找到人來投資這些SPV並不難。金融法規鬆綁釋放了大筆金錢和貸款進入世界市場，有越來越多滿口袋現金的投資人軍團正在尋找能夠花錢的地方。境外SPV具有很大的吸引力。例如它們能夠讓投資人跳過面對真正房屋擁有者的混亂場面，直接接觸居住房貸的金融投資——銀行已經把麻煩的工作全都處理好了。它們創造出SPV的目的是提供誘因，讓投資人可以用相同的投資獲得不同的份額，在上述例子中就是每年獲得一千八百萬元。對風險最高的權益證券進行投資將能在好時機獲得最高的絕對回報，但若貸款出了差錯，就會馬上失去當初投資的錢。在風險最高的權益證券之上還有比較安全的級別：次級債，然後是中間的夾層債，再來是優先債，最後是頂端的超優先債——最安全但是回報最少。你可以把他們想像成構成錐形香檳塔的玻璃杯。我們的SPV每年都會從香檳塔頂端向下倒入一千八百萬的香檳；如果金額夠多的話，香檳就會一路向下填滿每個玻璃杯直至最底端，也就是有最多玻璃杯的層級。但如果許多房貸都無法償還，下一次的香檳就會變少，因此那些最底層的玻璃杯就會空空如也，而最上層的玻璃杯依然會是滿的。

SPV把這些支付額自動化：它具有精確調整的機制，能夠精確決定香檳如何流動——什麼時候以什麼順序讓誰拿到多少香檳。SPV與一般公司不同，一般公司有董事會、年度股東常會、企業管制守則和管理者的缺點與錯誤，而SPV就像機器人公司一樣，金融記者尼可拉斯．丹巴爾（Nicholas Dunbar）解釋：

在傳統型證券化的美麗新世界中，人類的特質被替換成工程金融機制或結構，因此它才會被叫做**結構性融資**（structured finance）。SPV不像真正的公司，所有資產、營收和債務支付都牽涉到真人與無止境的債務，SPV分身靈是一套作業系統，讓系統運作的是律師創造的一系列規則，使現金能機械化地在不同的開曼群島信箱中轉移。在這個世界裡，稅務員是不可預測的債權人，因此最好利用避稅天堂把稅務員阻隔在外。

這些作業系統裡存在著一個經過謹慎規劃、能供應風險與獎賞的美味自助餐區，讓投資人可以自行選擇，因此每位投資人都能挑選自己最喜歡的利基。但我們要如何衡量這些事物的價值呢？簡單來說，金融專家創造了一些「把水變成酒」的新攻勢，對信用評級機構使出嚇唬與霸凌的手段，使之腐敗，迫使機構把這些複雜的證券評為等級最高的低風險載體，如此一來，這些證券的創造人就可以降低付給投資者的金額，使自己的利潤飆升。評級標準包括了多人分散風險，也就是就算有某些貸款倒債了，其他貸款依然會順利償債。華爾街投資公司的主管對金融作家約翰・卡西迪（John Cassidy）解釋這個概念：「你找來好幾百個醉漢一起走在街上，你要求他們把手臂放在彼此的肩膀上，把手牽緊。然後你靠著『他們會同時倒向不同方向』這件事來維持所有人站直。喔，然後你就可以稱之為3A評級。」想當然耳，只要路上有一個大一點的顛簸就會使這一組快樂的人全都跌倒在地，就像SPV在遇到大一點的市場衰退就無法生存一樣。

把SPV設置在開曼群島這樣的境外區域使得SPV變得更能吸引滿口袋現金的投資人。稅率當然是很關鍵的因素；SPV層級的一次繳稅就可以把所有毛利率一筆勾銷，因此開曼的零稅率是很大的優點。還有，如果你有犯罪賺來的錢想要投資，沒有任何開曼的人會提出任何疑問。從更根本的層面上來說，到境外投資還有另一個理由：因為這些區域的金融監管法規都很寬鬆。開曼群島的整個金融法規模式的設立目的一直都是盡可能地能吸引熱錢，並擺脫任何相關風險。安東尼・崔維爾斯（Anthony Travers）是一位發言尖刻的反政府英國自由論者，他幫助了開曼群島建構如今的金融中心，他曾說過：「開曼政府的職責，是在管理時避免審慎監管（prudential regulation）的概念。」

根據最新統計，開曼群島的影子銀行所持有的資產價值是五點八兆——等同於開曼GDP的一千七百倍，是英國自身GDP的兩倍。只要有任何人在開曼群島質疑這些賺取不法之財的機制——該機制是傳統型證券這項生意的重要來源——就等於是在對抗被金融俘虜的開曼政府之中的可怕行政管理機制。我在二〇〇九年到開曼一位當地居民家中作訪談時曾聽說過這些控制機制。

在訪談期間，受訪者的家門被敲響，一位體型壯碩、膚色黝黑的男子走進來，他身穿運動衫，戴著太陽眼鏡。他自我介紹說他是「惡魔」，拒絕提供真名；直到現在我也不知道他叫什麼名字。他過去的工作與國際執法部門有關，他說「惡魔」這個假名反映了當地人是如何看待他的，而這樣的看法是因為他翻動了永遠不該被碰觸的金融之石。他提及軍火商、國際恐怖主義、位於開曼的避險基金、共同基金和SPV。他說，這些領域中佈滿了犯罪與不法之財。他沒有詳述太多細節，而是給了我一個小警告：「要是我們跟你討論這些事的話，你的下場就會跟薩爾曼·魯西迪（Salman Rushdie）一樣。有些東西是不能在這裡討論的。我是認真的——這是個充滿惡意的邪惡地區。」若是違反了開曼的潛規則，他說下場就會是「經濟隔離。他們會毀掉你的信用和可信度。他們會剝奪你的尊嚴。我們必須遵照緘默準則行事——我們必須**拒絕作證**（omertà）。」他提起了賺取外國金融利益的當地幫派，這時東道主插嘴說「我們在談論這些幫派時就像在談論鬼魂一樣」。

一九九〇年代，證券化的機制因為來源不明的錢與來自各方的信貸而加速成長，又受到避稅天堂的反法規規則所保護，因此變得前所未有的龐大。但其中有一些問題。例如有些銀行為了大量賺取利益，會持續提供新房貸來餵養永不滿足的證券化機制，而為了尋找更多新房貸的客戶，他們不斷下降自己的放貸標準。在好萊塢電影《大賣空》中，由史帝夫·卡爾（Steve Carrell）

主演的角色在遇到擁有五間房子和一間公寓的年輕性工作者時，他感到非常訝異。這個場景反應了如今正在發生的事：銀行家開始放貸給更加不穩定的借款人。在真實世界裡，美國銀行的一位內部舉報人麥可．溫斯頓（Michael Winston）回想起他曾詢問一位同事，為什麼他們老闆的某輛車子的車牌上寫著「資助他們」（fund-em）。

「我們資助所有貸款。」他的同事解釋。

「如果借款人沒有工作呢？」溫斯頓問。

「資助他們。」

「如果他們沒有資產呢？」

「資助他們。」

「沒有收入？」

「只要他們能呼吸，我們就會提供貸款。」

還有另外一個問題：主流經濟體中的銀行長期客戶不太喜歡聽說自己的貸款被賣到了避稅天堂的不透明SPV。因此，銀行希望能找到一個方法，把這些貸款保留在自己的資產負債表中，如此一來銀行才能告訴客戶：「我們依然是你的銀行。我們把你的貸款留在這裡，所以懇請你繼續和我們進行下一筆合併與收購交易。」同時**依然**可以規避資本需求。換句話說，他們想要魚與熊掌兼得。

柵欄大開

接著，讓我們回到金融衍生工具、信用違約交換、波卡拉頓的瘋狂世界——還有倫敦。這些銀行家在瘋狂週末於佛州發明的機制的立足點是信用違約交換，信用違約交換讓參與者可以針對債券或貸款會真正倒債的可能性進行打賭（或替自己投保）。銀行可以把貸款保留在自己的資產負債表中，利用CDS確保這些貸款不會倒債，接著告訴監管機構這些貸款都有保險所以風險降低了，使銀行的基本需求更加寬鬆。摩根大通的銀行家在一九九四年於波卡拉頓的會面中策劃出了一個方法，他們將之稱為小酒館（Bistro, Broad Index Secured Trust Offering，廣泛指數型證券信託）。他們還是會繼續使用傳統型證券化——但這次他們不會讓資產負債表中的資產變少，而是利用境外作業系統把程序工業化，將CDS轉換成一種新的、更可口的精緻美食，精準地根據全球投資人的需求量身打造。投資人會買進那些創造收入的精緻美食，確保那些貸款依然存在於摩根大通的資產負債表之中。

就是在這個時候，傳統型證券化技術開始進化成如今我們所知的合成型證券化。酒館SPV的投資人不需要像是在面對傳統型證券化時一樣，承擔標的房貸或公司債券的風險；這些「合成型」載體中塞滿了成綑的信用違約交換——也就是打賭。所以，銀行找到了方法讓投資人花大錢為他們的公司貸款投保，並且在過程中從資產負債表上移除了討人厭的違約風險，若順利的話將能釋放重要至極的資本，讓他們有更多利潤能貸款給其他人。新的證券化不像傳統型證券化一樣需要能夠正常運作的標的房貸，這些合成型的打賭可以在沒有限制的狀況下不斷複製。（比方說，你在一場比賽中賭一匹馬會贏，你不會因此就沒辦法在同一場比賽中再次下注賭同一匹馬會贏；你不需要去尋找另一隻馬或另一場比賽。）這就是當時開始發生的事。銀行家開始開玩笑說小酒館代表的是「二度徹底剝削」（BIS total rip-off）——意指負責監督巴塞爾協議的國際結算銀行。而小酒館的中心概念CDS將會在之後變成歷史上獲利最高——也最危險——的金融創新商品之一。

但在徹底釋放出完整的能力之前，他們必須先越過幾個跳欄。其中一個跳欄是監管機關還沒有正式接受這個概念。如同往常，銀行在相同的地方找到了助力：法規寬鬆的倫敦。

若想要了解接下來發生的事，我們可以先花一點時間，檢視數年前英國稅務律師喬里昂・毛姆（Jolyon Maugham）在部落格寫下的文章。

> 我的桌上有一份建議書——是一份正式的稅務建議——來自一位律師協會的一位知名御用大律師（Queen's Counsel）之手。他在文件中提供的法律觀點與現實法律狀況大幅脫節，以至於我無法相信他真心相信他自己所說的觀點。往好處來說，這代表他的能力不足。但若要往壞處來說，他這是詐欺犯罪：他是在藉由詐欺賺取服務費。這不是我第一次讀到類似的建議書了。我的桌上一天到晚都有這種建議書來來去去。

毛姆所指的是一個獲利極高的製造業：法律與會計公司編造出稅務計畫，其中通常包含稅務天堂，然後將這些計畫塞給銀行和跨國公司。當跨國公司購買了這種金融技術時，他們會需要法律意見作為法律上的半正式批准，確保這項計畫可以擊退任何想要提出質疑的稅務機關。毛姆繼續說，單單計劃出一個概念並將之賣出就能給法律與會計公司帶來一億英鎊的收入，「但是若沒有大律師許可，你什麼都不能賣。」這創造出了可預期的誘因。「假設你是其中一個（不會拒絕）的男孩（Boys Who Won't Say No）。你寫下了一份我放在桌上那種類型的意見書。你拿到了大筆的費用——你在心中把像你這樣的『莊家』定位成是某種順應環境的專家。你認為自己是他們未來還會願意再次會面的那種人。」

在缺乏有意義懲罰的狀況下，倫敦法律業界中有一部份專業人員被這種操作方式給汙染了。有鑒於此方式的可能利益極高，我們或許也無須訝異於信用違約交換的世界也受到此種思考模式汙染。

專攻破產的英國律師羅賓．波茲（Robin Potts）的的確確是「順應環境的那種」律師。依據他一位同事的說法，他是「最典型的那種生意人的大律師」，在英國避稅天堂花了非常多時間。開曼群島的首席大法官稱他為「傑出的辯護人」。與美國媒體境外警報（Offshore Alert）共同調查避稅天堂醜聞與詭計的記者大衛．莫申特（David Marchant）則有不同的看法。在莫申特拒絕把他寫的某篇文章的資料來源告知波茲之後，波茲在一九九九年試圖在百慕達的法庭上以藐視法庭罪把他送進監獄，最後沒有成功。莫申特形容：「（波茲）不討人喜歡，像一隻黃鼠狼一樣——他是那種會讓你想要一拳打在他臉上的傢伙。」綜合來說，波茲和其他英國大律師在百慕達法庭上表現出的自大之態實在令人難以忍受。而且那種自大並非來自於他們的集體能力有多好，而是來自於蔑視他人的傲慢以及可笑的優越感。」

波茲接了一些奇特的案子，代表了幾個奇特的人，做了一些奇特的論述。在其中一個案件中，他代表的是英國保守黨政客、捐贈者兼避稅天堂常客麥可．艾克勞夫（Michael Ashcroft），該案件鮮為人知，涉及了某些價值數百萬元的股份。案件中的一位法官在二〇〇四年說波茲接受的客戶要求在法律上是有效的，他的客戶希望能從其中一間與案件相關的公司那裡拿取「一筆贖金」，因為——根據波茲的說法——這使他們「處於不利地位」。另一位法官則說波茲—艾克勞夫的請願書是「一種壓迫的工具」，用來鬆綁那些與真正股份價值無關的金流。

這種狀況（據我所知金融城並非沒有出現過這種狀況）被稱之為「綠色郵件」。我個人認為「勒索郵件」才是比較適當的詞。我認為，正是這種東西毀壞了金融城的名聲。金融城的目的是發展經濟，是讓公司經營時能夠以自身利益與國家利益為目的。金融城現在的狀況是在投機與獲利的同時解決這些問題，公司全都聚集到境外，沒有任何法律依據……在我看來，這不是合法的。

遠在這個案件發生之前的一九九七年，也就是摩根大通終於執行了小酒館的那一年，國際掉期交易與金融衍生工具協會（International Swaps and Derivatives Association，簡稱「ＩＳＤＡ」）委任羅賓・波茲寫一篇有關於信用違約交換的法律建議書。這份意見書圍繞著一個很重要的問題：ＣＤＳ應該是一種賭注還是一種保險？他們是否應該要受到賭博或者保險的法律規範並繳稅？任何一個有邏輯的人都會回答ＣＤＳ既是保險也是賭博，取決於你站在交易的哪一方。有些抽象ＣＤＳ太過危險，以至於一位時事評論家說「阻止他們要花的力氣簡直跟阻止銀行搶匪一樣大」。

然而，波茲卻得出了相反的答案——他的答案正好就是ＩＳＤＡ和大銀行ＣＤＳ如飢似渴的交易人想要聽的答案。熱心助人的波茲在批准倫敦ＣＤＳ的非規章的過程中表示，信用違約交換既不是保險也不是賭博，而是打開大門，讓他們能夠無限制、無規範地去賭公司的信貸——也就是公司的生死。這顛覆銀行業務的其中一個最基礎規則：銀行不該「加入遊戲之中」，也就是不該自己肩負貸款的倒債風險。這件事造成了非常廣大的影響。「（因此）信用衍生工具所創造的商業機會其實是很驚人的。」摩根大通小組的高階成員布萊斯・瑪斯特斯（Blythe Masters）輕快地說。在波茲寫下建議書的前一年，也就是一九九六年，估計市面上已有價值一千五百至二千千億的ＣＤＳ，這已經是非常大的數字了。十年後，金融危機開始浮現，ＣＤＣ的數字已增加了三百倍，到達了六十兆——幾乎等於是整個地球的ＧＤＰ總額。

因此，銀行相信他們可以藉由這個令人振奮的新工具獲得寬鬆政策的免稅額——至少在倫敦是如此。接著，在一九九八年，美國聯準會准許摩根大通透過小酒館交易放寬資本額後，巨大的柵欄就此倒下。這樣的變動打開了新通路，使規範銀行資本的巴塞爾協議也必須接受這樣的交易。但銀行還有一些必須跨越的阻礙。接下來是一九三三年的格拉斯・斯蒂格爾法案，將美國的商業銀行業務與投資銀行業務分隔開來，避免投機者透過儲蓄人的錢來賭博。格拉斯・斯蒂格爾法案中沒有包含能夠明確供養金融衍生工具的內容——這是一塊灰色地帶——所以有一大群說客以倫敦和境外中心的範例作為武器，在華盛頓進行閃電戰，把這些東西都帶到檯面上。

在那個時候，找到規避路線對銀行來說已經變得比較容易了。他們可以做的不限於使用衍生工具並前往境外，因為還有另一條路，這條路包含了另一種截然不同的「競爭」遊戲。美國金融系統受到東拼西湊的好幾個監管機構所監督，每一個監管機構都來自於過去的某個金融危機，「監管選購」（regulator shopping）風靡一時，這樣的狀況鼓勵了美國的監管機構開始一場「競爭」競賽，紛紛為了吸引客戶而開始降低標準。

與此同時，一種意識形態的轉移也在順利進行中。美國金融界的硬漢保羅・沃爾克已步下高層監管者——美國聯準會主席的位置，取得代之的是艾倫・葛林斯潘這位極端自由主義者，他曾說福利國家「不過是讓政府沒收社會中生產力較高者的財富的一種機制。」他從英國避稅天堂中學習到一些智慧，曾說過他不認為政府應該立法對付詐欺犯，因為沒有這個必要：他覺得社會大眾會直接停止和糟糕的對象交易，使這些人被排擠出市場之外。葛林斯潘加入了法規鬆綁的陣線，和他一起的還有比爾．克林頓總統的財政部長兼前任高盛集團銀行家羅伯特．羅賓（Robert Rubin）以及羅賓的副手勞倫斯．薩默斯（Lawrence Summers），這三方共同引導出美國交易大廳的爆炸性金融革新成長。

一九九九年十一月，這個新培育出來的美國反監管小組拿出了他們最大的戰利品：格拉斯．斯蒂格爾法案的廢止。格拉斯．斯蒂格爾法案是反托拉斯法律中非常有效的法規，在過去六十五年來防止了銀行把存戶的錢拿來賭博。「這次的法律更動具有歷史性的意義，」薩默斯在一九九九年的法案廢止場合上說，「此後美國公司將會在新經濟趨勢中更有競爭力。」薩默斯當時是美國財政部部長，羅賓則轉而進入了當時剛剛起步的花旗集團的董事會，而花旗集團正是法規鬆綁的最大受益者。接著，二〇〇〇年又出現了另一個法規鬆綁的誇張例子：商品期貨現代化法案（Commodity Futures Modernisation Act，簡稱「CFMA」），該法案明確地移除了美國政府監管場外交易衍生工具的權利，包括CDS和其他外國金融工具。法案先前就曾因為「總統工作小組」而加速進程，工作小組判斷美國必須靠法規鬆綁來確保「美國的公司與市場不會在與他國的類似對手比較時出現競爭弱勢」，他們提出警告，若再繼續不作為下去，「有可能會抑制這些重要市場的創新和發展，把這些交易都推到境外，損害美國在這些領域中的領導能力」。這次也如同以往，每個人腦海中的那個「競爭者」就是倫敦金融城。金融犯罪學學者比爾．布萊克（Bill Black）向我解釋，在一般人的認知裡「對華爾街而言，在說服政府美國需要寬鬆法規的過程中，倫敦扮演了至關重要的角色。倫敦城就是惡魔。」二〇〇〇年，英國金融服務局也開始同意德意志銀行與摩根大通的倫敦附屬公司行事的積極風險模式，這些附屬公司獲許可以把借貸堆疊到岌岌可危的程度，這是美國的監管機構絕對不會允許的事。其他美國銀行很快就注意到了這個狀況，湧入了英國。沒多久之後，高盛集團就與被圍攻的美國監管機構達成了協議，得到了能夠比擬倫敦的條件。在倫敦金融城的幫助下，美國骨牌也跟著倒下了。

到了二〇〇〇年代早期，葛林斯潘的「非禮勿視」帶來的影響力已蔓延了整個華盛頓。但並非所有美國監管機構都在他的掌控之下，其中有一群人搭機飛到倫敦，參與一場國際討論會，目的是設立新巴塞爾協議來規範銀行資本等級。二〇〇四年各國開始執行此協議時，協議規則看起來就像是瑞士乾酪一樣坑坑洞洞，一部分原因是因為每個國家的銀行系統各自不同，又都希望協議能反應出自身較有「競爭力」特質。美國官員甚至發現他們最擔心的問題根本沒有出現在協議中。其他國家，尤其是英國與瑞士，都告訴美國，銀行比他們還要更了解這些議題，所以他們不會告訴銀行該怎麼調整資本比率（還有金融槓桿比率，此比率可用來衡量銀行的債務與風險）。於是監管機構投降了，他們同意了這個實際上使銀行私有化的法規：監管機構不再計算風險權數，而是放手讓銀行根據自己的模式去計算。所有銀行都必須做的事，是告訴監管機構他們要做什麼。監管機構不再告訴銀行該怎麼做，只會詢問銀行在做什麼。聯準會的其中一名成員回想起在倫敦的會議中進行的徒勞辯論：「這裡的資本實在太少了。再怎麼樣你都不應該看著八百比一的槓桿率說這樣沒關係。我很清楚這不是真正能衡量風險的方法。事實不可能是這樣。」但說什麼都沒有用。在那間會議室中，各國的監管機構「搞砸了最後一個能預防悲慘金融災難的大好機會。」衍生工具專家尼克・丹巴爾（Nick Dunbar）解釋。「在受到來自四面八方的套利攻擊後，巴塞爾開始侵蝕金融系統，就像是縮時影片中把一整頭大象吃掉的蛆一樣。」

隔年，也就是二〇〇五年，布萊爾開始大力強調英國政府的反監管制度，抨擊英國金融服務局「大幅抑制了這些從來沒有詐騙任何人、值得無比尊敬的公司的企業效率。」金融服務局局長畏縮地回應：「與美國監管機構所使用的資源相比之下，金融服務局對銀行的監管資源只是九牛一毛。」英國繼續一路順著政策寬鬆的滑坡往下衝，美國的監管機構則努力表現出「競爭力」，試著與倫敦並肩。與此同時，西方世界的金融創新速度飛快，新型載體與工具蓬勃發展，風險最高的發明大多都是出自於倫敦。

衍生工具的參與者也在這時跨越了其他阻礙，這次的阻礙不再是監管機構了，而是市場本身。他們遇到的第一個問題是合成型ＳＰＶ發行的大量極端安全超優先證券。沒有人真的想要買這些證券來投保，因為它們只提供極低的回報，但後來眾人發現事實上有一種參與者會買這種證券來投保：位於倫敦梅菲爾的可敬保險巨擘——美國國際集團（ＡＩＧ），尤其是ＡＩＧ金融產品（AIG Financial Products，簡稱「ＡＩＧＦＰ」）。這件事的引導者是德克索投資銀行（Drexel Burnham Lambert）的前員工喬・卡薩諾（Joe Cassano），德克索投資銀行是一九八〇年代詐欺儲貸銀行危機發生時位於風暴中心的英國垃圾債券公司，公司在危機出現後沒多久便宣布破產。ＡＩＧＦＰ同意每投保一美元每年只賺回零點零二分，這樣的交易模式被說就像是在蒸氣壓路機的前方撿硬幣一樣。（卡薩諾自己會從那些硬幣之中取走三〇％帶回家，自二〇〇〇年至二〇〇八年他藉此賺了二點八億。）丹巴爾解釋，ＡＩＧＦＰ這個致命的單位位於倫敦，是橫跨大西洋的複雜公司結構中的一部份。「因此，每個國家都覺得其他國家會負責處理這件事，大家都心想：**不用我們來檢視這東西真是令人鬆了一口氣呢**。」想當然耳，這正是ＡＩＧ想看到的狀況。全球危機發生時，ＡＩＧ沒有能力全額支付它藉由倫敦附屬公司所投保的不健全金融工具帶來的債務，而接踵而至的金融漩渦將會把母公司位於一百三十個國家的十一點五萬員工全都吸進去，因此，最後美國政府支付了美國歷史上最高額的政府紓困金。

ＡＩＧ獲得了史上最高額的紓困金，而雷曼兄弟則獲得了史上最高額的破產。這次沒有紓困金了。在這次的故事中，倫敦也同樣扮演了重要角色。

寬鬆競賽的新參賽者

在雷曼兄弟破產之下潛伏的機制叫做附買回（repo），正是如今全球金融管道的中心。從本質上來說，附買回是讓大型公司儲蓄的方式。如果你在英國的銀行裡存了二點五萬英鎊，你的存款從本質上來說是安全的；政府會擔保八點五萬英鎊，若銀行破產的話會由政府把錢還給你。但是想要儲蓄七百億的公司卻沒有這種保護機制。因此，公司會使用附買回：公司把現金存放在對方那裡——對方不一定是銀行——接著拿到抵押品作為交換，例如政府債券或者開曼作業系統中的其中一個債券化產品，並簽下合約確保銀行很快（通常是隔天或者隔週）就會從公司回購（附買回）抵押品，附買回的價格計算會比單日或單週的利率還要好一點點。這套把戲其實每天都在重複。附買回市場讓公司能獲得比標準銀行存戶稍微好一點的利率，如果銀行倒閉了，他們還有抵押品能補償損失的存款。銀行之所以能夠支付稍微高一點的利息，是因為附買回能帶給銀行稅務利益以及較好的稅務處理方法。

現在到處都能看到附買回。附買回把多數金融市場納入流通數兆美元的網絡中，使各個市場之間倆倆緊密相連，並利用央行金融業務、證券化、稅務、支付等方式連結政府與公司債券市場。附買回在整個系統中實在太重要了，事實上，有些人如今稱附買回為影子貨幣。在金融危機發生時，市場間的緊密關係使得附買回變成了傳遞衝擊的一種機制；有些人稱全球金融危機為「附買回市場的短程旅途。」等到下次的大型危機發生時，附買回必定依然存在於背景中。附買回在法律層面上取決於一個問題：把現金轉換成抵押品是否算是真正的交易？如果算的話，那麼銀行「販賣」的債券在附買回的過程中就不再屬於銀行的資產，因此，銀行不需要因此預留資本，而為了交換債券流入的資金也可以是用來平衡資產負債表的資產。然而，在現實世界中，附買回顯然不是真正的販賣，因為回購合約創造的是銀行與該抵押品之間的連結。在危機發生的前幾年，雷曼想要隱瞞資產，不顯示在資產負債表上，他找了幾個美國法律公司，請對方提供法律建議書來證明附買回等同於真正的交易。沒有人願意那麼做。

你應該不難猜到雷曼接著會去哪裡尋找想要的建議書。倫敦法律公司年利達律師事務所在二〇〇一年幫助雷曼寫下了建議書，聲稱這樣的交易——多數人稱之為附買回一〇五——是真正的販售。建議書也謹慎地指出了雷曼能透過位於倫敦的附屬公司，用哪些合法的方式把資產在投資人面前藏起來，在發布季度財報之前，欺騙性地使用交易來修飾資產負債表，接著又在季度財報發行後修改回來。雷曼的一位資深員工說，附買回一〇五就只是「我們嗑的另一種藥」。金融危機的打擊過後，社會大眾才發現雷曼兄弟利用附買回在資產負債表上移除了將近五百億的問題資產。據聞在二〇〇一至二〇〇八年之間，雷曼在倫敦的審計師安永會計事務所（Ernst & Young）因為替雷曼的帳戶簽核賺到了一點五億，事務所沒有在資料裡提及附買回。創投業者瓊恩・莫爾頓（Jon Moulton）對雷曼的詭計做了總結：「他們是在轄區選購（jurisdiction shopping）。他們是在試圖找到他們想聽見的答案。他們也的確找到了。」答案就在倫敦。

當時的金融系統不斷冒更大的風險，不斷找到更多方法隱瞞這些風險，在這樣的狀況下，崩潰是不可避免的結果。崩潰開始於二〇〇七年的一連串交錯展開的事件。雷曼無疑是其中最危險的一個，當時的總統喬治・W・布希在某個階段曾說美國經濟「這個草包會死得很快。」在這次的場景中，英國扮演了推動附買回危機的另一個重要角色。

在附買回交易中，公司會收到用來交換現金的政府債券，接著公司可以將債券在二次附買回交易中把債券轉交給其他公司。這叫做擔保品再抵押。收到債券的公司接著又會再次抵押手上的債券，就這麼重複下去。美國的法規在這方面的規定相當嚴謹，但在倫敦，雷曼和其他公司可以不受限制的不斷轉手抵押債券，因此一小部分擔保品就能拿來在整個股票市場裡被「再抵押」一整圈，直到最後抵達內連性菊花鏈的最頂端，市場中的參與者可以在每個再抵押的環節中賺取價差與手續費。內連性的鏈結越長，風險就越大。我們要判斷一個鏈結有多強大，只要檢視這個鏈結的最脆弱處就知道了。雷曼兄弟倒閉後，社會才終於知道他們的大多數資產都被轉移到了膽大妄為的倫敦附屬公司中，許多美國基金發現，他們拿到倫敦市場中再抵押一大圈的絕大部分資產都成了泡影。

更糟糕的是，擔保品再抵押代表沒有人知道有多少抵押品存在於影子銀行系統中（也就是位於傳統銀行規範之外的避險基金、附買回交易人、其他秘密金融機構與業務）。根據ＩＭＦ估計，再抵押資產造成的盲點代表了在遭遇到金融危機的衝擊時，影子銀行系統的狀況比監管機構所認知的還要再膨脹五〇％——也就是膨脹了五兆美元。在全球金融崩潰時，再抵押造成的狀況帶來了更大的混亂，加深了緊接而來的危機。又一次的，我們應該要好好感謝倫敦金融城的貢獻。

這一次，美國的管制俘虜狀況非常嚴重，而且造成很大的影響，就連漠不關心的旁觀者或許都能看出來美國終於在寬鬆法制的競賽中趕上英國了。但事實並非如此——美國根本難以望其項背。在此提供一個例子，紐約市長麥可・彭博（Michael Bloomberg）和參議員查克・舒默（Chuck Schumer）在二〇〇七年一月發行了一份引人注目的遊說文件，名為《永續紐約與美國的全球金融服務領導地位》（Sustaining New York's and the US' Global Financial Services Leadership）。文件的核心論述有兩個。一是「倫敦」，文件中提到了一百三十五次，另一個則是「競爭」（或相似的變形詞語），提到了超過二百次。

該文件斷言，在這場與倫敦和其他金融中心的大型全球競賽中，紐約處於劣勢。唯一能夠趕上倫敦的方法是創造「更加順應、更加容易合作的法規環境」，並敦促美國進行更大幅的法規鬆綁。「如今我們的監管體系時常是這條街上最嚴格的警察，」作者群在該文件的一篇補充文章中敦促，「而英國的監管體系則似乎比較容易合作，也比較以解決方法為導向。」該文章在結尾做了令人焦慮的總結，認為以規模來說紐約依然是「領頭羊」，但倫敦在衍生工具與其他領域都已領先美國了。美國在這個「無比競爭的全球市場中」正冒著「脫離主流」的風險。解決辦法是：放鬆監管法規、停止監督金融市場並效法倫敦。紐約的金融家能夠在倫敦進行一些在家鄉不被允許的舉動，因此在他們聽見稱呼倫敦為全球經濟的關達納摩灣時，我們其實無須訝異。

兩個月後，倫敦金融城頒布了全球金融中心指數（Global Financial Centres Index），並宣布說，根據他們自己的分析，倫敦已經「小幅領先紐約」。其中他們提到了美國九十二次，以及同樣的「競爭相關詞彙」超過二百次。英國政府必須確保他們「沒有接觸到『轉捩點』」。問題的解答依舊是在倫敦執行更加寬鬆的法規。到了六月，布萊爾的財政大臣高登．布朗（Gordon Brown）加入了金融的愛之饗宴，他恭喜在金融城中金融界與政治界的重要人士「身在這個時代，因為歷史將會把現今紀錄為倫敦金融城新黃金時代的起始點」。他得意地誇耀自己在安隆事件與世界通訊（WorldCom）的災難下頂住了嚴謹的金融法規，並補充道：「你們的成功對整個英國來說都是至關重要的。有鑑於我們為了保持競爭力而必須做的事——以及同等重要的，我們不應該做的事——……我相信未來的人在提及二十一世紀初的時候，將會說這個世界在此時正進行甚或比工業革命還要更偉大的全球經濟重組，而新的世界秩序於焉誕生。」

兩個月後，也就是八月時，英國保守黨發表了一篇不合宜到令人吃驚的報告。該報告的名稱是《使英國自由競爭：讓英國做好全球化的準備》，報告中運用了「競爭相關詞彙」二百二十六次，狂熱地提起擴大信貸能帶來「極有利的趨勢」，還有「公眾／私人合夥關係、特殊信貸為基礎的基金和組合型基金、擔保債務憑證、擔保貸款憑證、信用違約交換、特殊目的載體」以及許多其他帶來高風險的機制。正是這些工具在稍後把西方世界擊倒在地。幾個禮拜之內，北岩銀行的顧客就大排長龍的想要領出帳戶裡的錢。全球金融危機終於降臨了。

在這些碎石瓦礫和互相指責之間，我們清楚看見一件事：美國的司法與監管系統實在太過不足，以至於美國政府不再有空間或能力把那些最應該為毀掉世界金融負責的銀行家關進牢裡。

「大到不能關」變成了流行用語，許多存款變少並面臨貸款危機的人都注意到，相較於一九八九年有三千名銀行家鋃鐺入獄，這次的狀況完全相反。但英國的狀況更糟，非常糟。兩個國家之間的差別大到令人不可能理解；我只能提出寥寥幾項數據、幾句引言和紀錄，讓你有一些簡單的概念。

在編寫本文的同時，單是為了參與金融危機活動，美國政府就已徵收了超過一千五百億美元的罰款，而美國徵收的總罰款金額是三千二百億。相較之下，英國金融監管機關則在二〇〇七至二〇一八年之間對金融機構徵收了三十五億元罰款——這就是全部的罰款了，罰款名目包括默默無名的股票經紀人的一般謊報或金融管理、支付保護詐騙、LIBOR醜聞等等。我找不到**任何**罰款與全球金融危機的原因有顯著的關聯性。一個也沒有。英國銀行的確曾被勒令繳交巨額罰款，但採取行動的是美國政府。二〇一八年，美國有將近二百五十人由於將紓困金拿來做不當用途而被判入獄服刑，而在英國，終於有四位巴克萊銀行（Barclays Bank）的資深員工受到起訴，起訴原因是他們在二〇〇八年為了在金融危機時期保持銀行地位，牽涉進了與卡達有關的交易中。他們在二〇一九年受審，若被宣判有罪的話，他們將會是英國長期存在的規則「銀行家是被保護的物種」中的首個例外。但同樣的，被起訴的這些作為並不是一開始導致金融危機的原因，兩者間沒有關聯。

「整體來說，美國政府成為了全世界最近期的『銀行俘虜』範例，這個含糊不清的狀態通常都與有錢的寄生單一文化有關聯，例如瑞士、盧森堡、新加玻、杜拜或倫敦金融城。」美國境外與金融犯罪專家詹姆斯·亨利（James Henry）解釋。「美國已變成了一黨獨大的國家，被銀行家政黨及其不斷輪流換人當的看門人所掌控。」川普政權積極地放鬆美國金融的管制，同時英國在金融危機後遭受社會大眾的猛烈怒火攻擊，把某些區域的規定調整得較為嚴格，在某些部分甚至比美國還要嚴謹。但在討論到導致金融危機的主要事件時，倫敦並沒有受到究責。根據英國金融服務局的說法，倫敦的AIGFP「不在管轄範圍內」。《電訊報》（Telegraph）的報導認為：「至今英國政府仍未對AIG發表任何意見。」美國的狀況則正好相反，有數樁調查正在進行中。「英國嚴重欺詐調查署（Serious Fraud Office）被迫在二〇〇九年對AIG展開徹底調查，但又在二〇一〇年靜悄悄地以『證據不足』為由停止，沒有在英國或任何國家的媒體上引起任何騷動。」

幾乎沒有國家像美國一樣那麼了解英國到底被罔顧後果的全球金融滲透得多深，以及英國金融產業會因此對全球經濟造成多大的危險。「在系統風險的全球分佈中，倫敦的影響高得不成比例，」一位專家說，「在有關控制與抑制的危機後政策辯論中，沒有任何人談論到這點。」

自金融危機後，英國對造成金融穩定危機的金融創新的容忍度，與其對謀殺與違法藥物相關金流的容忍度變得越來越相近。舉匯豐為例，該銀行的部分金流來自於俄國黑幫、蓋達組織及真主黨相關機構，和規避制裁活動的北韓，此外匯豐替墨西哥的錫那羅亞販毒集團（Sinaloa drug cartel）洗了至少八點八億的錢，前任紐約首席檢察官艾略特·史畢澤（Eliot Spitzer）開玩笑說，匯豐集團服務的人實在太邪惡，「相較之下華爾街的人都顯得像是好人了。」在針對美國司法部二〇一二年不起訴匯豐集團的國會調查中，美國政府發現英國財政大臣喬治・奧斯本（George Osborne）和英國金融服務局曾積極干預最高層級的美國政府和司法系統，威脅如果「他們的」銀行被起訴的話會出現「全球金融災難」。該報告指出，英國的干預「限制了美國政府的調查，影響司法部決定不起訴匯豐集團。」

美國人已開始留意到接納可疑外國金流會對民主帶來威脅，也意識到川普政府的官員與俄國寡頭政治家之間逐漸浮現的連結，但倫敦遠比美國還要早加入這場競爭遊戲。「美國的經驗（一直都）只微弱地反映出倫敦的狀況。」共和黨政治策士瑞奇・威爾森（Rick Wilson）說。「布魯克林布萊頓海灘的俄國暴徒買下了計程車公司執照勳章，並在股票市場中靠炒作股票來詐騙。有些人在川普大廈中選購公寓。倫敦的俄羅斯人買下了……文藝復興時期的藝術品和騎士橋的整個街區。」一份針對俄國首次公開募股（公司在股票市場上市）的普華永道報告指出，在二〇〇五至二〇一四年間於紐約證券交易上市的股票有二支，美國科技證券交易所那斯達克也是二支，莫斯科三十七支，倫敦證券交易所六十七支。這些並不全是犯罪企業——遠非如此——但它們對倫敦的嚴重偏好反映了倫敦對於法規的消極態度。

德國專攻組織犯罪的前任警察班得・芬格（Bernd Finger）在二〇一七年告訴我，從他的經驗看來，在試圖追蹤犯罪資產時，其他國家通常會好好配合德國政府，唯有兩個國家是值得注意的例外：俄國與英國。從國際協定上來看，英國應該要在他國要求提供資訊時配合，他說：「但是他們完全不予回應。」法國政府在調查電信公司勒卡電信（Lycamobile）的洗錢與稅務詐欺案件時，曾要求英國稅務與海關總署協助，他們接到的官方信件描述勒卡電信是具有「龐大資產供支配」的「大型跨國公司」，他們「極不可能同意搜查……值得一提的是，他們是捐最多錢給保守黨的公司。」英國公共帳目委員會的前任會長瑪格麗特．霍奇（Margaret Hodge）稱英國為「世上每一個竊國賊、罪犯和騙子會選擇的國家」。

「我國用來規範市場與起訴市場犯罪的法規系統已經完全損毀了。」前任英國檢察長肯．麥克道納（Ken Macdonald）說。個體戶和機構的行為都「像是刑法管不到他們。如果你在街上搶了某人的錢並被抓到，你很有可能會被關進監獄。但近幾年來，若你從某人的儲蓄或退休金中搶錢，你很可能會賺到一艘遊艇。」從目前的狀況看來，從整個國家——甚至大半個世界中搶錢也是如此。

第八章 財富與其武裝

最危險與狡猾的機制——信託

二〇〇七年九月十七日，英國的新聞評論家兼鑑識會計理查德・墨菲（Richard Murphy）寫了一篇簡短的部落格文章評論英國抵押銀行北岩銀行在帳目上的奇怪項目。在北岩銀行承認他們曾向英國央行要求緊急資金之後沒幾天，各個分行外開始出現了長長的排隊人潮。這是一八六六年之後首次出現銀行正常運作的狀況，也是全球金融危機帶來的第一個大型打擊。北岩銀行過去一直都很認真地在進行傳統型證券化的遊戲，也一直有在使用特殊目的載體。這些載體獲得資金後會發行短期債務，賣給全球的投資人，藉此購買抵押貸款；在投資人陷入恐慌並不再遞延貸款時，整個緊密連接的金融機器便陷入了劇烈的停頓。

在某種程度上來說，這解釋了北岩銀行為什麼會突然心跳停止。但隨著墨菲挖掘得越來越深，他發現事情看起來越來越奇怪。奇怪的地方不只是這些載體大多設立於英國澤西島的避稅天堂，也不是這載體受北岩銀行**控制**但北岩銀行並不**擁有**它們——兩者之間的差別讓北岩銀行能藉由這些載體受益，同時又能把它們排除在資產平衡表之外，不影響資本。真正奇怪的是，根據北岩銀行的文件紀錄，該銀行持有價值約四百億英鎊的貸款這件事的理由，是「為了一或多個的慈善團體的利益，透過全權信託的方式由專業信託公司持有信託」，也為了「其他慈善目的而選擇由專業信託公司全權處理」。英國唐氏症東北區分會（Down's Syndrome North East Association，簡稱DSNE），此慈善團體位於新堡的市郊有一棟半獨立式房屋內，是由志工營運，旨在協助罹患唐氏症的小孩。DSNE志願者的資金來源包括了募資游泳馬拉松、「淑女午宴」和劇場票券，甚至還有一位熱心成員騎車至美國各州替他們賺到了一百二十五英鎊。慈善團體裡沒有人知道境外貸款作業系統中把四百億英鎊塞進了他們的半獨立式房屋裡，透過金融以太轉移大筆金流。除了在二〇〇一年從北岩銀行的辦公處獲得了一筆捐款之外，DSNE從來沒有從銀行那裡拿到半毛錢。

任何讀到這篇部落格文章的人想必都會有和我一樣的反應：這該死的狀況到底是怎麼一回事？墨菲寫道，這整件事「全然是編造出來的一場鬧劇」。的確如此。但沒有人會在毫無理由的狀況下，經由如此複雜的金融與法律管道注入那四百億英鎊。在了解原因之前，我們需要深入了解現代全球金融的所有動物展示籠中最有用、變通性最高、最狡猾、最強而有力也最危險的機制之一：信託。

信託的基本概念在中世紀時出現。當時英國騎士與貴族都加入十字軍出發至外地征戰，他們時常把領土與財產留給財產管理人管理，照理來說財產管理人應該要以騎士的家人利益為優先，管理這些財產直到十字軍返鄉。不過有時候，騎士會在回家後發現他的財產管理人不想要把財產還給他，或許甚至還在騎士為了教宗冒著生命危險時睡了騎士的老婆或女兒。因此，後來的騎士在離家之前會要求財產管理人發誓忠於管理人的職責，否則會在死後下地獄，有時候還要對著聖人遺物發誓。他們把教會也納入程序中。許多財產管理人在想到死後將永遠被拿著長柄叉的惡魔包圍後，會變得比較專注於管理職責，但委託財產管理的狀況依然是一團亂，而後隨著時間流逝，加強過後的信託法規逐漸浮現，一路發展直到現今。典型的信託含括了三方關係。首先，有一位財產的原始授予人——在過去是騎士，在現代可能是坐擁億萬財產的祖父——他會在此前將財產贈遺或者給予值得信任的人。第二則是負責管理這些資產的人。在歷史中管理資產的會是其中一位財產管理人，通常是值得信任的家庭成員，而如今的受託人通常會是經驗豐富的律師。第三方則由受益人組成——一般而言會是騎士的（或是祖父的）家人，他們會自信託資產中受益。三方會被信託契約綁在一起，契約將詳細列出誰會在什麼時候或者什麼狀況下用什麼方法獲得什麼事物。這份契約可由法院執行。信託與公司不一樣；信託是法律協議，比較像是一份合約。

列在信託中的資產可以是任何形式的事物：幾個瑞士銀行帳戶、十條金條、位於澳洲的城堡或位於赤爾夕的豪華公寓、價值連城的專利、大半個商業式色情產業帝國、登記在澤西島的幾個特殊目的載體、一首難聽流行樂的擁有權，或者位於英屬維京群島、負責營運上述所有內容的幾個空殼公司，又或者這些空殼公司擁有其他空殼公司負責營運上述所有內容。

任何事物都可以。在授予人把這些資產交出去的當下，煉金術於焉開始，所有權這個概念開始被分離成數個不同的原料：技術上的合法擁有權對上消耗或享受或控制這些資產的權利，或者獲得這些資產帶來的收入的權力。一般而言，受託人會變成合法擁有者，因此他們可以依照信託契約的規定，簽屬文件轉移信託資產。但這只是所有權中的一小部分權利；受託人不可以為了自身利益把資產偷走逃跑，也不可以在沒有謹慎協議管理費用的狀況下，把資產賺來的錢拿走。（如果他們試圖這麼做的話，另外兩方可以利用法律把他們抓回來。）受益人則有其他權利能處理資產。某個信託或許會讓老男人的孫子有法律權利可以住在那棟城堡裡，祖父的二女兒則可以在二十一歲後拿到那首流行歌的一半專利收入，而分居的妻子則有法律權利能在任何時候（週四除外）使用老男人的遊艇，並有權限能獲得臉書股票投資組合的收入——但沒有權利能擁有股票本身。或許受託人有裁量權能在他們認為情況符合某些特定準時分配小部分財產。但大體上來說，祖父已經把資產交出去了；這些資產要由其他人來管理、使用並藉此獲利。

現在有許多不熟悉信託的人都認為這很奇怪；舉例來說，若祖父只是為了要避稅就把資產交給別人，似乎做得有點過火。香港的一位英國財務經理曾這麼形容：「當你對年長的中國紳士提議說：『我跟你說要怎麼辦吧，不如你把資產的控制權交給我，我會替你和你的孩子保管資產，等到你需要這些資產的時候，我或許會把這些資產還給你，如何？對了，在我替你管理資產的時候你還必須付一筆高額手續費給我。』年老的中國老紳士會對著你捧腹大笑很長一段時間。」

若你想了解為何信託具有極大的吸引力，你必須先弄清楚信託的力量與彈性。祖父，或者年長的中國紳士只要利用信託就可能達到魚與熊掌兼得的狀況，他們把資產給出去，在自身與資產之間矗立起隔閡，但接著，他們可以透過律師的幫助創造出不引人注意的法律通道、防護罩、許可權和秘密代號，使他可以回到城堡裡，繼續飲酒作樂。信託，尤其是境外信託，可以用來遮掩資產與收入，逃避稅務機關、法律、規則、離婚配偶、祖父的憤怒債主——逃避各種可能會對資產有要求全的人。相較於單純的把資產藏起來，這種合法的分隔通常效果比較強大。一旦祖父把這些資產交給信託，從法律上來說，它們就都不再屬於他了。如果他能用適當的方式設立信託，他就能創造出一道不可通過的法律屏障。如此一來，無論稅務機關或債權人再怎麼生氣，它們都一樣無法取得那些資產或者相關的收入。那些資產就這麼消失了。祖父死後政府也不能收取繼承稅，因為它們不是祖父的資產，也沒有任何人要繼承它們；這些資產將會繼續留存於信託內，繼續安全且無憂無慮地經營下去。不知道你有沒有看過亮面雜誌中的百達翡麗（Patek Philippe）廣告？廣告中會有一位英俊的父親和衣著得體的年輕兒子站在葡萄園或者橡木船板遊艇的舵柄前，標題是「你從來沒有真正擁有過一支百達翡麗，你只是在替下一代保管百達翡麗。」如果那支錶被列入了信託的資產的話，那麼那句標題就再真實不過了。

然而，故事還沒結束。祖父的稅收機關可以試著直接對信託本身或者受託人手上的資產收稅。如果信託與受託人位於祖父所住的地方，那麼基於稅徵目的，政府機關還是有可能找到方法收稅，不過，無論如何法規總是會有漏洞，這解釋了為什麼英國的遺產稅每年大約落在五十億英鎊，只有英國人每年贈遺給下一代的一千億至一千五百億英鎊的三%。但如果信託或受託人位於境外，位於祖父的稅收人員沒有管轄權的地方，那麼我們就可以用英國稅務與海關總署的描述來形容這些資產：「非常複雜」。政府可以試著對受益人收稅，但如果**他們**並不擁有這些資產或者住在別的地方，那麼英國稅務與海關總署將難以把受益人帶進稅收網絡之中。當然了，如果信託把臉書股份的收入交給那位分居妻子的話，那麼英國稅務與海關總署、國際刑警組織和妻子的債權人是可以觸及這些收入的。但如果標的股份依然待在結構良好的信託堡壘之內，那麼這些資產就依舊是不可觸及的。

現在英國稅務與海關總署只剩下最後一種戰術可以嘗試了。他們可以說：「啊，好了，孫女可能還沒從信託那裡接受到任何資產，但她終究會**獲得所有權**，所以我們可以把這些資產視為她的資產，並因此向她收稅。」這個嘛，英國信託律師在四十年前就已找出了應對之道，叫做全權信託。在全權信託的信託契約中沒有確實規定誰會因為什麼原因、在什麼時候、什麼地方、用什麼方式獲得信託，這些全權由受託人來決定。或許孫女只會在所有考試都合格之後才能有權管理家族馬場，又或者受託人會一時興起就把馬場交給孫女的弟弟而非孫女。或許總是惹麻煩的兒子必須連續五年都不碰海洛因，讓受託人滿意之後，才能有權管理位於格羅斯特郡的家族房產。但關鍵在於：在受託人使用裁量權決定誰拿到什麼資產之前，沒有人能確定任何受益人會在現在或未來獲得什麼資產的擁有權。因此，英國稅務與海關總署不能預設任何人會擁有任何事物。這個解決方法的效果超群，以至於信託律師將之稱為訴訟證據。

這個例子能讓我們大概有個概念，信託的力量有多大、有多狡猾。簡單直接的擁有權是平凡人在使用的。這也幫助我們理解為什麼北岩銀行要用可疑的「為了一或多個慈善團體的利益，透過全權信託的方式」持有信託。這種結構合法地用一道信託法律之牆把北岩銀行和信託分隔開來，使那些資產不再存在於負債資產表之上。然而這個結構在經濟上是與北岩銀行戶相連接的，銀行在澤西島的作業系統最終會透過金融化管道從堡壘中交出利潤，送進銀行的損益表底線中。北岩銀行也一樣魚與熊掌兼得了。

然而，你可能還是會問，那麼公益信託又是怎麼回事？這個嘛，事實上，的確有很多正規的出色公益信託或基金會是在做好事，它們存在於捐贈資本的堡壘之內，為了真正有價值的事物定期付出大筆金錢。由於這些信託立意良好，所以通常法律與稅率都非常優待它們。然而，許多所謂的公益信託所抱持的利益並沒有那麼好；它們的核心目標並不是把錢帶給需要的人，而是創造出合法的堡壘，享受極為優待的法規，在堡壘內避開詳細審查與社會法規，安全地進行不法活動。這種結構的信託必須指定受益人——否則就不是合法的公益信託——但在北岩銀行的案例中，它們從來沒有打算把大筆金流拿來救濟罹患唐氏症的孩子。如果北岩銀行沒有倒閉，DSNE或許會在所有證券化載體紛紛倒閉、一切瑣碎雜事都處理完之後，拿到數千英鎊，但這樣的捐款金額其實很小，就像是城堡內的人在享受美味饗宴後把食物碎屑扔過城牆給下方的農民。

基於這些理由，許多世界最大的私有財產與最大的商業融資協議都存在於公益信託之內——或者和信託類似的基金會之內。在經濟系統的金融化作用之中，信託是至關重要的機制，能夠把財富與我們分隔開來，更加深化金融詛咒。

從來沒有人計算過全球的信託價值有多少——實在太多信託隱藏在避稅天堂的書桌抽屜內了，根本不可能找出來——但檯面上還是有一些線索。避稅天堂英國皇家屬地澤西島曾發過官方統計，認為單單是澤西島的信託中的資產價值就大約落在一兆英鎊，這個金額等同於西班牙的單年GDP。而私營部門的消息指出，澤西島的信託大多都是全權信託。把這個金額拿來與英國境內估計價值約十三億英鎊的全權信託相比，我們就能清楚看出境外系統對這個世界而言有多重要了。澤西島只是眾多信託參與人的其中之一；全球總額或許較有可能與避稅天堂中的總金額做比較，根據估計範圍應該落在九兆至三十六兆之間，偏高的金額較有可能是比較準確的金額。信託與避稅天堂之間有很高的相似性：不只是因為兩者之間有很大的交集，也因為信託其實就像是個人化的避稅天堂，信託的機制使富有的個人或機構能夠藏起資產，躲避那些規範我們這些人的法規。信託，尤其是境外信託，能創造出複雜到驚人的層層保密機制，有可能比普通瑞士銀行帳戶所提供的任何保障還要嚴密，而瑞士銀行的銀行家所承諾的是會把客戶的秘密帶進墳墓裡（坐牢的威脅可以改變他們的主意）。世界銀行曾提出過一份調查報告，描述罪犯是如何利用合法的結構把偷來的資產隱藏起來的，報告中提到信託實在太過難以調查或起訴了，他們難以揭露信託的違法狀況，所以在針對腐敗的調查中，信託的優先順序排在很後面。

信託主要有好幾種創造保密機制的方法。最重要的是，當百萬富翁祖父把財產交出來時，他不但在自己與資產之間創造了合法的屏障，也很有可能創造了保密機制的屏障。如果他不擁有這些資產，那麼這些資產要怎麼樣和他扯上關係呢？離婚的前夫可以利用信託避免付錢給離婚的前妻；他的資產不再是他能自行分配的資產了。政客可以給持有信託的公司一份有利的合約，接著在他個人能獲得利益的狀況下誠實地宣布他不擁有這些資產（這正是唐納・川普的商務部部長威爾伯・羅斯（Wilbur Ross）所做的事，他透過這個方法把價值約二十億的資產從財務披露表中移除）。穆斯林可以透過違反伊斯蘭法的標的資產獲利，同時誠實地說他們不擁有那些資產。就算有黑手黨成員要求祖父把那些資產交出來，祖父也做不到，因為（在結構適當的信託規範之下）這些資產真的不屬於祖父。

然後，我們還有信託契約，該協議描述了信託要如何運作、誰會受益等等資訊。契約或許只是一張紙，被放在某個汙穢的避稅天堂，例如貝里斯的某個公證人的辦公室抽屜裡。這個契約甚至有可能只是在幾位證人面前達成的口頭協議。國際刑警組織要怎麼樣才能揭露出**這種信託**之中的違法狀況呢？英國政府在二〇一八年宣布，英國計畫要強迫海外地區公開登記在當地的公司擁有者是誰，這樣的作為理所當然被視為一種進步，但這個方法本身其實對於揭露信託資產的真正受益人與控制人並沒有太大的幫助。想當然耳，一旦祖父跑到了境外，這些信託詭計的變化將會變得更多、更不可思議。

雖然有許多信託都位檯面上，但也有許多信託存在於灰色地帶，這些信託的合法性取決於解讀方法、控制程度的疑問、意圖、裁量權、影響，以及擁有權的定義。甚至連描寫信託的時候也必須極度謹慎，避開許多圈套與隱藏的陷阱。或許我們可以把可撤銷信託視為最粗魯的一種信託詭計。使用可撤銷信託代表祖父可以在他覺得有可能遭到嚴密的查稅或犯罪調查時就把資產交出來，但一旦熱度下降了，他可以直接撤銷信託，把資產都拿回來。這種東西根本稱不上是信託，而是騙局，但想要拆穿這個騙局之前，你必須先證明這是騙局——但如果契約被鎖在巴拿馬某個公證人的書桌抽屜裡的話，那麼這就絕對是非常難以證明的一件事。祖父的另一個策略可能會是把他的儲備金當作信託交給適應性較高的受託人，他可以說服或者信賴這樣的受託人願意要求信託中的其中一間公司把錢借回去給他，接著藉由不言而明的默契（輕推手肘、眨眼）告知對方他不會償還這筆貸款。有時甚至會有一些具有官方權力的信託「保護者」或者「執行者」負責確保受託人準確地依照祖父的要求行事。

有些信託是專門用來幫助有錢人（通常是老年男性）提供離異配偶贍養費用的，但這些信託的目的不是用來提供穩定的金流，而是利用木偶受託人來全權控制金流。你可以想像，這種信託能在糟糕的離婚之後讓這個有錢的老男人對不快樂的前妻擁有多大的掌控權，甚至在他死後也一樣。又或者信託可以拿來支付祖父的諮商費用，或者往祖父狡猾的空殼公司裏投資委託金，這個空殼公司自然會設立於信託之外，讓祖父能慢慢從中賺得金錢。信託中有時會包含意願書——這種無形的小型私下交易能藉由各種方法引導受託人。還有一種信託叫做朝代信託（dynasty trust），這種信託的目標是確保家庭的財富透過血脈一代接著一代的傳遞下去。另一種信託叫做揮霍者信託（spendthrift trust）——這是一種特別兼不可破的信託，能夠把所有可能惹上金融問題的人都排除在受益人之外，藉此保護家族的核心資產。脅迫條款（duress clause）則像是鐵閘門一樣，一旦出現了外來威脅就會牢牢把信託鎖死，如此一來，就算有任何財產授予者或者受益人受到脅迫（例如受到稅務機關或犯罪調查機關追查），信託也不會需要支付任何費用。逃避條款（flee clause）則是讓信託能在外國的執法者開始調查時立刻轉移到別的管轄區去。此外，避稅天堂也創造了防火牆法，使外國法庭的執法撬棍更難以觸及到信託。在美國，你可以簽署一種名為受益人不完全信託（beneficiary defective trust）的蓄意變形信託，這種信託讓受益人對資產幾乎有毫無限制的控制權，另一種信託是受益人沉默信託（beneficiary quiet trust），這種信託的受益人完全不會知道自己是受益人。也有些信託是上述各種信託的混合體。

接著還有庫克群島（Cook Islands）。庫克群島位於太平洋，是由十五個分離的小島組成的島群，居住人口約二萬人，利用全球最粗暴的資產保護法做成鉅額生意。一旦有人把資產放進了庫克群島信託中，並以正確的方式設立信託，那麼無論你在美國或英國的法庭上用什麼方法控告他們，你都不可能把把資產拿回來。是啦，你的確可以這麼嘗試，但你必須要飛到那裡去，或許要在紐西蘭轉機，搭五個小時的飛機到拉洛東加島，接著在扭曲的庫克群島法律規範下要求扭曲的庫克群島法庭審判這個案件，同時還要面對扭曲的庫克群島律師，然後你通常必須在毫無疑點的狀況下——就像在謀殺案中一樣——證明你提出的案件有多麼堅若磐石、滴水不漏。庫克群島信託的使用者包括了一大群發了瘋似的詐欺犯、身價上百萬的龐氏騙局策畫人、避險基金騙徒、身陷兇惡離婚戰局的凶惡大家長、兜售終極減重方案的狡猾銷售員等。這些使用者中的其中一員是佛州的整形醫師理查德・艾迪森（Richard Edison），他的小名是恐懼醫師，在五個病人死亡並且在一位女患者的胸部裡留下了一團海綿之後被提起告訴。而他位於庫克島信託中的資產絲毫不會受到這些訴訟影響。

信託與財產從業者協會（Society of Trust and Estate Practitioners，簡稱「STEP」）是全球最有影響力的財富保護協會之一，該協會曾給出一張圖片，上面有一位手持武器、身穿鎖子甲的騎士，站在裝滿了錢的大袋子前方，反抗地舉起一隻手。圖片上的表與寫著：「武裝你的資產。」

但我比較喜歡另一種不一樣的、在我看來相關的圖像。信託律師常用的詞語——「防火牆」、「保護資產免受攻擊」、「堅不可破」、「庇護所」、「保衛」等——帶來的是另一種些微不同的中古世紀圖像：城堡。每一座堡壘都有許多衛兵，他們會從周遭的農民身上榨取進貢的資金。我們將從這裡進入超級有錢人的世界，以及為了保衛他們的財富而蓬勃發展的企業之中。

那些伴隨著信託一起出現的中世紀習俗並沒有消失；而是隨著日漸複雜的世界逐漸進化了。財產管理人變成了財務經理。在全球化還沒出現之前，有錢人家在使用信託的方法一直和中世紀相差不遠，都是靠著不拿取報酬的親近友人來執行信託的功能，但隨著世界金融市場拓展開來，我們逐漸進入了金融事務的複雜度迅速增加的時代，這些金融活動變得越來越專業化。

守護財產的蟒蛇——財務經理

財務經理建構並管理大型、複雜的國際機構，其中涉及了銀行、避稅天堂、信託與基金、遺囑、法律與會計、公司、股票與債券投資組合、保險產品、避險基金等不一而足——財務經理將它們一一放進全球金融機制核心的正確位置。他們時常以小組為單位工作，時常以「家族辦公室」替單一家庭提供服務，他們是超級有錢階級的菁英級綜合雜務工人。為了讓客戶感到舒適，他們最好來自相同的社會階級，孩童時期接受過相同的禮儀和習慣的洗禮：過去的有錢人想要的是衣衫襤褸的貴族，現在的有錢人想要的是老於世故的高尚人士。好的財務經理能輕而易舉地讓客戶的資產在不同的法律系統之間起舞，透過漏洞賺取利益，同時避免被法規與責任抓包，無時無刻都同步跟著各個城市的法律與政治潮流移動。如果客戶是真正的億萬富翁，他們可能還會協助他們設置藝廊、舉辦公益募款會、買下葡萄園與智庫，或者透過遊說行動促使政府撤銷遺產稅、減免公司稅，或者除去反壟斷與反避稅天堂法規的最精華部分。他們提供淵博的投資建議、解決吵鬧家庭中的爭執與毛病、安排個人安全措施還付錢給園丁與僕人，他們的身分是朋友、是能夠承擔眼淚的肩膀、是心理學家、是投資建議人、是管家，也是大小姐、夫人和家族秘密的護衛。真正高明的財務經理擁有無止境的耐心與外交手段，個性謙遜，有能力同時執行多件事務，最重要的是他有決斷力。

財務經理成長時的其中一個階段性改變，出現在一九九〇年工業變得更加廣泛的時候，當時利物浦的中年會計師喬治・特斯卡（George Tasker）寫了一封信給職業財務經理閱讀的雜誌《信託與不動產》（Trusts & Estates），提議要舉辦交流論壇。他的信件被刊登到雜誌上，最後在那個老派的時代引發了群魔亂舞。編輯打電話告訴他，他收到了洪水般的回覆，英國各地的從業人員都希望能提供起始的協助或者參與當地小組。因此，在一九九一年他們在倫敦聚首，討論要創辦一個協會來滿足特斯卡意外提出的潛在需求。在決定協會名稱時，小組成員翻來覆去地排組合信託（trust）的T、不動產（estate）的E、從業者（practitioner）的P和協會（society）的S。

「我們很快就否決了PEST（害蟲）和PETS（寵物），」他說，「最後一個可以用的排列組合就只剩下STEP（階段）。」

STEP在一九九一年七月正式成立，在一年內就有了一千名成員——而後成員人數依然不斷呈現爆炸性的成長，在避稅天堂中尤其如此。如今STEP分布在九十五個國家，共有超過二萬名成員，或許是現今世界上在信託、避稅天堂與「財富保衛產業」方面權力最大、影響力最大且口徑一致的組織。舉例來說，當政府試著想要挖掘境外避稅天堂的機密時，就會有一整個軍隊的STEP專家站出來，攻擊決策者、汙衊改革者、遊說開曼這一類的境外中心建立新法來阻止改革者、迫使各種研究報告指出避稅天堂很棒——當然也會在任何阻礙出現之前就護送客戶的資產繞過該阻礙。

依據不同觀點來看，STEP可以是充滿上流階層職業專家的智囊團，或者，用一位境外律師告訴我的詞彙來形容，STEP也可以是「長了好幾個頭的蛇」。STEP的初始訓練課程內容充滿了避稅天堂和信託，也就是在這個世界上引發經濟不平等迅速成長的最重要金融技術。隨著STEP的迅速崛起，財務經理產業也出現了重大改變，過去的財務經理強調的是完整、可靠、值得信賴、謹慎和忠心，現在則逐漸轉為更加快速的盎格魯撒克遜式道德標準，他們注重的是速度、敏捷、厚顏無恥與膽大妄為，靠著這些特質在實際上沒有越線的狀態下找到方法踰越法律的本意。財務經理不像銀行家要為了增加客戶資產而相互競爭並把法律規範視為麻煩事，財務經理傾向於聚焦在保護財產與客戶名聲，這使得法規尤為重要。

比較直觀的家庭財務管理組織可能會包含了位於境外轄區的一個信託、位於不同境外轄區的受託人、位於另一個不同境外轄區的保護人、位於又另一個不同境外轄區的受益人，還有在不同城市間遊走的資產原始授予人。該信託可能會擁有一系列的空殼公司，或許分布於數個境外與境內轄區，每間公司可能會在不同地方擁有多個主管；而資產本身則可能會存在於好幾個不同地方，通常會是信託授予人、受益人和享受資產的人喜歡去度假、購物或玩樂的地方。對於大英國協的市民而言，後者通常就是倫敦和紐約；對於拉丁裔美國人來說則會是邁阿密、休士頓貨紐約；對非洲法語國家的人而言則較有可能是巴黎與紐約。

這個職業成長迅速，擴張的速度甚至比全球經濟還要快。到了二〇一七年，根據瑞士信貸集團的資料，有三千六百萬人都稱自己為ＨＮＷＩ（高淨值資產人士，**high net worth individual**），他們的每項資產的價值都超過一百萬元；這些人是全世界最有錢的〇・七％人口。整體而言，ＨＮＷＩ持有的財富的成長速度是ＨＮＷＩ人數的成長速度的六倍，到了二〇一七年，這群人持有的財富總共超過了一百二十九兆，幾乎是全世界總財富的一半。有很大一部份的金流位於海外，還有很大一部份的金流位於信託，絕大多數的金流則同時存在於這兩者之中。

但財務經理服務的對象大多不是這些人，這些人只是有錢而已。他們服務的對象是每項資產的價值超過一千萬元的那一百六十萬人，特別是極端ＨＮＷＩ——那些每項資產價值超過五千萬元的十五萬人，這群人的單項資產價值每年都會在金融化、避稅天堂、併購、科技和逐漸崛起的超國家犯罪組織的幫助下成長一〇%。這些數字絕對是低估，因為國民帳戶（national accounts）通常無法取得信託、避稅天堂和其他能夠將資產與主流國家分離的機制之中實際上存在的金額，因此難以確定超級富豪持有的資產的真正價值。此外，信託當然也難以計算價值，因為若祖父把資產交出去了，受益人又尚未得到它們，那麼這些資產就會陷入無主的不確定狀態。因此，多數統計資料都因為漏掉了好幾兆元的資產而大幅低估了問題的嚴重性——這些資產都和全世界的超級富豪有關聯，但實際上的擁有人卻不是這些超級富豪。

我在本書中以數次提到全球核心也有同樣的「競爭」正在進行中，各個轄區都不斷試著要利用更能夠協助百萬富翁的法律贏過其他轄區，而這樣的作為將會對居住在國內的市民造成極大的潛在傷害。大學的講師亞當・霍菲—維諾葛多（Adam Hofri-Winogradow）認為，從根本上來說，這場比賽將會「剝奪真相」——法律條文應該要能保護社會，不受信託與財產保護機制的最糟糕形式所危害，但如今法律的此種功能卻持續被削弱。無論是在美國國內還是任何其他地方，這場比賽的賽況都非常激烈。舉例來說，美國正逐漸放棄長久以來禁止永久權規則（rule against perpetuities）——這是美國信託法的地基，目的在於防止授予人創造出永久性的資產王朝，例如把你的財富留給曾曾曾孫就是違法的。德拉瓦州是美國境內一個特別無賴的避稅天堂，該州在一九九五年設立新的積極法規參加入競賽，在二十年之內美國就有超過半數的州都跟上德拉瓦的腳步，放棄或者開始遏止類似禁止永久權規則的法規。（我在經過深思熟慮之後使用了遏止這個字——像阿拉斯加州、科羅拉多州、猶他州和懷俄明州如今都規定信託的最長年限是一千年。）這造成了雪球效應：如今富豪們可以透過長期朝代信託把財產永無止境地傳遞給未來的子孫，無須繳納稅金，也無須接受有效的詳細審查。

財富之毒

錢不多的人可能會有些疑惑，為什麼這些已經擁有了五百萬或者一億元的人會這麼迫切的想要擁有更多錢。這是個好問題，因為一般而言，有錢人似乎並沒有因此而過得更加幸福快樂，時常因為具有較高的影響力而付出很大的代價。儘管如此，人越是有錢，似乎就會越想要保護自己擁有的財產。舉例來說，私募股權的老闆蓋．漢茲（Guy Hands）說在二〇一〇年他因為稅捐的關係「從來沒有去探訪」他在英國念書的小孩，在此之前，他為了要在梗西島逃稅而離開了肯特郡（如果你停留在英國的時間在一個納稅年度內超過一百八十三天的話，你就會掉入稅務網絡之中；根據推測，漢斯把這些時限拿來用作工作用途）。「我不會拜訪我住在英國的父母親，」他補充說，「除非是緊急情況我才會去看他們。」

研究顯示，財富不一定會讓人比較幸福，真實情況可能恰恰相反，尤其是當這些財富是繼承來而非賺來的時候更是如此。二〇一〇年，以色列裔美國心理學家丹尼爾・哈內曼（Daniel Hahneman）和英裔美國經濟學家安格斯・迪頓（Angus Deaton）的一項研究發現，幸福程度會隨著收入增加而增加——但每年七點五萬元就是上限了，超過之後幸福程度便不會繼續增加。二〇一八年的一項研究調查了四千位資產超過一百萬美元的富豪，該研究認為擁有的財產超過八百萬的富豪比財產較小的富豪還要幸福——但兩者間的差距極小，而且只有自己賺來這些財富的人才符合這樣的描述。超過一半的受調查者說，他們需要把持有的財富增加五至十倍才會覺得開心。事實上，就算他們真的擁有了，也不一定會帶來幫助；當家庭成員必須為了搶奪遺產的擁有權而彼此競爭時，遺產將會自動自發地使他們開始針鋒相對。金錢也會使人與朋友疏遠；因為這些富豪認識的人之中，有太多人都試圖想要從他們身上哄騙或詐取金錢，所以他們開始對於每個人的動機心懷質疑。

華盛頓特區的出版商查爾斯・大衛森（Charles Davidson）繼承了家族裡賺取自法國原油與工程的財富，他曾親眼見證過金錢如何毀掉家庭。「就我個人的經驗而言，」他說，「財富通常會帶來傷害。」他聽財務經理說過，他們遇到的大多數有錢人都受到他們的財富所拖累。一般而言，這些有錢人都不需要工作賺取生活所需，這會造成很大的問題，此外，眾人時常覺得繼承財富是一件反常的事。「在美國這裡，靠著繼承來的財富生活是不容於社會大眾的；每個人都應該要自給自足。」他告訴我——不過有些人對於繼承財富絲毫不感到羞愧，例如唐納・川普的孩子，這樣的事情在歐洲會比較容易被接受，因為那裡比較常見有錢家庭之間互相聯姻，再加上歐洲的文化符碼，會正當化世代之間的資本傳遞。但是，大衛森說，就算是在有錢的歐洲家庭中，你也只會聽到成功的故事。「你不會聽到他們說有誰的人生因此一落千丈。這種故事對自信心沒什麼幫助。」

STEP有一個完整的爭議信託與不動產部門是負責處理家庭內部衝突的，《STEP期刊》（STEP Journal）的一篇文章中描述，他們販賣位於巴哈馬的境外信託服務是為了為了「保護代代相傳的家庭財富」，並解釋說「內部的敵人也應該納入考量。直白地說：你要如何阻止家庭按下自我毀滅的按鈕？」

大衛森指出了一個信託特有的問題：他們允許族長在躺進墳墓之後繼續控制家庭的金融狀況。受益人閒坐在一旁等待受託人一點一點地派發財富，所以，他們甚至不會在精神上覺得自己擁有財富；他們永遠都是乞求者。「若能有選擇的話，我寧願當初沒有誕生在有錢的家庭裡，但我也從來沒有想過要放棄這些財富。」已故的西敏公爵說。「我不能把這些財產賣掉。它們不屬於我。」他在二〇一六逝世，根據報導，家族中的信託與保護財產的相關方案使他們逃掉了三十億英鎊的遺產稅。

使得這些問題更加複雜的，是可能會有人用邪惡的、犯罪的或不適當的方法來繼承這些財富或者把財富藏起來——而這是很常見的狀況。在唐納・川普的顧問保羅・馬納福特（Paul

Manafort）的其中一位女兒的手機被人駭進去後，被洩漏出來的細節進一步揭露了更深層的憂慮。其中一位女兒傳給另一位女兒的訊息寫道，她們的父親「沒有道德或法律準則」，又寫道「我們擁有的錢是沾了血的錢。」（在這位女兒寫下這些訊息的時候，馬納福特即將要接受審判，他所面對的起訴內容包括了洗錢、銀行詐欺、妨礙司法和未記錄外國遊說工作。他對該起訴內容提出無罪抗辯。）在有錢人的世界中，似乎人人心中都具有法律不服從的精神。雖然要量化相關數據是很困難的事，但二〇一七年一則斯堪地那維亞的研究發現，在一般族群中的逃稅比例約落在三％，但在最有錢的那〇・〇一％人口中，逃稅比例上升到了二五％至三〇％。在社會不平等的國家中這個數字可能還會更高：美國參議院針對瑞士信貸所做的研究指出，他們所調查的帳戶中，有八五％至九五％的帳戶都對沒有向稅務機關申報納稅。

鉅額財富似乎也會引起異常殘酷或惡毒的性情。倫敦金融城或華爾街的交易人喜歡使用粗暴的用語：成功的交易是「強姦和掠奪」或者「鞭打與灼燒」。前任高盛合夥人葛瑞・史密斯（Greg Smith）在紐約時報公開了一封信件，描述了在高盛的公司文化中「人們會用非常無情的態度討論如何剝削客戶，讓我覺得極度不適。」超級有錢人使用的某些策略以及他們擁護的某些政策其實只會帶給他們少許利益，但卻會造成他人極大的痛苦。唐納・川普在二〇一七年提出的一項減稅套案預計能夠替最有錢的那群人增加僅僅二％的平均年收入，但卻會帶來許多重大災難，根據估計，其中也包括了二十萬人的死亡，而且這些死亡都是可預防的。這讓我們回到了這個問題：這些態度是從何而來？如今有這麼多案例讓我們看到財富會帶來不幸，那麼財富的目的又是什麼？

答案有很多種。記者亞歷克斯．瓜多羅斯（Alex Cuadros）記得他在二〇一二年正好有機會能探詢其中一種答案，事情發生在他協助調查的彭博億萬富翁指數（Bloomberg Billionaires Index）公布的幾天前。他接到一通電話，來電者是在巴西能源與物流巨賈艾克．巴蒂斯塔（Eike Batista）手下工作的一位公關。他們當時已取得了一份巴蒂斯塔資產的詳細清單，包括了他的灣流噴射機和巴西航太噴射機的照片、價值四千二百萬的博星遊艇「巴西精神VII」，甚至還有停在他的豪宅客廳裡的賓士麥拉輪跑車。巴蒂斯塔的人聽說了彭博社打算要把他評為全世界第十有錢的人，身價三百億。公關在電話裡說，這樣的評比不夠好，接著把電話轉給了巴蒂斯塔本人。

巴蒂斯塔怒氣沖沖地說，彭博社低估了他其中一個金礦的價值。他的事業王國正在賺進更多現金，正「像尤塞恩．博爾特（Usain Bolt）」向前奔跑，他說他能保證，等到下一次的收入數字出來之後，彭博社將會看起來「很蠢。事實上，我到時候會推特這件事。」巴蒂斯塔滔滔不絕了好一陣子，後來還因為太過興奮而開始語無倫次。近來的媒體報導揭露了這位拉丁裔美國億萬富翁在和他的繼承人進行秘密會議時，打電話給當時世界上最有錢的人，墨西哥億萬富翁卡洛斯．斯林姆（Carlos Slim），告訴他「Te voy a pasar!」（我要追過你！）人們越是有錢，就越是傾向於用財富來定義自己，這樣的傾向讓他們更加渴望追求財富、被同儕看見自己追求財富，以及讓他人看見自己變得比同儕更有錢。

巴蒂斯塔還給出了另一個追求巨額財富理由，又或者說是自我辯解，這個理由與競爭力訴求和金融詛咒息息相關。他說他的錢是能夠幫助巴西前進的生產性資本。他喜歡想像手下員工的生活：他們住在哪裡、吃什麼、孩子在學校的樣子、餐桌前的快樂臉龐——這位億萬富翁想像自己是財富與工作的創造者。「巴西人總是很欽慕美國夢。」他說。「現在巴西也有了巴西夢，我就是一個例子。」他用「誠實」這個字來替自己的誇誇其談增色——這樣的字眼與巴西的普遍懷疑正好相反：巴西人質疑這些超級有錢人都是透過不公平的、骯髒的、犯罪的手法致富的盜賊。

韋伯倫（Veblen）漠不關心的這種英雄、誠實與財富創造者的形象對於眾多富豪來說是必需品。這樣的形象暗示了無論企業或者億萬富翁的財富帶來了什麼樣的進步——包括更優惠的稅率法案或者更棒的工人權利——最終都會讓整個國家在某種大型全球競賽中更進一步。「我希望我的國家能和其他國際公司公開競爭。」巴蒂斯塔說，這句話混淆了兩種截然不同的競賽形式。「輪到巴西佔據第一名了。」

對許多億萬富翁而言，金融詛咒是令人厭惡的東西，因為金融詛咒會把他們從財富創造者轉變成財富汲取者，他們的所作所為不再推動愛國主義的理想，反而有可能扯後腿。若你檢視彭博億萬富翁指數，你會發現幾乎所有位於頂端的人都是財富汲取者，更確切的說，他們是財富壟斷者，一般而言，這些人的公司都設立在各個避稅天堂中，有時他們的個人財務事務也同樣位於避稅天堂裡。在二〇一八年的清單中，位於頂端的是亞馬遜的總裁傑夫・貝佐斯（Jeff Bezos），他可以是所有事物的壟斷者。第二位是創造了微軟視窗的類壟斷者比爾・蓋茲（Bill Gates），再來是投資組合壟斷者華倫・巴菲特，他曾公開承認他只傾向於投資那些沒有太多競爭的事業。名單上的第五位是臉書的社群網路壟斷者馬克・祖克柏（Mark Zuckerberg），還有墨西哥的優步壟斷者卡洛斯・斯林姆，他如今被科技產業的新巨頭擠到了第七名。這些人能致富的原因都來自於反壟斷法或反壟斷執法能力的減少或缺乏、境外金融的崛起、西方與其他經濟體的金融化，以及政府的普遍退卻。在此又出現了富豪為什麼會無休止且幾乎毫不考慮地追求財富的另一個理由，或者說辯解：財富創造者的英雄迷思緊密結合了自由主義、反政府、反社會的意識形態，這樣的意識形態遍及了避稅天堂、全球金融的世界、高收入階層，超級有錢人的階層更是如此。若你在境外、倫敦金融城或者信託與財富管理人的世界中花一些時間和這些人交談，你會發現自己再三遇上同樣的態度。第四代雷德利子爵（Viscount Ridley）的有錢兒子麥特・雷德利（Matt Ridley）是老伊頓校友，他曾說政府是「一隻跳蚤，在這個世界上較有生產力的這群人背上追逐私利。政府做的事不是管理國家；而是寄生於國家上。」他說完這段話之後沒多久，他擔任董事的北岩銀行因為倒閉而需要政府提供高額紓困金。

二〇一六年，我在巴拿馬的一間酒吧裡和巴拿馬頗負盛名的律師阿多夫・利納雷斯（Adolfo Linares）談及這件事時，他不斷強烈地表達這樣的態度——我在一個又一個避稅天堂中時常遇到這種事。他說，像法國或德國這種稅率極高的國家就是「稅務地獄」。問題不在於有錢人逃漏稅，而是政府花了太多錢。利納雷斯說自己是「驕傲的STEP成員」，我一再詢問他有關於巴拿馬幾乎全空的住宅摩天大樓的狀況，這些住宅大樓在晚上幾乎是全暗的，你在巴拿馬市隨便找一個人問，那個人都會告訴你這些住宅的擁有者基本上都是哥倫比亞販毒產業中的巨頭。每次我詢問，他都會生氣地質問我為什麼想要知道這件事，最後他的態度終於轉為和緩，他說「我們這裡的唯一一件慘事，就是正好位於全球最大的毒品進出口國和全球最大的毒品消費國之間。這是我們的詛咒。」聽起來很有道理，但這只是表面上看似有理而已：巴拿馬一直都在蓄意尋求不義之財。經濟合作暨發展組織是由數個有錢國家組成的團體，它們監督國際系統，目的在於使全球金融透明化，擊潰避稅天堂，他說經濟合作暨發展組織「受到社會主義者的入侵」，這個組織提倡的精神代表了「稅務帝國主義、財務掠奪——它們的目的是支持那些被自己的官僚主義拖垮的福利國家」。（他似乎從來沒想過福利系統之所以會崩垮正是因為有錢人在避稅或者進行財富榨取。）相反的，境外避稅天堂提供了自由。「我的基金就是我的，也只會是我的。」他繼續說，「我相信自由是生命中最重要的事物。」

而金錢能在法律層面上買到的自由多到令人驚訝的地步。研究人員布魯克・哈靈頓（Brooke Harrington）為了研究私有財富取得了STEP經理人的資格，她還記得曾有一位財務經理跟她說過，在她和老闆一起到蘇黎世機場搭機離開歐洲去見客戶的時候發生的事。她在路上發現自己把護照丟在家裡，但老闆卻叫她別擔心，他很確定他們兩人只要招招手就能通過海關，離開蘇黎世，抵達另一個國家，坐進到時候正等待他們的加長禮車，直接去會見客戶。「總經理說的是對的。」那名財務經理說。「這些人，這些最有錢的客戶，全都凌駕於法律之上。」二〇〇五年，身價上億的莫斯科金融家兼掮客亞凱迪．蓋馬克（Arkady Gaydamak）也跟我說了類似的故事，當時我詢問他是否曾經在受到國際拘捕的狀況下前往法國、英國或美國。他沒有確認或者否認他曾到過英國的傳言，但他說：「你難道沒有看過電影嗎？你不覺得我應該想去哪裡就可以去哪裡嗎？」哈靈頓還記得在STEP的訓驗課程中曾出現過這種心態的例子，當時他們在學習要如何運用信託隱藏資產，躲避合法債權人。她解釋說：「就算這些人打輸官司或者欠下無法還清的債務，只要他們的資產位於庫克群島信託，他們就可以說：『唉呀，我不太想付錢呢，來抓我呀。』」

在避稅天堂、信託和財務管理企業中，稅金只不過是一小部分；這些事物對管理複雜的家族金融事務來說有很大的助益。但如果說有一個命題能夠統合這三樣事物的話，那必定會是「要如何在犯罪活動出現時找出方法繞過法律或者直接凌駕法律」。

信託和避稅天堂替有錢有權的人創造了一套規範，又替其他人創造了另一套規範，對我們的民主體制造成了顯著的危害。出生於挪威的法國預審法官艾娃．喬理（Eva Joly）個性鍥而不捨，她找到了二次世界大戰以來歐洲巨大貪腐案件億而富案的破口，並解釋真正的錢為什麼通常不是創造於**國家內**，而是在國家**之間**、在他處、在境外、在無名之地、在那些沒有規則的地方被汲取出來，「法律是在國家內創造出來的。金流則在國界之間流動。」她寫道。「地方法官就像是義大利式西部片中的警長一樣，只能看著那些盜匪在格蘭河對岸大肆慶祝。他們奚落我們，而我們則無計可施。」

在喬理調查億而富案的期間，一位朋友介紹了一位名叫法蘭茲的男子給她認識，法蘭茲在一天晚上把她帶到一旁。「女士，法庭能夠審判九八％的重罪案，但有二％是漏網之魚。那二％是國家的秘密。你被許許多多強權的利益包圍住了。你要注意：國家有專門的維護者在保護這些秘密，他們可不是什麼溫柔的人。你要理智一點。」於是喬理找來了警察保護和克維拉防彈外套。「我覺得自己好像走進了一個未知的世界，裡面有自成一格的法律系統。」她的辦公室門縫下被塞進了一張卡片，上面列出了二戰後被殺掉的每一個法國地方法官。每一個名字上都被劃了一條橫槓，只有她的名字例外。「我在法國和其他其他國家看過太多類似的例子了，這些國與國之間的腐敗現象與各種黑手黨手段。他們擁有一樣的網絡、一樣的心腹、一樣的大理石別墅。」她寫道，「我們以為犯罪潛伏在社會的陰影之中。但實際上我們卻發現犯罪其實和國內的大型公司與最高尚的政客關係密切。」

海外、犯罪、金錢和政治並不是系統的扭曲變形；它們就是系統本身。

逃避法律的超級有錢人對於為何追求更多財富有自己的理由和辯解，但是在不平等日益加劇的世界與許多寡頭政治的國家中，幫助億萬富翁們逃離法治、傷害他們也參與其中的社會的那些財務經理呢？雖然財務經理可以賺到許多錢，但除非他們和客戶結婚，否則他們自己是不可能變成超級有錢人的；他們的薪水，縱算是那些最頂尖的財務經理的薪水，通常也都比資深銀行家還要低上許多。

照顧有錢人的財富是「非常私人的工作。」法國財務與顧問經理皮爾．德拉朗德（Pierre Delalande）說。「管理者必須像是他們的朋友、像是家庭醫師一樣，必須對家庭成員的所有財富與災難都瞭若指掌。」財務經理的動機與他們客戶的動機會有一定程度的相似性，但整體來說兩者是不同的。許多財務經理都知道在道德灰色地帶處理事情的訣竅。有些財務經理熱愛技術挑戰；一位美國財務經理說，「在世界各地和稅務機關玩貓抓老鼠遊戲帶來的致力挑戰」讓他感到樂趣無窮。然而，由於專業人士也同樣具有情感，他們會想要盡最大的努力照顧好客戶及其家人，所以他們的反社會傾向其實並沒有像社會大眾所認為的那麼強烈。

根據哈靈頓的估計，她曾訪問過的財務經理中只有二〇％至二五％的人抱持「真正堅定的自由主義態度」（例如巴拿馬的阿多夫．利納雷斯），也就是說他們並不真的認為總是會有「社會主義者」潛伏在每件事情背後，也不認為高稅率國家的貪婪是導致造成世界弊端的原因。但他們之中有足夠多的人似乎「完全沒有思考過自己在說什麼。我不認為他們真的明白自己說的某些話有多極端。」一位前任的巴哈馬私人銀行家曾告訴我，那些具有道德準則的財務經理其實就只是

「想辦法不摸自己的良心」，不斷告訴自己至少你是在幫助某個人——某個你認識的人及其受了傷害的脆弱家人。

那避稅天堂這件事本身呢？避稅天堂這樣幫助那些超級有錢人擺脫自己國家的法律與稅務，能從中得到什麼好處嗎？也不太算。避稅天堂能獲得的好處通常比一般人認為的還要更少，而且，相較於法規對國家造成的傷害而言，這些好處顯得微不足道。以英屬半殖民國家開曼群島為例，當地政府的確可以因為在國內流通的數兆元金流而獲得少許收入，但絕大多數的錢都被短暫過境的外籍白人工作者帶走了。在美國的信託競賽中展現出積極態度的參與者南達科他州幫助了美國最有錢的數個家庭，這樣的作為帶來的收入金額是該州稅收的〇・〇六％，相關產業所雇用的人員佔了該州勞動人口的〇・〇二％。南達科他州協助的家庭包括了繼承箭牌口香糖公司（**Wrigley**）的普立茲克家族（**Pritzkers**）；雷迪森連鎖飯店（**Radisson**）的擁有者卡爾森家族（**Carlsons**）；的避險基金巨頭約翰・納許家族（**John Nash**），他們協助有錢人藏起資產，躲避適用於普通美國人的一般規則與法律。上述的業務有超過一半都是在蘇瀑市（**Sioux Falls**）的一棟外表略老舊的雙層建築中進行的。若把所有因素考慮在內，南達科他州很有可能因此在財務上出現淨損失，更不用說美國了。

「在這種狀況下，沒有人會贏。」美國的有錢出版商查爾斯・大衛森說。「律師想要隱藏這件事，如此一來他們才能繼續藉此賺錢，彼此串通，做出不利於客戶的事。不過，我還是認為他們其實是受害者。」或許用「不幸福產業」來描述財務管理業會比較精準。然而話說回來，雖然這些超級有錢人的確遭受了一些不幸，但相較於位於金融財富榨取機制末端的大量受害者而言，這些超級有錢人真的沒什麼好抱怨的。

第九章　私募股權

責任有限，獲利無限

英格蘭中部一座小鎮的邊陲矗立著一棟低矮的建築，這裡是私募股權公司旗下的私人企業凱萊居家照護有限公司（Careline Homecare Limited）的總部。當地政府付錢給這些公司派遣護理人員到長者或弱勢群體家中協助他們進食或洗澡、替他們購物、給予醫療照護、幫他們洗衣服或打掃環境，打開窗戶讓空氣流通。政府機關不會向無法支付費用的家庭收錢，但擁有足夠資產的病患必須支付服務費。該區域多數房產的售價不高，同樣金額在倫敦的某些地區連一間閣樓都買不到，因此多數病患都是由政府機關資助。

相較於這個行業中的其他公司，凱萊、病人與工作者的故事似乎並不算是特別惹人厭，而擁有凱萊的公司似乎也沒有其他私募股權參與者那麼具有攻擊性。然而從我的角度看來，凱萊這間企業依然能清楚描繪出私募股權模式對英國的經濟與社會帶來的危險。

表現上看來凱萊似乎十分平凡，但若你認真探究該公司的帳目，就算你並不專精於會計領域，你也能馬上看出該公司的帳目內容是非常純粹的金融化：他們引入了金融技術，而且，他們使用債務的方式顯然是想要從這個由政府資助並且資金短缺的系統中獲取財富。在我撰寫此書的當下，凱萊家庭照護的擁有者是市郡健康保險集團有限公司（City & County Healthcare Group Limited）。這間公司的擁有者是市郡健康保險控股有限公司（City & County Healthcare Holdings Limited），該公司的擁有者是C&C商業與企業發展有限公司（C&C Bidco Ltd），該公司的擁有者是C&C控股有限公司（C&C Holdco Ltd），該公司的擁有者是C&C醫療器材與診斷有限公司（C&C Midco Ltd），該公司的擁有者是C&C頂層有限公司（C&C Topco Ltd）。至此已有七層高的公司高塔了。

上至C&C頂層有限公司這層級之後，狀況開始變得模糊不清。二〇一八年，市郡頂層有限公司列出了二十四位企業共有人，以及一系列名字相似的基金，例如石墨資本合夥VIII A LP（Graphite Capital Partners VIII A LP）、石墨資本合夥VIII頂上基金A LP（Graphite Capital Partners VIII Top Up Fund A LP）等數個基金。那麼，這些基金又屬於誰呢？根據石墨資本VIII頂上基金A LP的紀錄，它在英國公司註冊處的一份聲明上簽署的名字是「代表石墨資本普通合夥VII LLP（Graphite Capital General Partner VII LLP）與石墨資本合夥VIII（梗西）LP之普通合夥人

（General Partner of Graphite Capital Partners VIII (Guernsey) LP）。」順著「VII LLP」向上追查，你會找到一個位於梅菲爾的高級地段伯克利廣場（Berkeley Square）的地址，該地址是名為石墨資本（Graphite Capital）的私募股權公司的總部。石墨資本擁有或共同擁有的企業包括了日本連鎖餐廳Wagamama、文具店Paperchase、倫敦獨有的俱樂部Groucho、連鎖經濟旅館黃金鬱金香（Golden Tulip），還有一系列服裝與鞋靴產業、潛水氣瓶製造業、處理牙醫支付計畫的公司、汽車輪胎經銷商，以及擁有凱萊的市郡健康保險。

若你想要在公司業務中找出金融化，最簡單的方式就是檢視像石墨資本這樣的投資人使用的是哪一種語言。石墨資本在官方網站上熱情洋溢地宣稱健康與照護的「市場」正享受「有利的人口結構」，有效率的公司「可以迅速地增加市佔率」。英國有超過六十萬人在居家照護行業工作，居家照護（home care）與聽起來相似的照護中心（care home）不同：居家照護的病人會待在家裡，照護中心的病人則必須前往雇用照護人員的特定地點。英國大約有九十萬人正在接受居家照護，大多都已超過六十五歲，英國每年大約會花五十億在居家照護上，大多都是由當地政府的健康基金預算來支付。這五十億中，超過八成的錢都會流經像凱萊這樣的私人企業。「有利的人口結構」指的是英國的人口正逐漸老化，未來將會有數百萬人需要照護服務，也就是說當地政府將會為此灑下更多錢。

近來當地政府的預算刪減已對這樣的服務造成了極大的影響，這代表英國將會出現更多痛苦的人和更多需求——在私募股權公司眼中，這代表的是照護產業中出現了投資機會。「他們能看見這個產業具有的潛力。」私募股權的員工阿諾德·惠特曼（Arnold Whitman）說，他曾協助創立一間創投公司，該公司「聚焦於創新與高齡化之間的交集」。他說，在科技帶給居家照護「進步」之後，「這個產業變得更有吸引力了」。私募股權公司認為這個行業是「聰明的賭注」——用低廉的價格買下照護公司，透過「榨取資源」將「價值解鎖」，接著利用成功的「退場策略」把公司賣掉以賺取利益。他們會津津樂道地討論「乾火藥」（dry powder）——過去在軍事武器中指的是準備好可以使用的槍枝火藥，如今代表的則是投資人承諾要投注至可投資融資庫中，但尚未真正投資的現金。石墨資本及其擁有的公司自誇說他們在尋找「強大的內部增長」，並且「在提供更加複雜的照護需求時將敏銳度曲線拉高」。如果你在閱讀這段描述照護系統（或許你的祖母就身處於這個系統中）的文句時覺得有些疑慮的話，我可以向你保證，你不是唯一一個有這種感覺的人。

二〇一七年八月我拜訪凱萊時，沒有任何跡象表明凱萊與石墨資本之間的關聯性，一位友善的女人趁著在前門休息抽菸時告訴我，那天沒有人有時間回答我的任何問題。因此，我轉而開始追蹤兩名資深員工。潔姬同意和我在數英里之外的一間咖啡廳見面。她是我在年老之後應該會喜歡的那種照護人員：樂觀、鎮定、直接了當、認真工作、充滿力量，像是一座高塔。依照官方說法，她每個小時能賺八點二英鎊，通常每天的一次值班會拜訪二十五位「客戶」，這樣來回往返之下大概要花上十二小時。「所以，你可能會遇到罹患失智症的人。」她說。「我們要帶藥過去，確保他們把藥吃掉。他們會告訴你他們已經吃過了，他們可能真的覺得自己吃過了，但你一定要注意他們是不是真的有吃藥。你要弄清楚他們的冰箱和櫥櫃裡都裝了些什麼。」她拿到了兩套制服，所以每天清洗一套。這份工作很辛苦，但她說對客戶的愛讓她願意辛勤工作。「你會和特定的人建立連結。很多時候我會把他們的問題帶回自己家，我會因為擔心他們而大半夜睡不著，像是我會怕他們從床上掉下來，旁邊卻沒人能幫忙。」凱萊的經理很嚴格，但她跟經理的關係良好，「因為我會把工作好好做完」。

潔姬說她的配偶賺的錢還算夠，兩人的孩子都離家了，所以他們的生活不算拮据。「我不受錢所困擾。」她抬起手說。「我沒有時間去思考那種事。我能拿到薪水，就這樣。我們不喝酒，但我們會抽菸，這已經是很奢侈的享受了。我沒辦法靠著我賺的薪水自己過活。」潔姬是忠誠的工黨支持者，當初公投時反對脫歐，雖然她在過去幾年間注意到了凱萊的擁有權出現了幾次重大改變，但她對於凱萊的擁有者是誰一無所知。她說，其中有一次凱萊轉手是因為一位獨立生意人「必須把我們（她和她的同事）跟其他財產一起賣掉」。

潔姬不知道凱萊的擁有者是誰，這件事並不令人訝異，因為凱萊之上的公司結構非常複雜，而且潔姬的世界與公司擁有者位於梅菲爾的世界之間距離無比遙遠。但複雜的結構與遙遠的分隔恰恰是私募股權的企業模式中不可或缺的一部份，這個部分本身就是金融詛咒的重要元素之一。

私募股權的基本概念，就是公司的擁有者邀請公司外的投資人把錢注入擁有者設立的資本庫之中。接著，公司將會把資本庫中的錢拿來投資，可能是買下或擴增另一間公司，或者集中把錢投注至另一間公司上——例如說披薩連鎖餐廳。他們借貸更多錢，把公司打散重組，希望能藉由賣掉公司大賺一筆。然後，經營私募股權公司的大人物、投資大人物們的局外人，以及借貸給他們的金融家將會依據事先設立好的規則，瓜分投資庫帶來的利益。

私募股權公司最喜歡說的英雄故事，就是他們接手了狀況不佳、搖搖欲墜的公司之後，把公司中的懶鬼通通轟出去，做出痛苦的選擇，並重新建構公司使之恢復健康，發動資本化的新引擎，在過程中讓每個人都賺了大錢。投資人把私募股權與避險基金都稱作另類投資，但這是兩種不一樣的投資方式，主要是因為投資的對象不同。一般而言，避險基金是短期投資，迅速地在債券、衍生工具、原物料、股份或特別的債務工具之間穿梭，針對市場上的價格差異打賭，總是不斷變化，有時會在購入的幾天內，甚至幾個微秒內就把商品賣掉。相反的，私募股權則傾向於深入控制公司並進行重新建構，而後進行大規模買賣，過程可能會花上好幾年的時間。在這兩種投資中，負責主導這場表演的巨頭通常會每年收取投資金額二％的手續費，再加上或許二〇％的利潤，接著再將投資庫中剩下的金額歸還給局外投資人（有些人稱之為二與二十公式）。私募股權公司不會被列入公開的證券交易所中（所以才叫做私募股權），這使得管理人無需每季拿出亮眼成績給短期股東，免除了壓力。總而言之，這就是私募股權的英雄故事，就像其他金融領域一樣，私募股權所做的事也具有「有用的」核心價值。但在光鮮亮麗的表現之下，就是更加黑暗的故事了。

原則上來說，私營企業經營照護中心並沒有什麼不對；舉例來說，相較於直接替地方政府工作的員工而言，一對夫妻可以提供更好、更個人化的服務給四十位病患。問題並不在於私營**企業**，而是私募**股權**，私募股權是侵略性的企業模式，只要能找到管道就會盡可能地以金融技術從企業利害關係人身上榨取財富。在此借用海尼根的舊廣告標語：私募股權能榨取其他公司無法榨取到的金錢*。在英國經濟體現存的金融化商品中，私募股權或許是最顯而易見的範例。

私募股權的崛起時間是一九六〇年代，當時美國投資銀行貝爾斯登公司的資深職員傑若姆．科爾伯格二世（Jerome Kohlberg Junior）開始敦促手下的雇主別再單純向公司提供建議並幫助公司賺錢，應該要改為著手開始買下這些公司。他提出了一些奇妙的方法提高利益。他說服銀行設立一個新部門，專門購買狀態強健良好、金流表現也佳的公司，然後——這就是第一個詭計——讓銀行買下的這些公司（我們稱之為投資組合公司）**向銀行**申請貸款，金額可能是當初購買價格的九〇%，接著把絕大多數貸款（或者所有貸款）都轉給公司的新擁有者。若事情發展順利，貝爾斯登公司及其管理階層就可以從投資組合公司身上賺取利益，還可以利用投資組合公司的稅

＊ 譯註：海尼根的廣告詞是「海尼根能振奮其他啤酒無法振奮的精神。」

單來抵銷新貸款的利息支付成本。到時候就算投資組合公司破產了，貝爾斯登公司也無需負擔債務。原因在於神奇的「有限責任」法。如果有限責任公司破產了，從法律責任上來說，公司擁有者賠的錢最多只會跟當初投資進去的金額一樣，不會更多。所以他們會確保投入的金額越少越好，讓其他人補足餘下金額。這就有點像是如果我和王小明一起創業的話，我讓小明只擁有一點點或者幾乎沒有公司管理權，並能夠獲得利益，但之後如果創業失敗了，我可以安全離場，小明則必須肩負債務。

為什麼投資組合公司的管理者願意接受這種商業模式呢？主要原因在於銀行會用提供適當的「獎勵結構」給投資組合公司的老闆，來美化這筆交易，這麼一來老闆也能發大財。真正有可能會肩負債務的是投資組合公司裡的其他利害關係人——例如員工或者債權人——他們就是投資組合公司裡的王小明。這種「正面我贏，反面你輸」（在獲取利益的同時把損失轉移到其他人身上）的公式正是「別人的錢」，也就是ＯＰＭ這個老遊戲的另一種形式，我曾在第七章描述全球金融危機時提到，這個老遊戲是人們在魯莽賭博時很常出現的要素。貝爾斯登公司能拿到越多ＯＰＭ注入資本庫中，他們就能從中獲得越多常規服務費與利潤分成。若他們能講得一口好故事，同時本身又是具有良好背景與支持、看似可靠的人，那麼他們就能輕而易舉地拿到ＯＰＭ。

科爾伯格發現，這種槓桿收購（leveraged buyout，簡稱ＬＢＯ）可以賺進高到不可思議的利潤。因此，他在一九七六年離開貝爾斯登公司，和亨利．克拉維斯（Henry Kravis）、克拉維斯的表兄弟喬治・羅伯茲（George Roberts）一起創立了一間新公司「科爾伯格・克拉維斯・羅伯茲」（Kolhberg Kravis Roberts），簡稱KKR——也就是我在序章提到的那間擁有Trainline的公司。這是全球首間嚴格意義上的私募股權公司，不過沒多久之後，他們和其他公司就變成了眾所皆知的LBO公司。但這些公司侵入者（corporate raider）面臨了一個問題：要如何說服銀行家出借基金給他們，讓他們推動這個遊戲。他們很幸運，一名新玩家在此時出場：德克索投資銀行，也就是海盜一般的垃圾債券大王麥可・米爾肯（Michael Milken）的公司。

德克索玩的是一個截然不同的OPM遊戲：先從LBO交易中借錢，接著把貸款（也就是後來廣為人知的垃圾債券，這個名字來自於貸款的高風險）賣給其他比較不明白狀況的參與者，例如保險公司或者過時的儲蓄與貸款機構，用高利率誘惑他們，並說服他們此債券的利率值得這麼高的風險。市場在「咆嘯的一九八〇年代」起飛，願意買垃圾債券的樂觀投資人多到不可勝數。LBO的交易金額從一九八一年的三十億上漲到了一九八九年的七百四十億。

當時的服務費通常會大於公司交易金額的六%，米爾肯很快就變成了歷史上收取最多他人支付款的金融家。然而在一九八九年，美國聯邦大陪審團指控米爾肯涉入史上最大的一件針對華爾街個體的犯罪勒索行動。「華爾街受到嚴重犯罪問題的汙染。」曼哈頓的一位代理檢察官這麼形容。LBO就此失靈；債務市場乾涸；市場狀況天翻地覆，眾多在槓桿收購交易中被買下的高度負債公司因此倒閉。但這只不過是途中的一個小顛簸。雖然LBO幾乎變成了濫用的代名詞，但各巨頭依然決定要再試一次，因此，他們用一個全新的漂亮名字重新塑造了這個企業：私募股權。

與此同時，一位充滿智慧的全新救世主出現了，他是哈佛商學院的教授麥可・詹森（Michael Jensen），他曾在芝加哥大學受訓，想出了幾個與商業策略有關的新主意。一般的公營公司——例如英國石油或者特易購（Tescos）——的擁有者是一群來自四面八方的股東，而負責管理公司的則是另一群人，也就是管理者。詹森在一九八九年至一九九〇年間於《哈佛商業評論》發表了好幾篇重要論文，並在這些論文中高聲疾呼這兩群人的利益並不一定相同。公司裡沒有足夠強大的誘因讓管理階層替股東看管錢財，因此導致了他所謂的「廣泛浪費與無效率」。他強調，最重要的是在「公司控制」的金融「市場」中，美國的各大企業都需要一群新培養出來的巨星的擁有者兼管理人，增進系統的效率。這些人會為了追求自己的利益如狼似虎地戰鬥，買下臃腫的過氣公司，把它們轉變成靈活的高效率利益機器。他說，第二重要的是這些公司應該要大量借錢，因為「債務的紀律」會讓擁有者兼管理人更加專注在獲利上。第三，如果你把薪水和表現緊密結合的話，那些已經高度專注的經理將會在工作時更加努力、更加聚焦於生產利益上。退休銀行家兼私募股權時事評論家彼得・莫里斯解釋，大體上這個概念就是「吃了類固醇的資本主義」。

詹森的想法立基於股東價值的概念，更準確地說，這種想法就是股東優先的概念。這個概念從本質上背離了舊時代的「公司運行時要同時抱持許多目標」的想法。彼得・杜拉克（Peter Drucker）在一九四六年的經典研究《企業的概念》中提出，大型企業是「美國的代表性社會機構……大企業以社群身分表現出的社會功能是非常重要的，其重要程度等同於大企業以高效率生產者的身分表現出的經濟功能。」這就是支撐了快速成長黃金時期的企業思想。企業不只創造利潤；它們也創造好工作、好產品、稅金和健康的社群。股東只是關鍵受益群體的其中一群人而已。這種營運公司的方式一直到一九六〇年代末期都還是廣為人接受的觀點。

然而在一九七〇年，米爾頓・傅利曼投稿到《紐約時報雜誌》的文章〈企業的社會責任是提高利潤〉就像是往這樣的共識中丟了一顆火焰炸彈。他寫道，企業領導唯一需要負責的對象只有他們的股東。在他看來，那些無病呻吟的概念，例如社會責任、支付稅金、給付員工高於低標的薪水或者設立較安全標準等等，都只不過是「集體文化主義」和「從根本上顛覆社會」的東西。那些沒有正大光明追求利潤的企業領導人是「無知的玩偶，受到那些破壞自由社會基礎的知識分子所操控」。傅利曼強調，這些財富創造者所賺的錢都會重新投資到別的地方，到了最後，每個人都能幸福快樂的過日子。

傅利曼的論點充滿自由主義的味道，抓住了時代的精神，如野火燎原一般迅速散布出去。芝加哥學派對於效率與利益市場的觀點正逐漸擴散到美國與世界各地。蘇聯與華沙公約成員國的軍隊在不久之前入侵了捷克斯洛伐克，破壞了自由化的進程，給予西方世界新的急迫性與正當性去追求「自由」這個包羅萬象的字眼。詹森接下指揮棒後，把金融家推升到這個組織經濟的新系統頂端，讓他們變成「造雨人」（rainmaker），從周圍的個人與機構身上汲取金錢，這些錢是建造國家工廠的必需品。」上述種種狀況結合起來之後推動了大幅改變，引用一位會計師的話，這種改變幫助了「華爾街用『金融控制公司』取代『管理控制公司』」。英國也發生了類似的狀況，但時間比較遲一些：英國的收購一直到一九九〇年代才真正開始盛行。

達夫·麥唐納（Duff McDonald）解釋說，哈佛商學院全然接納了詹森的意見，這使得商學院從一間試圖創造出積極商業體的機構，變成了華爾街的領頭羊。「基本上，他們等於是舉白旗投降然後說：『管他的，現在開始我們的目的就是錢了。』隨後他們的募款金額出現了顯著上升，這絕不是巧合。」專精於企業創新的學校教授克雷頓·克里斯汀生（Clayton Christensen）持反對意見，他解釋了這種新的思考模式會帶來多大的破壞。「在主流商業學校中，金融學教授與經濟學教授在過去四十年間創造出了一間教堂。我稱之為金融新教堂。他們教導教義的力度等同於天主教教堂宣傳教義問答的猛烈程度。」他描述了人們對於財務比例與分數抱持的狂熱，以及他們有多癡迷於資本的最大化金融回報。

財務比例包含了淨資產報酬率（return on net asset，簡稱「ＲＯＮＡ」）、內部報酬率（internal rate of return，簡稱「ＩＲＲ」）、投入資本回報率（return on invested capital，簡稱「ＲＯＩＣ」）每股盈餘（earnings per share，簡稱「ＥＰＳ」）等幾種。從本質上來說，這些比例都是用已動用

資本或資產去除以利率或收入，它們把商務和瘋狂且強大的數學算式綁在一起。你可以拿任何比率做例子。想要提高比率有兩種方式。你可以創造分子，在比率中分子代表的是利潤或營收或回報——是你從外界得來的事物。又或者你可以減少分母，在比率中分母代表的是你的投入，通常是投資這一類的事物。一般而言，增加比率的最輕鬆方式就是縮減分母。因此，若公司投資二億並賺進二千萬，回報比率就是一比十，而若公司投資一千萬並賺進二百萬，那麼回報比率就是一比五，因此前者只有後者的一半成功。如果你把淨資產降低至零，那麼RONA（淨資產報酬率）就會給你無限的回報。這對你的財務而言有好處：一間雇用了五千人並投資很多錢但只賺取微小利率的公司，還是一間借了很多錢又賺了十倍利潤並且只僱用了一百人的私募股權公司？

「只要他們獲得的資本能大於付出的資本，他們就會繼續進行下去，取回資本的速度越快，IRR就越高。」克里斯汀生說。「所以他們在投資的是剝削這件事。」這些比率會使得公司對於內部的雇員、創新、供應鏈和維生方式的重視程度降低，甚至往反方向走。在公司控制的金融市場中，這些東西都只是數據資料。這些比率使得公司想要把金融密集工廠從資產負債表上移除，因此開始刪減投資或進行外包，進一步推動了金融化和金融詛咒。同時它們增加了借貸金額，降低投資在自己身上的資本。任何一個有能力的大學畢業金融學者都能分析傅利曼或詹森的論點，也的確有許多金融學家這麼做了。最大的問題來自於營運工程（operational engineering）——挽救狀態較差的公司以創造財富——和金融工程（financial engineering）——也就是我們熟悉的財富汲取——之間的差異。有時私募股權既含括前者也含括後者，有時會同時進行這兩件事，但幾乎無時無刻私募股權都在進行金融工程。私募股權有動機這麼做，也有五花八門的各種小技巧能做到。

它們使用的最主要方法是借款或負債，這兩種行為都能提供許多益處——但沒有任何一個益處能促使管理者聚焦於建造更好、更持久的公司。債務帶來的第一個好處就是能夠放大回報。舉一個簡單的例子，請想像你用十萬英鎊的財產去買了一棟房子，之後房子的價值上漲了二萬英鎊。你的資本因此上升了二〇%。但如果你一開始先借了九十萬英鎊，再加上你的十萬英鎊去買了十棟同樣的房子，房子的價值升高二萬英鎊之後，你就能用十二億英鎊的價格賣掉這些房子，還清九十萬英鎊的貸款，留下三十萬英鎊。你把錢翻了三倍。這就是金融槓桿的基本原理。

但這之中還有一個問題：如果房價下跌，那麼債務就會放大你的損失。私募股權巨頭使用科爾伯格學到的另一個技倆來應對這種風險。他們不會自己承擔債務，而是把債務丟給自己買下的公司承擔。如果投資的狀況變糟了，那麼承受打擊的就會是公司的其他利害關係人——員工、供應者與債權人。所以請你想像你拿出了自己的十萬英鎊，加上銀行借來的九十萬英鎊買下了那同樣的十間房子，接著把這些房子租出去，在有限責任公司的名下經營這些交易。現在要負責還清貸款的就不再是你了，而是這份產業，如今你的責任是有限的，只需負責你自己投資的那一部分金額——在這個例子裡就是十萬英鎊。如果這份產業破產了，那麼要支付費用的就會是銀行家，你則可以毫髮無傷地離開。甚至還有可能帶著利潤離開。

但是，等等！你這位投資人還是輸掉了原本的十萬英鎊呀。

不，事實並不一定真的如此。讓我們假設，在你把房產生意都處理好之後，你在裝修與保險支出方面走了捷徑。你買了廉價的油漆來粉刷、除了庭院的草又弄來了幾張浮誇的合成照片掛在牆上。你現在把房租又提升了三〇％，增加了新的規律現金流。投資人願意出借的金額通常會是每年現金流的數倍，所以，如果你每年都能靠著房租收入增加三萬英鎊的現金流，你或許可以另外多借到二十五萬英鎊，或者甚至在房價與租金不斷上升的環境中借到三十五萬英鎊。接下來，你把房產生意的錢注入到你自己的特殊紅利中——你不需要對討人厭的股東負責，所以你可以想怎麼樣就怎麼樣。這麼一來，你就把那十萬英鎊全都拿回來了，甚至還有多呢。

可是，現在金融狀況變糟了，許多租客失去了工作，交不出房租。負債過高的房產生意垮了。你丟掉了你投資的那十萬英鎊，但是由於這個房產生意的經營模式是有限責任公司，所以你的責任有限，只要支付原本付出的錢就可以了，也就是十萬英鎊。除此之外的債務都落在其他人的身上：銀行家或投資人，他們必須盡一切可能挽救這間公司。你失去了十萬英鎊，但靠著特殊紅利拿到了三十五萬英鎊，所以總體來說，你私吞了二十五萬英鎊。此外，如果你把公司設立在開曼的話，你或許還能免於支付這二十五萬英鎊收入的稅金。

所以，你透過了「劈砍與火燒」的操作方式把自己的錢增加了超過二倍！如果你可以找到更多瘋狂到願意借錢給你的人，你甚至可以拿那二十五萬英鎊來重施更大規模的相同技倆，而且，瘋狂的人其實並不難找到。事實上，他們也並沒有那麼瘋狂，因為他們之所以會這麼做是有道理可循的。

現在世界各地流通的全球熱錢多不勝數，有好幾兆之多，這是全球金融出現巨大改變之後帶來的產物——人們自貧窮國家中掠奪資金，大量中國儲蓄金如今散布到全球市場中，私有銀行與西方央行不斷憑空創造出新的信貸。這些錢在尋找可以投資的對象——只要是回報率高於低利率德國政府債券的投資對象都可以。而債權人——可能是避險基金或者其他特殊債權人——可以把這些生產收入的貸款包裝成新的擔保貸款憑證（collateralised loan obligation，簡稱「CLO」），借此擺脫貸款，把貸款賣給其他擁有大量現金的投資人。目前全球CLO產業的價值是五千億元，還在不斷快速成長，是又一個強而有力的既得利益產業，它需要的私募股權交易與併購交易甚至比債務還要更多。

這裡還有另一個樂事：在金融系統崩潰時，最後獨撐大局的人往往不是原本帶來債務的人。投資經理、避險基金經理或者銀行家可能都已經賺到自己的紅利了，所以如今我們放眼所能看到的其實都是其他人的錢。最終的受害者將會是投資鍊最底端的輸家——很有可能是你花重本投資的私人退休基金（如果你有這個基金的話）。

所以這就是私募股權在操控的巨大遊戲：買下一間公司，透過重組增加新的現金流，利用這些現金流借貸更多錢，接著把借到的錢注入到公司擁有者的口袋裡，通常這些錢的總額會高於公司擁有者當初買下這間投資組合公司的價格。獲得現金流的方式有很多，最簡單易懂的方式就是削減支出：砍去員工人數、降低薪水、刪減退休金貼、節省投資金額。後來變成了唐納．川普的商務務部長的私募股權大亨威爾伯．羅斯，在獲得了能夠控制美國鋼鐵企業的權力後，正是這麼做的。二〇〇五年他離開時帶走了四十五億，大約等於鋼鐵業員工與退休人士的醫療與退休計畫所損失的金額。

如果你因為這個汲取財富的工具的無恥與直接而感到反感的話，我可以告訴你，你並不孤單，但這種工具很普遍。舉例來說，二〇〇五年私募股權巨頭德克薩斯太平洋集團（Texas Pacific Group，簡稱「TPG」）和倫敦安佰深集團（Apax Partners）一起發起了特洛依計畫（Project Troy），該計畫內容是花十四億歐元收購希臘第三大的電信公司TIM Hellas，然後又收購了一間保健公司。在一年之內，公司的新擁有者就把公司的債務提高到將近十二倍，從一點六六億歐元增加到三十億歐元，透過能讓稅率最小化的複雜證券和Hellas公司的產業鏈，將新貸款所帶來的收入都注入自己的資產中。如果金髮少女時代（Goldilocks era）沒有消退，Hellas或許還能存活下來。「這是搭了活躍市場的順風車，藉此佔了一點便宜。」一位私募股權的職員說。「二〇〇六年時世界很美好，我們覺得自己無所不能。」他們試圖把公司轉賣給其他投資人，藉此賺一筆，在轉賣失敗之後，他們從公司裡提取更多錢，把公司當作提款機一樣不斷榨取現金，接著在二〇〇七年把這間搖搖欲墜、肩負沉重債務的公司賣給了一位埃及的投資人，這位投資人隨後把公司的註冊地點從盧森堡轉到了倫敦，因為倫敦的破產法較為寬鬆，可以把公司的債務一筆勾銷。在二〇〇九年政府接管該公司時，債務清算人說公司被「系統性地掠奪」了。

另一種常見的汲取財富技術是營業公司／產權公司轉移（Opco-Propco shuffle）。該技術指的是一間私募股權公司併購了一間具有許多不動產的公司，並將之分為兩個部分：一間產權公司（property company，簡稱「PropCo」），以及另外一間營運公司（operating company，簡稱「OpCo」）來處理公司業務。私募股權公司會先把產權公司賣掉，但他們不會把賣公司得到的收入拿來投資更有生產力的活動（例如建立負責任的企業），他們把這些錢拿來注入到自己公司裡。在不動產市場崛起的狀況下，這樣的操作方式有可能能夠賺回所有費用——再一次地允許買家在實際上無成本、無風險地狀況下獲得公司。他們甚至還可以設法在賣掉公司的時候賺取更多利益，例如他們可以在交易中納入長期擔保，保證產權公司會用極高的租金把剛賣出去的不動產租回來。擔保內容越友善，產權公司的買家就要支付越多錢，私募股權公司的擁有者就會獲得越多特別紅利，公司也就越有可能會破產。

英國南十字星健康保險（Southern Cross Healthcare）就遇上了這種事，該公司經過了三間私募股權公司轉手，其中包括了美國巨頭黑石集團，最後在二〇〇六年七月透過發行公司股票的方式把南十字星健康保險賣掉，賺了一筆。金融危機發生時，缺乏現金的當地機關開始刪減支付給照護中心的金額，南十字星健康保險因而無法實踐當初的租金擔保。當初的租金擔保是每年二點五億，成長率每年二．五%。二〇一一年公司倒閉，其下容納了三萬名年長居民的數個照護中心最後有一部份由地主接手，有一部份則轉賣給其他營運商。

想要計算過程中的直接人力成本並不是什麼難事。二〇一一年，英國國家廣播電台透過臥底拍攝揭露了溫特伯恩遠景公司（Winterbourne View）中的可怕景象。溫特伯恩遠景公司位於布里斯托（Bristol），該公司擁有者是位於澤西島的企業，而此企業的擁有者是日內瓦的私募股權公司莉帝雅資本合夥人公司（Lydian Capital Partnership）。溫特伯恩遠景公司中的弱勢住民被辱罵摑打；一名員工腳踩著一位躺在椅子下哭泣的住民的手腕，一位住民一邊尖叫一邊被員工拖下床，另一位住民因為想要自殺而受到嘲笑，還有一位住民不斷被員工戳眼睛。一位住民被迫穿著衣服洗澡，之後被拖到屋外，她躺在屋外的地上，因為寒冷不斷發抖。一位前任護士說公司的訓練師告訴他，如果有病人造成任何困擾的話，他應該要「踢他們的卵蛋」。低薪與糟糕的工作環境自然會造就品質低落的員工，在這個案例中，低薪與糟糕的工作環境造就的是——引用影片中一位診所心理醫師所用的詞句——「酷刑」。莉帝雅公司每週平均可以從每位病人身上賺到三千五百英鎊。一位與莉帝雅公司關係密切的情報來源者對《電訊報》形容莉帝雅公司是「由投資人組成的財團，他們根本不會在意這種事。他們都是非常有錢也非常冷漠的人。」在英國國家廣播電台播出紀錄片後，有六名前任員工被送進監獄。

掠奪一切的章魚

讓我們回頭繼續談凱萊。

事先聲明，凱萊的病人與工作者的待遇比溫特伯恩遠景公司還要好得多。潔姬說他的每日工作通常都「很好」。但另一位凱萊的照護人員——我們就稱她為莎莉吧——描述的工時卻長得多，她認為在凱萊工作的狀況遠比潔姬說的還要艱困。她說工作環境讓她很難過，但就像潔姬一樣，對病人的愛讓她繼續堅持下去，此外，她也根本沒有時間去思考是否還有別的選擇。她也像潔姬一樣，時常因為太過擔心而無法在晚上入眠。「你會和這些人待在一起，直到他們嚥下最後一口氣。」她說。「這就是我的工作：陪在他們身邊直到生命終結。你不能讓他們失望。這樣的工作讓人傷心。失去某個人的感覺很糟糕，但在每天工作結束的時候你會告訴自己，**我的工作讓他們可以做他們想做的事，待在自己家裡**。」

莎莉在照護產業工作的時間已超過二十年，親眼見證了這份工作的大幅轉變。「以前這份工作比較像是以朋友的角色提供服務。」她說。「你走進他們家裡，泡幾杯茶，幫他們打掃清潔，聊聊天，然後再去拜訪下一戶人家。你可以在每個個案上花半小時的時間。你要花時間往返於個案與個案之間。」因此，當時照護人員在不同病人之間往返的時間是有支薪的——但現在卻並非如此。在我撰寫本書的當下，凱萊的多數員工能支薪的時間只有踏入客戶家中直到離開的這段時間，通常只有幾分鐘而已。因此，在客戶與客戶之間往返的時間通常是沒有支薪的（根據石墨資本所言，有些往返時間會「納入」照護人員服務個案的每小時費率中，而在遇到距離較遠的個案時，石墨資本能賺取額外的里程費用）。凱萊不提供車輛。「我們現在在做的事簡直令人無法相信。」莎莉繼續說。「根本沒有關心可言，因為你離開的速度太快了，根本不可能關心任何事。這真的很恐怖。非常恐怖。我不是一架機器。我沒辦法永遠這樣堅持下去。」

凱萊的狀況對照護人員來說很糟糕，對病人來說則更可怕。「他們希望能加入社群，但現在他們變成了社群的囚犯。」莎莉說。「這些長者都非常弱勢；唯一和他們有互動的人就是照護人員。照護過程不該是花五分鐘開藥然後就說『再見』。」她說。「罹患失智症的人會在晚上嚇醒，他們需要有人在他們哭泣的時候安撫他們。」凱萊過去曾經提供過行動電話，但是後來沒有持續下去。「電話太花錢了。我們又恢復使用紙本輪班表。管理階層以前會跟我們一起肩並肩工作。現在什麼都是錢、錢、錢、錢。他們只對錢感興趣。公司現在太大了，你變成了一個數字，他們根本不會費心關心數字。」（石墨資本駁斥了莎莉的描述，他們說他們投資了很多錢改進照護品質、照護標準和照護人員的發展，當地機關與國家照護品質委員會〔Care Quality Commission〕曾評級公司旗下超過四分之三的照護機構為「品質良好」，沒有不當之處。石墨資本還說，決定每個個體能接受多長照護時間的不是凱萊公司自己，而是委任的政府機關——通常是當地機關或者醫療委員會小組〔Clinical Commissioning Groups〕。）

凱萊附近一個政府機關的公共衛生主任說，居家照護與照護機構的系統「已經快要崩潰了」。她說，有些當地政府會因為經費刪減與撙節政策而陷入貧困，這些當地政府覺得自己可以把居家照護外包給其他在兜售低價「解決方案」的公司，省下一些錢（並藉此降低服務品質低下所帶來的聲譽風險），但這種行為其實只是一開始看似省下了一筆錢而已。由於照護人員不再有充裕的時間能帶病人進行預防活動，例如運動或者進行基礎清潔工作，所以到了最後，病人時常會因此住進照護機構或醫院，這對他們來說是「更糟糕的環境」——更昂貴、更不衛生、更不健康並且更不友好。許多公司會優先選擇好照顧又容易獲利的病人，把難照顧又所費昂貴的病人丟回公共衛生系統中。公共衛生主任補充說，更「龐大」的問題是照護人員自己就時常因為壓力與工時過長而生病，他們自己也需要受照顧。

我從另一位目前受凱萊雇用的不具名居家照護人員那裡拿到了一份值勤表。這份值勤表詳細列出了之前這位照護人員在另一間居家照護公司工作時的行程安排。她的執勤時間從早上七點半開始，工作內容大多如同下方列出的事項。每一個條目都代表一位病人，括號內的數字代表這段時間佔一個小時的多少比例。

十點二十一分——十點三十一分（〇・一七）個人護理與醫療

十點三十五分——十點四十分（〇・〇八）個人護理

十點四十七分——十點五十三分（〇．一〇）準備食物
十點五十三分——十一點零二分（〇．一五）準備食物

公司會把工作時間的小時數加起來乘上薪資，並依照稅率調整金額再支付薪水。該值勤表顯示照護人員在週五早上七點至週日晚上十一點之間要造訪一百四十戶人家，在第一天晚上，照護人員只能在午夜時休息二個半小時多的時間，接著下一個值班會在凌晨二點四十分開始，沒有額外時間能讓她往返家中（她告訴我她買不起車）、上廁所、吃飯，或者甚至打電話給家人。仔細檢視上方列出的最後兩個條目的時間安排，你會發現照護人員只有**零分鐘**的時間可以從這個客戶前往另一個客戶家、說再見、輸入保全密碼、向客戶打招呼、處理前一次訪問之後出現的任何情緒問題或者預料之外的狀況。事實上，這份值勤表中的每一個項目幾乎都只有零分鐘能讓照護人員做這些事。就連神力女超人也不可能完成這份值勤表，更不用說弱勢的老太太根本不會希望有神力女超人在凌晨三點跑進家裡。

他們稱這種模式為個案填鴨或個案剪輯。公司用可怕的方法欺瞞病人，用可怕的方法剝削照護人員。如果你把交通時間也算進去的話，照護人員的薪水是遠低於最低薪資的，某些公司的照護人員的每小時薪水甚至低於四英鎊，比在奧樂齊超市（Aldi）或利多超市（Lidl）工作的青少年領的薪水還要少得多。此外，還有些人是零時契約（zero-hour contract）工作者，也就是說雇

主隨時都可以刪減工作時間。(石墨資本說，他們不會允許公司裡出現那麼緊繃的值勤表，他們說零時契約也代表了員工可以選擇要接受多少工作，接著又說，英國稅務與海關總署會定期檢驗公司業務，確保薪水高於最低薪資或最低生活工資標準，還有，根據他們最新的卡萊員工調查顯示，多數樣本——共三十一位員工接受調查——聲稱他們覺得自己有能力提供照護服務。)照護人員的確沒有被逼著一定要接受這樣的值班表，但是他們生活環境時常使他們沒有太多選擇，只能接受。

我們可以用一個詞來總結「聰明的賭注」這句話、石墨資本要「將敏銳度曲線拉高」的計劃，以及潔姬與莎莉所存在的真實世界這三方之間的對比，那個詞就是：金融化。

若你深入去了解從石墨資本一路向下延伸至卡萊的複雜公司管道，你會發現其中穿插了許多出自不同理由而出現的不同程度、不同種類的債務。

私募股權職員哈利向我解釋了企業複雜性背後的大致邏輯。他說，複雜性的目的是把各個公司及其金流分割成許多層級，例如凱萊的七層結構，包括醫療器材與診斷有限公司、頂層有限公司、控股有限公司和商業與企業發展有限公司，藉此進一步達成幾個目標。第一個目標是創造利基，吸引外界各種不同類型的特殊債權人，每個債權人偏好的風險高低與行業種類都不同，都在尋找特定的利基放款或者買進，或許是整間公司也或許只是特定的附屬事業。除了直接的銀行放款與股權金融之外，還有次級債和優先債、夾層金融、特別股、認股權證、各種混合債務等，不一而足。不同的公司設立的位置也會不同，包括了避稅天堂。這有點像是把一個十英鎊的披薩切成十片一英鎊的披薩片，接著重新安排上面的配料以符合顧客的口味——這一片上面有很多臘腸，那一片上面有橄欖和花椰菜、那一片則有橄欖和朝鮮薊——所以你現在可以用每片一點五英鎊的價格賣出披薩。你能找到越多人放貸給你，你就有越多OPM可以使用，也就有越多錢能讓你汲取手續費。這些債權人是金融超級結構中的一部份，這種超級結構重重壓在潔姬與莎莉的肩上，有點像是雙輪馬車的車伕正不斷催促、甚至鞭打馬匹使牠們更勤奮工作，進一步增加了當地政府預算刪減帶來的不可避免壓力。在股東權益這種商業模式中，標的企業的金融問題會對股東造成影響，而公司積欠債權人的債務則不一樣，這種債務更加難以消解：他們會要求你現在就全額付清。

公司複雜性的第二重大原因以及債務的運用，把另一個利害關係人帶到了檯面上：政府。這個步履蹣跚、沒人喜愛、脾氣暴躁的巨人投資了道路、法庭、教育工作者、家庭與公司建築下方的汙水管道，以及其他各式各樣構成私募股權利潤的基礎物資。政府必須負責協助糟糕的退休金計畫、裁員、過勞的工作者以及遭遇社區生活損害的各種難民，在這之後，政府至少應該要對公司獲得的利潤課稅，回收一些錢。但私募股權公司希望在這裡也能免費通關。「關鍵在於到最後能夠把錢取走。」哈利說。每個人都試圖避開他所謂的「被困住的現金」——也就是難以在不用付稅金的狀況下從附屬公司中拿出來的現金——銀行與四大會計師事務所隨時都準備好要協助其他公司找到正確的道路穿越稅法——所以公司越複雜越好。

二〇一六年三月，凱萊的七層公司結構中最頂層的C＆C頂層有限公司（不過還是比私募股權公司低一層）的帳目就表現出了這種基本模式。至二〇一六年三月底為止的這一年中，頂層有限公司紀錄在案的總營業額是一點二四億英鎊，大多數都是靠著提供病人居家照護服務賺來的服務費。賺了這些錢的頂層有限公司支付給七千七百名全職與兼職工作者以及管理者的薪水與福利共計九千四百萬英鎊，平均每人每年獲得一點二萬英鎊；最高薪的董事一年收入三十點六萬英鎊。這麼算下來大約還有三千萬英鎊的未處理款項。

接著，在計算應稅利潤之前，公司會先計算出一連串的扣除額度。其中一項扣除額度與債務有關。如果你有貸款，你就可以把貸款償還當作企業成本，從假想利潤中扣除，這麼做可以減少稅金。你可以向外面的人借款，例如銀行，也可以向裡面的人借款——也就是從你的企業王國中的某個部分借款，例如石墨資本從外來投資者投資的融資庫中提供的股東貸款。我們會在這裡發現一件奇特的事。銀行貸款（也就是要還款公司集團以外的債權人的款項）的利率大約是每年五％，但理論上來說，八千五百萬英鎊的股東貸款卻是一〇％的固定利率，在某些案例中甚至會是驚人的一五％。（我會說「理論上來說」是因為通常公司不會真的償還這些貸款；他們只會繼續增加貸款總額。）

為什麼其中一種貸款的利率會比另一種貸款的利率還要高上二倍甚至三倍？以下列出幾個原

因。償還給公司外部的債款對整體事業來說是真正支出，因此最好維持在市場能夠承受的最低利率。但由C＆C頂層有限公司支付的股東貸款應付利息，到最後會變成石墨資本王國名下的債權人獲得的收入，對於整體事業來說沒有淨經濟成本或支出。但在稅務上就不同了。稅務人員會慷慨地從頂層有限公司的稅金中扣除至少一部分的應付利息。只要公司支付利率的地方或者方式能夠免除稅金（例如位於避稅天堂，或者利用退休基金這一類能免除稅金的方式），他們就無需繳交稅金。在這裡可以使用的小伎倆就是把利率微調到你敢調整的最高程度，同時別讓稅務機關認為你是在耍它或者想要和它對著幹。

因此，頂層有限公司在發薪後剩下的這三千萬英鎊中，有一千二百七十萬英鎊是扣除額，再加上二〇一五年的一千二百萬英鎊，這些扣除額絕大多是都來自於利率高達驚人的一〇%和一五%的股東貸款。用雪菲爾大學的會計專家亞當・利維的話來說，股東貸款是「插進果汁盒內的吸管，目的是吸取出果汁」——也就是說股東貸款能夠讓公司擁有者越過不高興的稅務人員，把被困住的錢取出來。這些極高利率的貸款還能帶來另一個好處：他們透過每年增加利率高達一〇%至一五%的貸款，使得這些公司向石墨資本貸款的金額迅速增加，等到他們把公司賣掉或者公司破產的時候，就可以取回這些貸款。

在經過了各種扣除之後，頂層有限公司最後在二〇一五年支付了七十二點七萬英鎊的稅金，但接著又在二〇一六年收到了六十三點九萬英鎊的退稅，也就是兩年間的淨稅額是八點八萬英鎊。這個金額還不到他們營業額的〇．六%或者營業額的〇．〇四%。石墨資本說，股東貸款帶給公司稅的利益「不太多」，低稅率反應出了他們的利潤也很低——不過低利潤並不太符合他們在網站上的描述，石墨資本在網站上說健康保險業務的投資組合資產所帶來的回報極佳，是投資金額的二點五倍。他們沒有提及卡萊的回報率，但如果卡萊的投資報酬率也相近於二點五倍的話，這就會是非常好的例子能讓我們了解，私募股權公司如何在極度缺乏現金的系統中，透過附屬公司使用金融技術來獲得極高的利益。

石墨資本沒有做任何違法的事。一切都符合標準程序。二〇〇〇年，英國為了讓稅務系統更有「競爭力」而實施了減稅政策，一旦這些幾乎無需繳稅的公司所賺取的利潤，透過層層關卡抵達私募股權公司擁有者的手裡，這些政策將會確保私募股權公司也同樣不用付太多稅金。

當然了，會利用債務節稅的並不只有私募股權公司而已；這個方法在企業界十分普遍。但這個方法能對私募股權帶來特別大的幫助，因為私募股權的債務通常較多。根據一項研究估計，私募股權買下公司後，光是透過利息支付所達到的稅金扣除額，就高達四成的公司價值。

這種作為通常是合法的，但是否正當合理呢？我最喜歡的其中一個答案出自於蘇格蘭喜劇演員法蘭奇．鮑伊爾（Frankie Boyle）之口。「如果你是有錢人的話，不要把這件事看作避稅。」他說。「把這件事當作是你用一間孩童醫院替自己買了一個撞球桌。」他並非輕率提出這個對比的：過去政府提供給單間私募股權公司的時技術金補助已經超過了建造一棟大型新醫院的成本。

樂施會（Oxfam）的麥克斯・勞森（Max Lawson）諷刺地建議我們可以創造出新的貨幣單位：護士，同時以醫院當作更大的貨幣面額。他如此描述想像中的頭版標題：「千萬富翁在一年內利用瑞士帳戶避免了二萬名護士的稅金」。

私募股權公司和其他類似的機構創造出了巨大的商業與企業發展公司，藉此尋找並出價買下尚未充分金融化的健康保險公司，接著將這些公司放進金融榨汁機裡面。就像是金融收割機一樣。私募股權的利潤實在太高，以至於如今在全球經濟中佔了很大一部份。一間私募股權職員曾公開將私募股權的顯著成長拿來和癌症相比：「私募股權原本是個好主意，最後卻變得很糟，就像是原本的健康生長的細胞以沒人能想像得到的方式開始失去控制地成長。」美國學者艾琳・阿珮爾巴姆（Aileen Appelbaum）與羅絲瑪麗・倍特（Rosemary Batt）在二〇一四年出版的傑出書籍《運作中的私募股權》（Private Equity at Work）針對私募股權進行了研究，這是目前最謹慎也深入的獨立研究之一。她們發現「令人吃驚的是，這些私募股權基金的收入中，只有極小一部分是倚靠企業策略或者改善營運賺來的。」一般而言，被私募股權買下的公司在被買下之前，都比其他類似的公司還要更有生產力，成長速度也更快；被買下之後，工作機會與收入都傾向於下降，而且是大幅下降。二〇一八年於《美國事務》（American Affairs）發表的一篇研究中，作者調查了價值七千億的三百九十項交易，他說：「多數私募股權公司都會減少長期投資，而不是增加長期投資，因此會使公司成長的速度變慢而非變快。如果私募股權公司的成長速度變慢了、沒有花更多錢投資公司成長，也沒有增加營運效率的話，這些公司到底在做什麼？」答案是，這些公司通常都在利用承擔更多債款來施行金融槓桿，獲得更多回報。整體來說，私募股權公司增加了一點點價值，汲取了大筆財富，並利用「公司很有錢」這件事來說服每個人相信它們是創造財富的天才。但事實上它們並不是創造財富的天才；它們是汲取財富的天才。

德國左派人士常用「Heuschrecken」——蝗蟲——這個字來形容私募股權公司，多數時候這個詞是非常貼切的。吉米周高級鞋履公司（Jimmy Choo）的創辦人塔瑪拉．梅隆（Tamara Mellon）過去有十年的工作經驗與私募股權有關，她以這樣的經驗背景描述私募股權會吸引「禿鷹和寄生蟲……沒有半家私募股權公司真正把資本花在企業成長上。它們比較像是一種負擔。」更有趣的是，她還說她從來沒有遇過任何女性的私募股權資深職員。這件事進一步帶出了令人沮喪的對比：雖然美國的健康與社會保險工作者中有八成女性，但在資深的私募股權職員中只有六％女性。如果你把投資人關係專員、法律工作、營運與人力資源部門——也就是私募股權中較不強硬的部分——都排除的話，女性職員更是下降到三％。華盛頓州投資董事會（Washington State Investment Board）的執行理事泰瑞莎．惠特馬許（Theresa Whitmarsh）還記得，曾有一位私募股權職員告訴她，女人天生就不適合做這種交易，因為私募股權是「血腥的運動」。

光是這些事情就已經夠令人困擾了。但我們還沒講到這個糟糕故事中最悲慘的部分。

許多人都隱約意識到私募股權與避險基金本身其實具有掠奪的性質，但以下這個概念又讓他們重新思考：如果有輸家從口袋裡掏出財富，那別的地方就一定要有相對應的贏家。這是老舊的芝加哥學派對於股東價值的迷思，許多身處金融市場的人半迷信地認為，如果你只聚焦於利潤本身的話，那麼最後每個人都會獲利並過上幸福快樂的日子。除此之外他們還有別的辯解理由。居家照護的問題不只來自於棲息在系統最頂端的財富汲取者，另一個問題在於，一開始當地政府的瘋狂預算刪減就導致了系統中的金流不夠。地方政府的領袖可能會開始計算，如果他們未來無法提供需要照顧的人妥善照護的話，最好的狀況就是把這些業務委外給私人營業部門，如此一來政府就不需要為過失負責。最後的結果是私營**企業**可能做得很好，也可能做得不好；問題在於遍及美國公司界的私募**股權**及其企業模式。

然而，就算我們把傅利曼或詹森的話視為真理，最後我們還是一樣會發現，私募股權和避險基金都絕無可能好好完成它們原本應該做好的事：為投資人產生好的回報。

二〇〇五年，身價億萬的投資人華倫·巴菲特提供了五十萬獎金，他說只要任何投資人能夠選出至少五支避險基金，在未來十年的表現好於一支S&P指數型基金，就可以把錢拿走。一位勇敢的資產經理泰德·塞德斯（Ted Seides）接受了這項挑戰。他選擇了基金中的基金（funds of funds），這種基金並不像一般基金一樣直接投資，而是投資超過一百支避險基金，也就是投資市場。如今這場挑戰的結果出來了：塞德斯投資的一百萬元在十年間增加了二十二萬，年回報率二%。而消極又無聊的指數基金則在十年間賺進了八十五點四萬——年回報利超過六%。就算巴菲特把一張列滿受歡迎股票的清單釘在牆上，找來一隻黑猩猩並用花生訓練牠丟飛鏢到清單上選出幾支股票，表現都會好得多。依照平均率，黑猩猩用飛鏢選中的股票幾乎肯定會趨近於較大的數字，而且，有鑑於黑猩猩的手續費是花生，這些股票賺的錢可能還會更多。

所以，你可能會想要問：如果說整體看來私募股權幾乎無法為投資人產生利益的話，這些私募股權參與者是怎麼變得這麼有錢的？答案很簡單。那些負責操控母艦的私募股權巨頭——或者說普通合夥人——設立了誰可以在什麼時候用什麼方式拿到什麼東西的基本原則。普通合夥人寫下規則，讓他們在有限合夥人——也就是那些信任公司的倒楣外來者（例如你的退休金經理），他們會把錢注入可投資的資本庫中——分成之前，就有辦法伸手取得所有利潤。

但他們是如何繞過那些應該經驗老到的外來投資人的呢？假設現在有一間私募股權公司買下了一間成功的製藥公司，並獲得了巨大的內部利潤，這些利潤可能是來自創造一間更好的製藥公司，可能是來自債務推動的掠奪。普通合夥人的第一個伎倆是知名的二與二十公式：他們每年抽取的管理費用是投資基金價值的二％，再加上所謂的附帶權益，通常是內部利益的二〇％，不過前提是基金的利潤達到了「最低資本回報率」。這個公式或許看似合理，但在現實世界中，這樣的計算方式會使私募股權從外來投資人手上剝削高到令人吃驚的很大一部分利潤，再將這些利潤轉移到巨頭的口袋裡。在投資組合公司表現得很糟時尤其容易發生這種事。

在公式之下，還存在一個充滿隱藏費用策略的世界，通常會出現在私募股權公司所買下的投資組合公司之中。假設現在有一間公司，就叫做私股，私股買下了擁有許多辦公大樓的甲乙丙公司。接著私股讓底下的附屬事業私股產業公司去經營與維護這些大樓，向甲乙丙收取過高、複雜又時常是隱藏的費用。又或者讓私股資本公司買下不動產顧問公司，接著利用這個公司提供甲乙丙和名下其他公司一些顧問服務，收取誇張的高額費用。依照政府的法律規定，上市公司或共同基金不得使用這種伎倆，但私募股權卻不受太多類似的法律限制，因此這些巨頭能輕鬆達到目標。而普通合夥人會確保他們能夠在買下公司後幾乎能獲得該公司的完整控制權，這也就代表了外來的有限合夥人不能檢視公司內部的狀況。所以他們只能拿到殘羹剩飯。

這就像好萊塢會計（Hollywood accounting）的現象一樣，在《星際大戰六部曲》中飾演黑武士的大衛．鮑爾斯（David Prowse）對這件事有深切體會。「我接到了幾封盧卡斯影業（Lucasfilm）寄給我的正式信件，說他們很遺憾必須告訴我，《星際大戰六部曲》沒有獲利，因此什麼都沒辦法提供給我。」鮑爾斯說。但事實上《星際大戰六部曲》是歷史上最賣座的電影之一。「我不想要表現得好像我在發牢騷，但如果他們賺了一大筆錢……我希望我能知道這件事。」這位年紀漸長的演員如今建立了一個品質低劣的網站來宣傳黑武士的簽名照片，每張三十五英鎊。好萊塢會計——也就是在資產進入資產負債表之前就先行剝削價值的伎倆——可以把獲利變成損失，免除那些討人厭的版稅支票與稅金帳單。私募股權公司時常把過高的手續費深埋在超過一百頁的文件中，再寄給投資人。私募股權基金也時常透過開曼或者盧森堡等避稅天堂中的隔離公司（blocker corporation）這一類的結構來投資，使得投資人或者稅務機關更難以看清公司內部的狀況。

一般而言，你或我可能會投資的標準指數追蹤基金會向投資人收取的一年管理手續費，大約是資產價值的〇．一％至一％之間。而私募股權**每年**的手續費就高達資產價值的六至一三％。「投資人會繼續把私募股權基金經理看作值得信任的企業夥伴，就算這些夥伴不斷竊取他們的錢，投資人也沒有改變看法。」創辦了影響力極大的金融網站「赤裸的資本主義」（Naked Capitalism）的私募股權專家伊夫．史密斯（Yves Smith）說。

付出這些手續費之後，投資人能得到什麼作為回報？如今有各式各樣的研究都宣稱投資者能獲得絕佳回報；問題在於從某種程度上來說，這些研究的作者通常正是這些企業的受益者。他們精心挑選時段與基金，讓公司的數據更好看，把不利的事物剔除或者使用錯誤的基準來做比較。基金的回報高於市場基準時會被標記為阿爾法（alpha），但許多被稱作是阿爾法的表現其實只不過是經過金融槓桿的貝塔（beta）——他們在風險市場中利用貸款把普通的回報放大。許多研究不斷吹捧的一個測量方式是我們先前提過的內部報酬率，支持者可以用這個金融比率把那些對投資人來說平淡無奇的收入，轉變成看似高到不可思議的收入。

然而，在針對私募股權回報的研究中，的確也有好的獨立報告存在。這些報告多數都很肯定地描述說，落在中位數的私募股權基金的年表現會比普通股市指數的年表現好上大約一％，但是若我們用更加適合小公司（例如私募股權企業買下的那種公司）的指數來與這些基金做比較，那麼表現的差異將會縮減為零。其他獨立研究的結果則沒有那麼美好。「私募股權企業的平均回報是等同於或者低於公開股權的，」牛津大學的盧德維・菲力波（Ludovic Phalippou）說。「這個結果與企業相關研究人員做出的報告結果相差甚遠。」二〇一〇年，在一篇名為〈私募股權，公眾損失〉（Private Equity, Public Loss）的研究報告中，投資人彼得・莫里斯把私募股權公司的高淨回報（未計算手續費）拿來對比注入有限合夥人帳戶的金流，結果顯示這兩者中間有許多收費關卡。研究中也有正向偏誤存在：較不成功的基金比較不可能把資料分享給研究人員。

實際上的狀況更加糟糕。投資的鐵則之一，就是如果你要冒風險，你就應該要期待較高的回報與較好的資金流動性——也就是說你可以想賣就賣。但私募股權卻改變了這個規則：外來投資人無法取得資本，必須讓資本被鎖住好幾年，同時幾乎無法影響標的企業的決策，除此之外，他們還必須冒著只能拿回普通回報的極大風險。相反的，普通合夥人的風險則非常小——一般而言，他們投入的資金大約是自己手上金錢的一％到二％，卻有可能獲得極大的回報。私募股權巨頭所拿到的錢比大銀行的總裁更多——多上非常多。金融業中有一句常見的老話：「客戶的遊艇在哪裡？」

我在最近的一場晚餐宴會中，正好坐在一位前任私募股權普通合夥人身邊，他是一位聰明、詼諧又熱忱的男子。我向他抱怨了上述的狀況後，他在餐巾上畫了一張簡單的圖片來描述典型資本主義結構——那些商業與企業發展公司、控股公司等等——並用普通合夥人的角度向我解釋，為什麼他們需要這種結構。我緊迫盯人地請他修正這種複雜的金融化圖像，改從社會的角度來看待這種結構。接著他畫了一張回報風險圖：投資人需要更高的回報才能合理化更高的風險。但是，我繼續逼問他，有多少必須面臨風險的錢是真正屬於私募股權合夥人的？一％，他難堪地回答。這正好符合私募股權的標準情況：融資庫中通常大約也只有一％至二％的錢來自於這些巨頭自己的基金。他不再畫圖了。他繼續說，如果你有三個普通合夥人還有一筆五千萬英鎊的資金，一％代表的就是十七萬英鎊，所以你等於是把很大一筆錢拿來做有風險的投資。我回答說，如果這些是你的全部資產的話，或許你說的是對的，但是大多數合夥人的資產比這個金額還要多得多，而且若私募股權的表現真的很好，你有可能可以拿到五十倍的回報。沒過幾分鐘他就帶上全家人離開了，一句再見也沒說。

　　這一切又帶出了另一個大哉問。為什麼老練的財務經理要把錢丟進這個行業中？在我撰寫本書時，投入私募股權的金錢像瀑布一樣源源不絕。在二〇一三至二〇一七年間，私募股權從投資人身上取得了超過三兆元，在二〇一七年，一項針對機構投資者的調查發現，平均來說，他們預期私募股權的每年表現會比市場表現高四％，就算過去五年間私募股權的表現都比標普五百指數還要糟糕一．五％，他們也沒有改變想法。這些希望都只是幻想：私募股權的回報可能只會變得更糟，因為在如今的生產力經濟中，有太多錢在追著標的資產跑了，因此私募股權投資人必須花更多錢才能買下公司。等到經濟再次陷入低迷，我們幾乎能確定私募股權的過量債務將會使公司的資產價值大幅下跌，變得比其他傳統債券還低，導致更糟糕的銀行破產。那麼，還是同一個問題，為什麼會有那麼多人投資私募股權呢？

有些理由實在太過可憐，以至於令人難以置信。首先有二個並不明顯但十分重要的理由：其一，如今沖刷著全世界的金錢浪潮必須找個地方去；其二，會計與稅務因素會推動公司投資私募股權。此外，你還會讀到一些並不可靠的數據大雜燴，哄騙投資人甚至私募股權職員相信私募股權的表現絕佳。有些基金的確可以為投資人帶來持續的、真正的絕佳表現，因此當然所有人都希望能分一杯羹，但想要投資這種基金的人實在太多了，以至於只有高盛或者哈佛校務基金等機構才有辦法投資這種基金。正如一位研究學者的諷刺評論，這些基金「永遠都不會用到**你的**錢。」如果私募股權的整體回報率並不好，再加上你並不是高盛，那麼數學上來說，你投資的對象很有可能只會是專吃服務費的騙子。

接下來的理由越來越糟糕。當退休金的資金不足，又無法透過普通的市場回報補足資金時，許多退休金管理人——他們的責任是管理好我們的私人退休金才對，我的老天——認為解決這個問題的方法就是把錢丟進高風險投資中，賭一把，他們認為風險與回報應該呈正相關。這些投資人或許理解照護中心行業中的掠奪狀況，但是他們卻沒有弄清楚，他們其實不太可能獲得這些貪婪掠奪帶來的果實。

還有一些理由甚至更可怕。其中之一是賄賂。據說私募股權企業凱雷集團（Carlyle Group）之所以會在二〇〇九年同意支付二千萬的罰金，是因為他們賄賂紐約政府，用這筆罰金換取政府把紐約州的一部份退休基金交給他們管理——並讓他們從中剝削服務費。根據《衛報》報導，「沒有證據顯示兩者間並無關聯」。還有一些比較不違背法律的理由，有些大型的大學校務基金募款活動會向有錢的私募股權校友尋求捐款，接著再用別的方式報恩。對他們來說，互相背叛與互相施恩都是家常便飯。

但這團可怕的混亂中還有更嚇人的悲劇：許多基金經理人把我們的基金和退休金拿去投資私募股權和避險基金的理由，是因為他們覺得這麼做很酷。這不是玩笑話。每一個我問過的人都同意，這正是他們投資的原因之一。前任摩根大通銀行家賽門．雷克（Simon Lack）勸告投資人選擇其他投資項目，他說他在摩根大通工作時檢視過三千五百次避險基金提案，他記得「沒有半次提案是無聊的會議。你會認識一些對投資有絕佳天賦的人，這是一件很酷的事。」雷克寫了一本書，名叫《避險基金提案》（The Hedge Fund Mirage），他在書中描述，避險基金投資人的回報其實和私募股權一樣疲弱。

另一名在世界銀行工作多年的員工要負責選擇把客戶的錢投資到哪裡去，他不但對私募股權與避險基金嗤之以鼻，也瞧不起那些投資這兩種項目的人。「有些投資人就是這樣，不管你對他們說什麼，他們都不會相信自己沒辦法賺大錢。」他告訴我。「他們想要地位。他們每天早上翻閱《金融時報》，時常讀到KKR進行了上億元的交易。他們也想要拿著大筆籌碼上桌玩牌。」他說，總是會有一群又一群避險基金與私募股權的投機者跑進他的辦公室，竭盡全力地描繪出精彩絕倫的故事，解釋為什麼他的銀行應該要投資他們。他會告訴他們，他不接受低廉的手續費；他們會因此而失望。他們喜歡在梅菲爾這種高級地段的豪華辦公室中工作。他們也喜歡玩智力遊戲。「他們會做一些很浮誇的事情。」銀行家繼續說。「他們會讓你等上六個月，只是為了能夠和他們的銷售員開一場『特殊』會議。」他們會替自營交易策略掩蓋上神秘的面紗，正如同十八世紀的南海泡沫事件用來吸引投資人的方法，騙局背後的公司會提供絕無僅有的機會讓你投資「一間能夠帶來巨大利益的公司，只不過現在還沒人知道是什麼利益」。這位銀行家說，他遇過有些私募股權的訪客會以非常認真的態度看待自己的工作，而且說起話來帶著一口令人討厭的上流階級口音，以至於他必須重複確認這些人是不是在騙他。他總是會耐心地聽這些訪客說話，但幾乎從來沒有推薦自己的銀行投資這些人。

但對於這些精明的投資人來說，因為天花亂墜的形容與光鮮亮麗的外表而掉入陷阱中的人數實在有點太多了。盧德維．菲力波說，投資人經常告訴他投資那些標準的項目有多無聊。「他們會說：『我在這間銀行裡工作。我無聊得要命。我一定要投資這些股票和債券。你只能被動投資；你不該交易，你不該拿投資組合來周轉；你要試著把成本與稅金刪減到最少。做這些事多無聊啊？如果我不投資私募股權和避險基金的話，我一定會變成有史以來最大的輸家。』」

前任銀行家兼時事評論家彼得．莫里斯把這一切都整合在一起，解釋為什麼這些人要投資：「簡而言之，答案就是：因為這不是他們的錢。」他們投資的是OPM。「私募股權企業就像性行為一樣。」麻省理工學院的教授霍華德．安德森（Howard Anderson）這麼說，他指的是企業「正面我贏，反面你輸」的陽剛世界觀。「狀況好的時候，就真的很好。狀況差的時候，就真的很差。」這句話直接駁斥了詹森說的「債務的紀律」，也駁斥了私募股權模型會強化經理人關注於建造更好公司的說法。如今我們所擁有的是複雜的內部金融流動、風險轉移、稅務遊戲、在公司中大量進出的債務以及OPM原則，這些東西使得所有遲鈍的經理人不斷削減自己肩負的責任，無法聚焦於創造好公司。私募股權參與人有時會被稱作蝗蟲、禿鷹或者寄生蟲。雖然這些名字通常很適合他們，但我看到的是另一種不一樣的生物：章魚。侵略性特別強的私募股權企業在買下另一間公司時，它會先伸出觸手去接觸任何它能想像得到的利益關係人：員工、領退休金的人、納稅義務人、接受居家照護的老人和弱勢、債權人、消費者、住在公司的工廠附近吸廢氣的人，但同時它也會接觸老練的共同投資人與債權人——他們理應成為普通合夥人的夥伴。私募股權會用觸手抓住每一種利害關係人，把他們倒反過來甩一甩，看看會不會甩出新的現金流，接著又轉向債權人，用新的貸款把那些現金流增加好幾倍，擴增資金庫也擴增服務費。

私募股權企業想出了好幾個論點作為防禦。首先，在此引述一位政府官員說的話，這些公司打通了「渠道」，讓外國投資注入我們的國家。他說的話是對的。但如果這些外來投資多數都像是翹棍一樣，把財富與靈魂從我國的社區與生意中分離，並抽取到境外去的話，這還算是對國家有益嗎？用這種方法提取的利益通常會流到奇怪的或可疑的地方。舉例來說，若你大範圍搜尋過凱萊的關係網，你就會發現其中有非常多公司外部投資人與境外投資人，石墨資本說其中也包括了「頗負盛名」的國際投資人。其中一個投資人是浪潮基金會（Rising Tide Foundation），這個基金會是來自瑞士的自由意志主義團體，他們創辦的智庫包括了理性基金會（Reason Foundation，他們主張的價值是「選擇、個人自由與有限政府」）；以及英國政策研究中心（Centre for Policy Studies，共同創辦人還有柴契爾夫人，推動了「限制國家角色的政策」）。浪潮也捐錢給輿圖網絡（Atlas Network）這個行事謹慎的全球組織，其中包含了超過三百五十個自由意志主義智庫，它們時常為避稅天堂辯護。這些組織會為政府的緊縮政策辯護，而這些政策會直接刪減地方政府的居家照護預算與資源。

第二個常見的防禦論點，是私募股權企業能聚集一些（或者絕大多數）經驗豐富且聰明絕頂的企業家，致力於買下公司並重新修復它們。這個論點也是事實，但問題在於這是一件**壞事**，因為那些企業家——其中也包括了我的幾位朋友——在受到誘惑後放棄了真正能財富創造的投資，轉而去使用金融模式協助建造大型公司，而這些公司傾向於在他們熱切地表現出掠奪行為並執行金融工程時獎勵他們。這種模式展現了我在序章描述過的現象：受到金融詛咒的聰明人都會從有用的行業被吸往金融業。

私募股權的第三個防禦論點是，就算他們真的在某處表現出了掠奪行為，至少在相反的另一邊會有值得獲得利益的受益人——例如私人退休金基金或者稅務機關。但這個論點也同樣說不通；不只是因為受害人通常都比潛在受益人還要更窮困，也因為退休金基金和稅務機關時常也同樣受到掠奪。

私募股權產業也聲稱他們還有另一種社會貢獻，那就是建造公司，利用所謂的不良資產投資（distressed investing，買下狀況不佳的公司，重振旗鼓，讓公司再次順利運行）或者購買與建構模式（buy-and-build model，買下大量公司進行整併）創造規模經濟，並進一步創造真正的價值。凱萊就是購買與建構的典型範例：C&C商業與企業發展公司事實上就是一台招標機器，買下了超過二十間照護弱勢的公司。然而，根據另一份深入的研究顯示，不良資產投資只佔據了私募股權併購的所有資產的二%。他們的主要戰場位於別處：買下健康保險公司，利用金融手法巧妙地處理現金流，像是在傳遞燙手山芋一樣傳給下一個投資人。至於購買與建構，到了最後這種商業模式其實就像是老式的混合聯合企業模式（conglomerate），但其中有兩個主要的差異。第一，整併公司的其中一個主要理由，是為了在他們操控的利基中創造出壟斷市場的力量。在羅伯特·博克的年代之前，這是很難做到的事，因為在那之前政府還很認真地在防止壟斷。以擁有凱萊的市郡公司為例，這間公司現在是英國居家照護服務的最大獨立供應商，至今還在不斷競價購買更多業內「資產」；該公司的規模不斷擴大，因此在面對工作人員、供應商與當地政府時，他們的談判籌碼也越來越多。第二，提供相同服務的公司在被私募股權企業買下之後，收到的錢呈現了非常可觀的增長。這些發展對於私募股權所在的國家會帶來不健康的影響。

那麼，私募股權是否對經濟與社會有任何合法的作用呢？端看你如何看待私募股權。如果你的定義包括了「金融工程與汲取高額手續費」，那麼答案是否定的，這種投資模式在未來一百萬年內都不應該與居家照護這一類的行業扯上關係。如果你比較傾向於「買下狀況不佳的公司，經過整頓後變成為上市的私人公司，且無需對不耐煩的短期股東負責」這樣的定義，那麼答案就會是肯定的，不過就算如此，該公司也必須受到社會利益的謹慎規範，並且要剔除獎勵極度掠奪的機制。或許最好的方法是把那些聰明絕頂的挽救公司專家直接丟到狀況糟糕的公司裡，付他們一大筆錢，讓他們做自己最擅長做的事。這代表之後將會出現一個與如今的私募股權毫無相似之處的行業。東尼·布萊爾曾慷慨激昂地為私募股權辯護說：「在如今的全球市場中，就算你把錢從私募股權中拿走，這些錢也會流通到別的地方去繼續運作。」那麼我們不如把清潔人員、醫師、老師、水電工、工程師和居家照護人員——還有最有錢並且最具侵略性的私募股權巨頭與避險基金巨頭——全都聚集在一起，把他們全都送到別的地方去很長一段時間。到時候再來看看我們到底會比較想念哪些人。

私募股權或許是如今形象最清晰的一種金融化工具，但私募股權所引領的許多技術如今也已經散佈到其他企業領域了，在背後推動這個過程的，是那些已設立過許多類似騙局的法律與會計公司和銀行。如今的問題在於：這些技術和資金流動是如何擴散到整個國家的，還有它們可能代表哪些其他風險？

第十章　汲取者行軍

桌下的金錢河流

二〇一二年，倫敦市長鮑里斯・約翰森（Boris Johnson）在熙來攘往的街道上站在一把雨傘底下，金色的頭髮隨風飛舞。「從嚴謹而有效的計算上來看，花在克洛敦的一英鎊比花在斯特拉克萊（Strathclyde）的一英鎊還要有價值得多。」他滔滔不絕地說。「若你把錢投資在倫敦的哈克尼或克洛敦或其他地區，你必定會更有效率地推動斯特拉克萊的工作與經濟成長。」這是競爭力訴求的都市地理學型態：只要你給了倫敦它想要的事物，你就能看到大量財富灌注到這塊土地上的每個角落。

許多人都和約翰森一樣，把倫敦想像成推動英國經濟的引擎，認為我們應該以不同的態度看待倫敦。「倫敦和英格蘭南部資助了英國的剩餘地區。」二〇一七年克里斯・賈爾（Chris Giles）

在《金融時報》中提出警告。他所寫的文章名為〈為何倫敦應該獲得由英國其他地區所寫的感謝函〉（Why London deserves a thank you note from the rest of Britain），裡面引用了官方數據，顯示倫敦的每人稅收將近一點六萬英鎊，相當於每人有三千零七十英鎊的盈餘。「倫敦榨取英國其他地區的資源這個概念是非常荒謬的。」他在推特上提起這個議題。「倫敦和英格蘭東南部**大量**資助了英國的其他地區……英國許多地方的赤字比希臘還要糟糕……倫敦是英國的搖錢樹。若倫敦的金融狀態陷入危險，英國的公共財政也會受到嚴重波及。」在隨之而來的大量推特中，一位金融城的財務顧問公司的資深員工呼籲倫敦「脫離英格蘭，就像新加坡脫離馬來西亞一樣。」

雖然有部分專家疾呼政府更加嬌慣倫敦，但同時也有其他專家力勸英國重新平衡倫敦經濟，別再讓倫敦在資本與金融服務上出現過度獨立的狀況。前任財政大臣喬治·奧斯本曾在於二〇一一年說過，英國需要成為「由創造者行軍帶到高處的國家」。接著他承諾他所帶領的政府會創造「北方經濟引擎」（Northern Powerhouse）來配合倫敦的經濟能力。

這個論述讓我回想起一九九〇年代早期。那時我還住在安哥拉，幾乎每天都會在廣播上聽見這樣的描述。卡賓達省北區自古以來都是主要的原油產區，該區的分離主義者一直都在為獨立而抗爭，他們認為該區的原油收入總是不斷外流到南方的安哥拉其他區域，希望能靠獨立把收入留住。與此同時，其他安哥拉的政治人物當時不斷要求（至今也仍在要求）重新平衡經濟，別再依靠原油和國家首都，也要求政府以處理國家經濟中其他金流的相同態度去處理原油帶來的金流。

但他們從來沒有重新平衡經濟，就算在內戰之後也一樣：根據ＩＭＦ的資料，如今原油與鑽石佔了安哥拉的九九・七％出口金額，和我當初住在那裡時的數據分毫不差。其他出口行業沒有興起的主要原因之一在於原油收入會削弱其他出口商品，也會增強政策與經濟上的困難，加強衝突與腐敗，損害整體成長與經濟健康狀態。只要原油產業興盛，其他產業就無法繁榮。這種現象在礦物資源豐富的國家很普遍，是資源詛咒的核心特質，本書的一開始我曾介紹過此現象。

同樣的，很多人會聲稱英國太過倚賴倫敦及其過大的金融產業。倫敦的金融產業成長得太過龐大，權力過大且汲取了過多金錢，以至於其他經濟產業難以成長，這些產業就像在侵入性極強的巨大深根樹木底下萌芽的小植物，樹木的樹蔭使它們難以獲得光線和雨水。那麼，倫敦是否有給予英國的其他地方補助呢？鮑里斯・約翰森說克洛敦、倫敦與英格蘭東南部的消費和財力會成長並擴展到斯特拉斯克萊等地區，他說的是對的嗎？又或者倫敦其實是金融化機器的核心，正不斷從周邊地區吸取權力與金錢？是倫敦的汲取者行軍在不斷破壞周邊地區的創造者行軍嗎？倫敦金融城與英國其他地區能否相互依附、共同繁榮，又或者其他地區想要繁榮的話，倫敦金融城就必須退居次位？

回答這個問題之前，讓我們先深入檢視「倫敦克洛敦的財富金流會大量注入斯特拉斯克萊」這個概念。

斯特拉斯克萊的警察培訓和招聘中心位於格拉斯哥附近的東基爾布萊德，是查爾斯王子在二〇〇二年開設，由「推動民間融資提案」（private finance initiative，簡稱「ＰＦＩ」）建造與營運的機構。ＰＦＩ是保守黨的約翰．梅爾（John Major）率領政府時提出的提案，一九九七年東尼．布萊爾於工黨掌權後大力推動該提案，這個計劃如今已變得聲名狼藉。傳統上來說，政府會透過提高稅金或借貸來資助學校、道路和其他基礎建設，但執行ＰＦＩ後，政府可以藉由私人公司籌措這些計畫的資金，向銀行或特殊債權人貸款，並答應這些資助與建造基礎建設的財團，未來政府將會向它們租賃這些基礎建設，提供這些的財團穩定的財源，這種租賃關係通常會在二十五至三十年之後結束。有了ＰＦＩ，當下的稅額與政府貸款會降低，這是因為政府把支出成本外包給私人產業了。問題落在未來的世代，或者未來的政府，最後將會是它們要支付這些錢。這使得ＰＦＩ從一開始就充滿爭議。

如果你仔細檢視東基爾布萊德的警察培訓中心背後，在ＰＦＩ交易之下的公司結構，你會發現它看起來有些像前一章提到過的、層層壓在凱萊之上的公司巨塔。故事開始於一個特殊目的載體，名叫斯特拉斯克萊有限責任合夥（Strathclyde Limited Partnership），它委託了建設公司保富集團建造警察培訓中心。但是斯特拉斯克萊ＳＰＶ之上的狀況更為有趣。

在我撰寫本書的當下，在斯特拉斯克萊的所有權鍊向上追溯十多間公司或合夥人後，會找到一間公司名為國際公共合夥有限公司（International Public Partnerships Limited，簡稱「ＩＮＰＰ」），該公司已在倫敦證券交易所上市，價值二億英鎊，是位於梗西島的基礎建設基金。INPP的上市股票擁有人來自四面八方，其中有三大股東位於倫敦金融城：資產經理施羅德投資集團（Schroder PLC）；南美投資公司的附屬事業天達財富與投資有限公司（Investec Wealth & Investment Limited）；美國銀行巨頭紐約梅隆銀行（BNY Mellon）的附屬事業牛頓投資管理有限公司（Newton Investment Management Limited）。與此同時，負責管理INPP的投資的，是安柏基礎建設集團控股有限公司（Amber Infrastructure Group Holdings Limited），此公司建築的正面是滿滿的玻璃窗，位於倫敦市中心泰晤士河南岸，正好卡在市政廳與倫敦橋站之間，與INPP之間有著複雜的交叉持股關係。英國國家檔案的最新資料顯示，安柏的股票約有一半屬於位於德州艾爾帕索的亨特公司，其他主要股東包含了一間位於盧森堡的公司、一間澤西島的信託公司還有一間屬於安柏某位主管的英國公司，這間英國公司的地址位於旺茲沃思廣場旁邊的一條林蔭大道上，是一間價值約二百萬英鎊的大型半獨立式房屋。INPP告訴投資人，公司在二〇一六與二〇一七年的稅前利潤是二點八二億英鎊，並拿到了二百五十萬英鎊的退稅。

而斯特拉斯克萊SPV之上的每間公司幾乎都登記在靠近倫敦橋的同一個地址下，連同公司董事也是。國家檔案顯示此公司結構的某幾個地方有一系列的貸款與債務。債權人和安排方包括了英國銀行RBS、位於安大略省的紐約梅隆信託公司，以及透過金融城辦公室處理這些事務的德國巴伐利亞聯合抵押銀行（German Bayerische Hypo-und Vereinsbank）。他們並未透露多數債權人的資料——這些債權人可能位於倫敦金融城或者境外。重點在於這些金流會從蘇格蘭警察局的預算這個源頭一路向下流動，流經位於倫敦較富裕地區的一系列地址、個人與機構，最後進入避稅天堂與海外國家。

財政部的數據顯示，建造警察培訓中心的支出是一千七百萬英鎊，主要承包商是保富集團。政府預估，在二〇〇一年至二〇二六年這二十五年的合約期間，政府平均每年要支付PFI財團超過四百萬英鎊的款項，總金額是一點二億英鎊。如果政府改為直接委託保富集團建造培訓中心，並透過發行利息五%的二十五年債券來支付一千七百萬英鎊的建設支出的話，其實政府需要支出的費用就只有三千四百萬英鎊。

兩者之間有七千五百萬英鎊的驚人差額，這些金額並非全都是財富榨取。財政部在計算PFI的還款時，不只合併了利息成本，還必須加上投資時的營運成本、保險、投標費用、支付給公司股東的股利，以及反映出私營企業風險承擔的危險因子。雖然我們幾乎不可能把政府公布的數字一一拆解，精確計算出這些因子的價值是多少，但我們可以透過一些線索來推斷。其中一項估算指出，PFI的還款中有將近六成會用於金融衍生的基礎建設財務成本：在斯特拉斯克萊的這個案例裡，六成等於是六千六百萬英鎊，也就是說若政府直接委託的話，成本幾乎是三千七百萬英鎊的二倍。這裡的其中一個問題在於，政府可以用比私營企業還要低的金額借款：許多國家研究與獨立研究都估計兩者間會有每年二・五%至四%的差異，將這樣的差異以複利率計算二十五年之後，大約就會得到兩倍的財務成本。PFI的主要領導人愛萊森・洛克（Allyson Pollock）曾說這種做法會導致巨額財務支出，就像是用二倍的應付金額買下一間醫院。除此之外，我們可以從各種控訴與反控訴之間發現，整體來說ＰＦＩ供應商提供的服務似乎沒有比較好，反而比較低劣。

總的來說，蘇格蘭警察局（更進一步說還有蘇格蘭的納稅人）支付的錢遠大於執行這個計畫所需的成本，有很大一部分都是不必要的多餘支出，這些錢順著金融化的管道一路向下，流進登記在倫敦的一系列公司中，接著跑進位於金融城、澤西島、根西島、盧森堡、艾爾帕索、德國、加拿大以及不知名所在的公司擁有者、銀行家與收費者的手中。上述的每件事似乎都完全合法，但我們可以根據這個證據得知，鮑里斯對於金錢從倫敦流向斯特拉斯克萊的想像畫面與實際情況完全相反。

根據最新調查顯示，斯特拉斯克萊培訓中心只是在英國各地的七百多項ＰＦＩ交易中的其中一項，每一項交易都是透過特殊目的載體完成的，就我所知，其中的每一項交易也都含括了相似的曲折公司結構。我觀察過的每一項交易都符合相同的地理基本模式：來自倫敦之外的英國境內地區、東南區和首都較貧困地區的穩定支付金流，流入我稱之為倫敦核心的地區（也就是金融城）、公司行為人居住的倫敦及其周邊的昂貴住宅區、大多數英國避稅天堂，以及與計畫相關的股東、債權人和其他金融行為人所居住和工作的其他國家。財政部的資料顯示，在二〇一六年，ＰＦＩ計畫之下的資產的資本價值累積達到五百九十四億英鎊，在這些計畫的執行期間，英國納稅人將要支出三千零六十億英鎊，是計畫價值的五倍。這還只是官方預測的數字；實際狀況很有可能更糟，因為私營企業的參與者很擅長扭曲執行起來不方便或困難的合約，他們可以在政府想要改變任何事物的時候馬上引用無情的懲罰性條款。

這些參與者擁有很大的市場勢力（market power），他們的權力比政府還要更大。PFI的結構中，最頂層通常是大型集團，這些集團專精於競標斯特拉斯克萊這一類的PFI計畫。根據二〇一七年的一篇研究報告顯示，持有英國七百多個PFI計畫中將近一半控股權的只有九個基礎建設基金（全都位於境外）——在市場集中程度不斷增加的同時，位於避稅天堂的計畫控股權也在不斷增加。一份針對英國五間最大的PFI企業的研究顯示，在二〇一一年至二〇一五年期間，這些企業都沒有因為賺取利潤而付過稅金。

地理上的圖像當然是複雜且不斷變動的。並非所有金流都會順著渠道流向避稅天堂或者英國的菁英地區；舉例來說，有些錢會流入退休基金中，這些基金能傳播金錢的範圍很廣，遠比澤西島和莫納哥的少數億萬富翁傳播金錢的範圍還要廣得多。但就算在這種狀況下，股票持有、退休金持有與利潤依然高度集中在富裕階級以及倫敦核心中，因此整體的地理模式還是很清楚明瞭。

如果PFI能確實提供低價服務給斯特拉斯克萊等地區的話，以上的描述或許都還算是可以接受。最原始的PFI構想是使政府活動能有競爭性，利用私營企業的活力、能力、風險承擔與創業精神刺激平庸的官僚主義，壓榨出公家機關的效率並減輕公共預算的壓力。但我在前幾段提出的數字顯然描述了一幅截然不同的景象：企業汲取的金額極其巨大，遠超過了他們提供的服務具有的價值。不只如此，如今媒體也詳細列舉出了許多與ＰＦＩ相關的恐怖故事，以及政府把服務外包給私人企業的更完整全貌。有報導指出，警方必須支付數百英鎊才能修補輪胎破洞，公司員工在接受犯罪賄賂之後把電子腳環調鬆，企業為了更換一個插座向政府單位收取一千英鎊的費用，或者收取了數百萬英鎊但卻沒有提供當初承諾的服務，ＮＨＳ健康信託因為還款額度超支而陷入癱瘓，ＰＦＩ企業重視股東股利勝於改善人數過多的危險監獄的設備。利物浦的一間ＰＦＩ學校在二〇一四年因為學生人數不足而關閉，但至今納稅人依舊必須為了這間學校每天繳交一點二萬英鎊，市議會必須持續繳交這筆費用直到二〇二七年為止：因為政府無法改變合約。有些人為私營企業辯護說，這是它們承擔風險後應得的合理補償，但他們似乎沒有足夠的證據能支持這種論點。許多研究都指出ＰＦＩ企業幾乎沒有承擔任何風險，其中一份國家審計局的報告顯示，這是因為ＰＦＩ企業現在也很擅長利用公司結構把風險轉移到其他人身上。

ＰＦＩ只是政府花在私人企業的高額開支中的一小部分：如今英國有二千四百億英鎊（佔了英國政府年度預算金額的三分之一）是投資在由私人企業經營但由納稅人付款的公共服務上。這些協議通常也會有類似的地理金流模式，錢會從英國其他區域流入倫敦核心。但我們目前提到都還只是來自公部門的錢。我們可以說更大的問題在於私營產業的金融化，其中包含了截然不同種類的外包和差異很大的金流方式——但金流的地理模式是一樣的。這些金流帶來了五花八門的眾多問題。

全球金融危機在十年前浮現時，社會很快就發現英國大型銀行在過去數年來都一直在透過承擔極高的市場風險賺取過高的利潤，金融危機發生後，這些風險轉變成實際損失，最後是全英國的納稅人藉由財政緊縮與預算刪減來替銀行紓困並支付代價。利潤全都注入了倫敦核心，但損失卻必須由整個國家負擔。金融危機後的緊縮政策也對英國各地產生了極度嚴重的衝擊。舉例來說，英國地方政府協會（Local Government Association）曾說，若政府持續推動緊縮，他們預期市議會預算光是在二〇一五至二〇二〇年間就會下跌驚人的七七％。這種預算刪減帶來的影響非常顯著。英國地方議會的支出大約有三分之二來自中央政府，其餘的支出則來自於當地稅收與服務費，但較貧困地區的當地收入資源通常會較少，因此議會對中央政府的依賴程度也會更高，此外，匱乏程度較高的民眾對公共服務的需求也會比較多。但預算刪減往往會對最窮的議會造成最嚴重的影響：舉例來說，諾斯利與利物浦是英國最匱乏的區域之一，在二〇〇〇年至二〇一六年間，這兩個地區的議會支出被刪減的金額大約是每位居民四百英鎊，而最富裕地區之一的沃金漢姆與艾姆布里奇的被刪減金額則分別是每位居民三點九英鎊及八點一四英鎊。雪菲爾大學的會計與社會教授亞當．利維對這種金流地理模式會在繁榮時期與危機時期帶來的影響作了總結：「這種從北部與西部注入東南部的交叉補貼是悄然無聲的，已經在無人留意的狀況下進行很長一段時間了」，這種模式導致了「一種區域道德風險：獲利是都市性的，損失是全國性的。」

此類型金流的其中一個主要路徑是股市。許多人都認為股票市場的主要功能是將投資人的錢投注至公司中——用來投資具有生產力的事物——但我在前一章提及的股東價值反轉了這個概念，公司越來越常優先拿利潤來買回自己的股票，而非用來投資——因此使得股價大漲，隨之節節高升的是股東的財富以及公司主管的股票選擇權——或者購買其他公司以達成壟斷併購或者收購。（當石油公司把錢花在這種事情上而非投資石油平台時，美國投資人稱之為「在華爾街鑽油」。）

在金融產業用以堵住真正經濟命脈的各種方法之中，上述這些做法（從公司的投資預算中汲取金錢放進股東與老闆的口袋）是最貪婪的做法之一。商業策略領域最傑出的美國專家之一比爾．拉佐尼克（Bill Lazonick）估計，美國每年藉由這種「透過股市汲取金錢」的方法流動的金錢平均有四千億美元，對生產性經濟造成了巨大衝擊，絕大多數的時事評論家都不太欣賞這種狀況，因為企業會加以掩飾實情，藉此提升股價。如今美國最富有的五%人口手中握有美國股市中大約三分之二的股份，可見這種財富轉移的模式是金融化不平等機制中非常關鍵的一環。

一份橫越大西洋的研究報告針對標普歐洲三五〇股票指數中的二百九十八間公司做了調查，發現在二〇〇〇年至二〇一五年間，這些公司花了相似的金額（共三點二八兆）回購自己的股票與支付股東股利。二〇一五年，這些公司花了三千五百億歐元——等同於公司淨收入的一一〇%——在股東的股利以及股票回購上。英國的數值則是一五〇%。這正是為什麼英國央行經濟學家安德魯・哈爾丹（Andrew Haldane）會說企業是在「自我吞噬」。英國許多（或許甚至是絕大多數）企業投資和就業人口都位於英國金融城之外的地區，顧客也都在這裡，但絕大多數的利潤卻反而都輸入了倫敦核心，因此，英國整體而言也是在自我吞噬。

這些金流的另一種表現形式，是多數經濟體都正逐漸傾向於壟斷，而壟斷本身就是一種集中的力量。併購的結果是（以及併購這件事本身的重點就是）讓外圍參與者付出代價，增加中央的市場勢力。外圍參與者可能會是企業內部的員工，或者企業外部的客戶、供應商和納稅人。壟斷者與位於中央的人獲得了更多市場勢力，同時商業街的肉販、書店、小農、咖啡廳以及各種小型與中型的企業變得越來越難以與其他企業競爭。我們可以在商業街上看見這些影響，日漸繁榮的社區與企業把位子讓給了投注站、一英鎊商店和慈善商店：窮人的生意。倫敦的暗星（dark star）力量越來越強大，正損害著英國商業、商業利潤與商業員工的引力。

一般而言，金融化增加代表我們會開始對金融比率投注前所未有的關注。這樣的關注會驅使公司把資產負債表上的資產剔除、刪減成本、刪減工作、刪減稅率，以便大幅增加股東的回報，或者從一開始就只聚焦於僅僅需要小額資本的商業上。矽谷的大型金融遊戲就是如此，車輛共享平台優步（Uber）不投資車輛，Airbnb通常並不真的具有不動產，臉書和谷歌的利潤取自於已陷入困境的送報員和許多其他勞動者揮灑汗水、走破鞋底、努力投資換來的成果。這些其實都是不同形式的精簡與分配模式（downsize-and-distribute model），也就是減少成本與資本支出，強迫公司吐出相應的現金給股東，而非把錢拿去投資標的商業。「這兩件事之間的差別並不是長期與短期。」拉佐尼克說。「這兩件事之間的差別是創造價值與汲取價值。」你在《金融時報》上讀到的每一次公司重組、每一次併購或者私募股權交易，還有你能想像得到的每一種避稅計畫和幾乎每一種金融工程：它們幾乎總是會表現出（他們的**目的**就是要表現出）同樣的利潤吸取效應，這種效應幾乎總是會符合同樣的金流地理模式。

在一篇由曼徹斯徹大學發表的外包研究報告中，研究人員發現了另一組能用來描述這種現象的有力數據。該研究比較了超級市場與私營的鐵路管理公司，例如維珍鐵路（Virgin）、第一蘇格蘭鐵路（First ScotRail）等企業。超級市場享有的已動用資本回報率（return on capital employed，簡稱「ROCE」，是股東友善的金融比率之一）是八．五％，鐵路公司的ROCE則是一二〇％。為什麼會有這麼大的差異？答案很簡單：鐵路公司並不擁有火車，他們的火車是租來的。鐵路公司的總資本投資只有二億英鎊左右，而超級市場投資的四百三十億英鎊則大多都花用在創造就業機會上。私營鐵路管理公司利用的，是政府資助的鐵路網公司（Network Rail）拿來建立鐵路基礎建設的三百六十億英鎊：別人的錢。曼徹斯特大學的研究總結說，這就是為什麼英國政府的部分合約中包含了企業「能擁有的最高利潤」。在這種輕資產（capital-light）商業模式中，企業找他人來投資，而金融化利潤則穩穩坐落在經濟的咽喉點（choke point）上徵收過路費。如今英國的咽喉點通常都坐落於倫敦核心。

伊恩・費沙（Ian Fraser）的著作《絞碎》（Shredded）的主題是RBS的不當行為與半破壞性舉動，他描述了金融本身是如何在追求股東比率時受到了金融化：「一九八五年至一九九五年這段期間，包括RBS在內的各家銀行都重新聚焦在股東價值上，他們完全改變了工作方法。」決策者不再位於前線，分行被掏空，掌權者則集中於中央。原先從地方儲戶手中接受存款的地方銀行家注重的是理解當地企業並提供貸款，如今他們被趕走，由銷售人員取而代之。「聖杯變成了交叉銷售，而交叉銷售時常會變成不當銷售……銷售、銷售、銷售變成目標，員工則受到相對應的激勵。」用金融誘因激勵員工銷售複雜的金融產品應該是個糟糕的主意。但股東卻深愛這種做法：政府針對支付保障險的一份調查報告顯示，二〇〇六年此類騙局的平均股本回報率是四九〇%。這份調查報告也發現，有些顧問所面對的金融誘因太過強烈，以至於他們把這些騙人的產品賣給自己的家人與自己。在騙局被拆穿多年後，他們依然還在繼續做這種事。金流又一次從英國的其他地區被抽取到倫敦核心，倫敦與英國其他地區之間的互動十分符合已故地理學家朵琳・瑪西（Doreen Massey）所謂的「殖民關係」。

如今眼前還有一個很大的難題。金融城不只從英國其他區域帶進金流，它還會吸引外國的金流。因此有些人會宣稱，這樣一來國家整體的狀況就又恢復平衡了吧？

別這麼快下定論。在這裡，我們暫且不討論事實上有許多來自國外的金流其實是菁英們或者全球銀行或者跨國企業在洗劫了其他國家（通常是貧窮國家）之後，藏進倫敦的不動產或銀行帳戶裡的。英國更應該注意的是，倫敦金融時報一〇〇指數中有超過五五％的股票的擁有者是外國人，也就是說許多（或者甚至絕大部分）流入倫敦核心的金流根本就沒有著陸，就連流入倫敦市中心的金流也一樣；這些金流直接又以股利的形式流回了海外。這些金融化的金流並沒有給倫敦帶來好處；金流注入了倫敦的富有階級，但同時也從倫敦更窮困的階級，甚至中產階級中榨取了更多錢。在論及財富所有權時，其實就算不考慮上述這個理由，倫敦本身就已經是西方世界中最不平等的地區之一。根據最新調查顯示，倫敦最有錢的一〇％居民的財產，是最貧困的一〇％居民的一百七十三倍。

這個巨大的地理分揀機器同時也是種族分揀機器與性別分揀機器。這臺分揀機器的判斷基準是能力不足於與弱勢，它從家庭照護行業中抽取客戶與雇員（包括數量不成比例的女人、數量不成比例的非白人與所有弱勢群體）的價值，再轉交給位於梅菲爾伯克利廣場或其他更遠處的人來處理。它同時也是世代分揀機器，從所有人手上拿取金錢再轉交到嬰兒潮世代手上，如今的PFI、影子銀行利潤和其他金融化工具紛紛把好處帶給了這些嬰兒潮世代贏家，而帳單則要由我們的孩子來支付。

這些川流不息的隱藏金流全都來自倫敦與英國各地那些受到歧視與霸凌的困倦者、脆弱者、弱勢者、蜷縮者與犯罪者，這些錢穿越龐大而繁複的金融渠道，送到一群人口相對較少的人手裡，他們多半是住在梅菲爾、赤爾夕、盧森堡、澤西島、日內瓦、開曼或者紐約的歐洲白人男子或北美洲白人男子。這就是金融詛咒在發揮作用。如果你能拿到這些錢的話，或許你也會覺得金融詛咒是個好東西。

愚笨化

除了政府以及私營企業的生產力部門正不斷吸取現金之外，如今還有另一種單向流動：知識、技術與人力的大量外流。

「我從來不在部落格寫案例，但今天我必須打破這個規矩。」律師兼前任保守黨議員傑瑞・海斯（Jerry Hayes）在二〇一七年於部落格中寫道。他提到的案例涉及一間私營刑事鑑識實驗室，該實驗室偽造證據，假造一位被告與一件證物間的連結，那件證物是葛拉克手槍與彈藥，而被告則是一位無辜的男子，他有可能會因為偽造的證據而被關進監獄裡好幾年。值得慶幸的是當時有一位政府律師不斷要求對方提供更多證據，私營實驗室最後承認他們「搞混了」，所以把被告錯當成是涉嫌人。海斯在部落格裡一路追溯問題直至數年前開始執行的英國國家刑事鑑識民營化，當時政府一宣布要民營化，就引起了專家們的驚恐反應。「國家審計局提出警告，民營化『有可能會引爆司法系統中的危機』。他們是對的。」海斯說。他還記得當時他向法官解釋為什麼刑事鑑定實驗室會弄錯時的狀況，「我永遠也不會忘記法官臉上的驚恐表情。我以律師的身分執業了四十年，我曾相信英國的司法系統是全球最好、最公平的系統，但這次的案件動搖了我的信心。請你們準備好面對真相並流下眼淚吧。接著你們就可以開始為英國司法哀悼了。」

隨著政府把越來越多服務外包給私營企業，責任的界線也隨之消失，政府越來越不瞭解經濟體的運作方式，進而開始穩定地失去掌控權。如今有三分之一的政府事務都是由提供外包服務的企業在經營，他們在健康醫療、監獄服務、社區照護、警察培訓和等政府事務構成的偽市場中營運，源源不絕的人才與知識都從政府外流，以至於政府更加依賴外包廠商。倫敦政經學院的愛比．英尼斯（Abby Innes）說，大量外包導致了「行政機關不得不變得愚蠢無比，制度記憶（institutional memory）、策略監督與連貫性都出現了嚴重損失。」

英尼斯不但專精於政治經濟，也是前共產主義國家專家，她說，諷刺的是，政府在把國家職責外包給私營企業時，創造出了一個具有不當誘因的系統，與蘇聯中央計畫有驚人的相似性。國家由上而下制定了長期表現目標，但這些目標永遠也沒辦法把所有可能出現的狀況全都含括在其中；世界正迅速改變，政府不可能既有效率又有彈性地監控極度複雜的合約；經濟參與者不斷試著想要躲避承諾過的責任，從中逃離；只要國家的某個部分崩潰，把眾多專門知識外包給私營企業的政府就會「被拖進一場它不可能贏的議價遊戲中」。

湯姆．蓋許（Tom Gash）曾在首相策略小組（Prime Minister's Strategy Unit）中擔任獨立顧問，他見過政府是如何失去成為「聰明消費者」的能力，並在交易關係中失去力量的。他說，政府與大型科技公司簽約，要對方提供資訊科技服務時，「對方的態度就像是『政府啊，我們會把這個問題從你手上接過來；你要給我們七年的合約。』」但是政府若想要改變那間公司的工作內容的話，就會掉進昂貴的陷阱裡，因為改變合約就必須支付高額的費用。「政府失去了能力，無法理解現在到底是怎麼回事：『這些東西是怎麼運作的？要做這件事實際上需要多少人？』」

這種狀況將使私營部門中出現一連串的巢狀關係（nested relationship）與互相拉攏，導致不同的參與者齊心協力地從政府手中汲取更多資源。舉例來說，一間提供專業服務的公司可能會針對某個IT計畫向政府提供建議，這時同一個IT計畫的其他投標將會和那間公司密切合作，去競標政府的其他計畫。「社會上充滿了各種彼此纏繞的關係和力量結構，」蓋許說，「還有各種能夠有效影響競標的方法：局勢錯綜複雜，每個人都認識彼此。」他舉了統一福利（Universal Credit）為例。二〇一〇年，多間顧問公司大力鼓勵英國政府重新打造低收入補貼和其他對低收入戶有益的福利，但公務員都認為這個想法簡直就是災難。「有時候，這些顧問公司會希望政府能動用大型的破壞式方案，因此他們常說：『我們可以用更好、更有效率的方式執行這些事情，所以我們來進行這個大型的轉型計畫吧，不要去管那些能讓這些事情進步二〇％的小型改變了。』」統一福利這個案例最後證明了公務人員是對的：如今統一福利的執行狀況比原訂計畫落後了好幾年，花費的錢比原本預期的支出還要多出數十億。這些支出代表與此計畫相關的私營企業都獲得了高額利潤。

有些人宣稱「市場」會使得這樣的過程更有效率，他們會告訴你，一旦你遇到什麼事情出錯了，你可以去雇用更多私營顧問公司來更正問題。但如果說更正問題是有利可圖的，那麼對這些公司來說，在一開始就提供永久性的方案是符合集體利益的嗎？外包的初始目的，是把競爭力引進僵化的國家系統中，降低成本。但如今外包帶來的結果卻是創造出壟斷服務的公司，例如信佳（Serco）、源訊（Atos）、加比德（Capita）和如今面臨倒閉的卡利里恩，這些公司擅長的不是提供最有競爭力的服務，而是標下政府合約並最大化自己的收入。在二〇一八之前的五年中，這五大企業標下了八〇%的政府外包合約。

然而，「愚笨化」的不只是正在流失人才與知識給私營企業的政府部門；私營企業也正在愚笨化，他們沉浸於金融比率中不可自拔，把才能全都從財富創造上轉移到利潤更高、資本更低、更能汲取財富的活動上。這些現象來自於正在席捲整個經濟體的私募股權模式。

以鐵路軌道公司（Railtrack）為例，這間公司最後走向悲劇的原因正是政府沒有好好規劃民營化。鐵路軌道公司為了刪減支出而擺脫了許多營運經理與工程師，轉而去擁護那些——引用一名職員所說的形容——「擅長私有化，對金融城有益」的領導人。他們開始追逐幻想中的科技，預期它們能為金融城帶來不可思議的利潤，但事實上政府永遠也不可能真正應用這些科技。不幸的是，能夠輕而易舉地指出問題的工程師已經被開除了。私人鐵路公司的老闆克里斯．葛林（Chris Green）認為，鐵路軌道公司曾擁有「一個才華洋溢的工程小組，但之後卻把這個小組給毀了」。接著，這個支離破碎的無能公司跌跌撞撞地與維珍鐵路簽下了一份他們根本搞不懂的自殺合約。數個月後，鐵路軌道公司經歷了好幾場真正的火車交通事故，最後因為內部成員互相指責以及一筆鉅額稅單而倒閉。

金融動力推動了私營企業外包化，打破了大型的垂直結合企業模式，將企業重組成類似貿易公司的單位，連結成範圍極廣的供應鏈，提供過去由政府所負責的職能，使企業獲得巨額利潤，在某些案例中企業甚至為消費者降低了成本。但是，這樣的外包化同時也挖空了過去盛極一時的產業生態系統。調查研究與培訓這一類的昂貴政府功能過去曾創造出遍及整個經濟體的正向外溢效果，使各行各業繁盛發展，如今這些功能已逐漸消失。政府原本可以即時介入，填補這些坑洞，但政府沒有這麼做，反而持續削弱自己的資源，削弱自己對政府經濟運作的了解。這些坑洞裡如今填滿了低廉而便宜貸款以及放任主義的陳腔濫調。我們必定能在這之中找到很重要的理由，來解釋為什麼英國的生產力會比其他與之相當的歐洲國家（法國、德國、荷蘭、比利時和瑞典）還要低一五%至二五%。數十年以來，英國政府一直妖魔化工會，說他們對於高薪的需求破壞了英國的生產力，但是，在此引用曼徹斯特大學在對於外包的研究，英國政府近年來為了「追求高報酬的金錢安排」而進行的金融重組是「更嚴重的破壞性力量」。

現今最巨大的兩個新自由主義渠道——政府外包與私有企業金融化——正逐漸把政府與私有企業中的財富、人力與才能一一清空。這又帶來了新的疑問：這些人都跑去哪裡了？

答案是他們都變成了諮商與顧問行業中的人力資源，這是難以定義的一群人，其人數與力量正不斷穩定成長。根據一項最新的調查顯示，英國有四十七點七萬名管理顧問，三十八點二萬名會計師，三十一點一萬名法律服務業工作者與四十二點一萬名銀行家。英國有不少顧問公司，例如波士頓諮詢公司（Boston Consulting Group）、麥肯錫公司（McKinsey & Co）、埃森哲（Accenture）和班恩顧問（Bain Consulting）——根據估計，班恩顧問二〇一七年的全球收入達到了一千四百億英鎊。倫敦也有許多法律公司，前百大法律公司在二〇一七年的收入是二百二十億英鎊。

「任何人舉目所及只會見到越來越多諮商顧問，」約翰．蓋普（John Gapper）在《金融時報》上寫道，「顧問含括的領域包括策略、投資、營運、公司福利、數位轉型、科技、行銷。有些商業領域似乎已經被顧問完全佔領了。」我們每個人都需要律師，我們偶爾會需要諮商建議——就像我們每個人都需要金融一樣——問題在於其中有多少顧問對社會是有貢獻的。一旦你放他們進門，你就很難把他們趕出去了。這讓我想起了一九五八年史蒂夫．麥昆（Steve McQueen）主演的電影《幽浮魔點》，電影中紅色果膠狀的外星人掉落到地球上，被一位毫無戒備的老人發現。果膠狀的外星人包裹住老人的手，把他吃了，接著繼續把它遇到的每一個生命體全都吞噬殆盡，長得越來越大，使人們陷入恐慌。

許多規模各異的外國私人企業行為人現在就位於《幽浮魔點》中的果膠狀外星人的體內。其中有一些企業的手段比普通的管理顧問公司還要更加粗暴。其中有一位自稱是「安排方」的人告訴我，他和他的同事會找遍全球各地稅金過重的公司，主動聯絡他們，並協助那些公司接觸具有侵略性且能帶來稅務效率（tax-efficiency）的系統。他把這件事描述得有點像是在摘取熟透的水果。他說，在全球金融危機發生前，「我們注意到稅務市場出現猛烈成長：交易金額越來越高，全球各處出現了越來越多法域——波蘭、西班牙等等。稅務專家轉而前往那些銀行與其他企業依然在付稅金的國家，他們說：『我們到這些國家裡和他們進行一筆交易吧。』」

果膠狀外星人體內還有一群生意人，他們永不休止地推動股東價值的概念，就算經歷了顯然應該改變此概念的金融危機，似乎也無意改變自己的立場，他們把金融比率傳授給我們，時時刻刻都在敦促我們為了更少的成本與更快的利益而努力。理解商業世界對於金融比率的著迷態度後，你就能理解為什麼你會覺得永遠沒有足夠的時間做任何事、為什麼亞馬遜要把「持續性表現進步計算公式」套用在員工身上，還有為什麼銀行要拿你的錢來承擔那麼大的風險，同時又把詐欺服務塞到你手中。如今世界各地都充斥著這種狀況。資深安哥拉經濟學家兼商人阿爾納・盧瓦古・德卡瓦魯（Arnaldo Lago de Carvalho）在二〇一七年向我描述了這種世界觀會帶來多大的危害。他難過地指了指安哥拉的海濱地景，那裡充滿了尚未建築完全的破敗辦公大樓與飯店，是二〇一四年油價大跌時那些「迅速致富」計劃崩盤帶來的後果。他嘆了口氣，告訴我有一整個世代的安哥拉年輕人都離開了這個國家，到西方就讀商業學校，又在二〇〇二年內戰結束時回來。

「每個出國念書的人回到這個國家之後，都認為他們必須迅速致富。」他說。「你不會去思考自己是不是要真的生產什麼東西並創造財富。那些人念完企管碩士之後，只想要成為顧問或者進入金融機構。沒有人想要去管理農業之類的生意。在我們這樣的未開發國家中，抱持那種想法的人並不會為國家帶來助力。」

用《幽浮魔點》中的外星人來形容一個其中蘊含了許多好人（有些人是我的朋友或親戚）的多樣化大型群體並不友善。但是這個群體中的成員，尤其是最資深的那些人，傾向於共享相同的觀點、特質和連結，這些相似之處會反應在他們服務的客戶的金融需求上。他們的收入來自於協助這些客戶——大型銀行和跨國企業、避險基金、私募股權公司等等——避稅、避免資訊披露、繞過法律與規則，因此，他們不可避免地會發展出反政府、反稅制、反規則的公司文化，必定會沉迷於我在上一章描述過的股東價值中。到了最後，他們組成的這個利益團體將會培育並推動一種「金融化倫敦中心式的共享世界觀」。果膠狀外星生物並不是這個組織架構的核心，但由於其中的成員都懷有相同傾向，認為替客戶增加股東價值是他們的基本責任，也都深入滲透了政府機關，所以我們幾乎可以把這個外星生物視為政治行為人。

外星生物中充滿了顧問、諮商與會計公司，這些企業如今已變成了雪菲爾大學的亞當．利維所謂的金融熱潮「超級傳播者」，遍布私營企業界，而公開上市的公司正不斷向如同拓荒者般的私募股權公司學習汲取財富的技術，把猶如高塔般堆疊的公司結構塞進避稅天堂裡，靈巧地混合債務與股權，從附屬企業中吸取收入，同時把風險留在同樣的附屬企業中，也就是把風險丟給其他人負擔。「顧問公司和諮詢公司會跑來跟我說：『你管理收入的方式不夠有效率。』」他說。「以前我們幾乎從來沒聽說過這種事：母公司以投機投資人的角色介入自己的附屬公司，帶走附屬公司的收入。他們把觸手伸進了充滿金流的附屬公司中——以前我們把這種事看作是一種褻瀆。如今我們卻習以為常。」

果膠狀外星生物不但使私人產業界金融化，更透過影響力的旋轉門使政府也受到金融化。外包的數量越多，外星生物的滲透範圍就越大。正如我在第五章解釋的，英國稅務與海關總署自己就已經被轉變成了由稅金餵養同時又反對稅金的機構，至少對某些特定的納稅人來說是如此。在過去十年間，英國稅務與海關總署的員工被裁減了四五％，他們表示未來還會繼續裁員，也就是說未來會出現更多外包業務。英國政府的其中一位稅務顧問大衛・希頓（David Heaton）被錄到他在一場會議中建議其他人要怎麼樣「把錢從財政大臣的髒手中拿過來」，他提供了一個「衝擊計劃」——操控帶薪產假的規則，「讓政府替你支付你公司提供的加給」。另一位更加資深的政府稅務官員愛德華・特魯普（Edward Troup）如今已成為英國稅務與海關總署的董事會成員，他曾說過稅金是「合法的敲詐」。喬治・奧斯本在成為財政大臣之前，曾被拍攝到他在英國的電視節目《每日政論》（Daily Politics）上，建議一位打電話進來的觀眾如何躲避遺產稅，「讓國家替你付錢購買個人護理產品。我大概不應該在電視節目上鼓吹這種事。」他說話時神情微妙地勾起嘴角，接著露出了充滿罪惡感的笑容。

與狼共舞的看門狗

果膠狀外星生物之中有各式各樣的金融參與者，其中最有影響力、最狡猾也最危險的是四間審計、會計和顧問公司：安侯建業、普華永道、安永和德勤（Deloitte）。

在於現實相符的好萊塢賣座電影《大賣空》中有一群卑劣的怪胎，由布萊德・彼特（Brad Pitt）、史帝夫・卡爾、雷恩・葛斯林（Ryan Gosling）和克里斯汀・貝爾（Christian Bale）飾演，他們在二〇〇〇年代中期調查了美國當時蒸蒸日上的房地場市場背後的數字，發現市場即將崩潰。但沒有人相信他們，當然了，最後事實當然證明他們是對的。如果有哪個群體應該在危機發生之前就喚醒社會大眾的注意的話，那個群體非四大會計師事務所莫屬，因為相較於《大賣空》裡面的那一小群怪人，四大會計師事務所擁有的資源超出許多，還能調閱非常多公司的資訊。但是在全世界即將步入金融混亂前不久，這四間會計公司提供了營運狀況良好的證明給西方的所有銀行業務巨頭。**每一間銀行**。他們也參加了各式各樣具有侵略性、危險性與風險的交易。例如普華永道就通過了針對高盛提供的外國擔保債務憑證（collateralised debt obligation，簡稱「CDO」）合約的評估，同時又開開心心地通過了針對AIG提供的相同CDO的完全不同評估。那些CDO助長了AIG的破產速度。美國最知名的投資人之一查理·孟格（Charlie Munger）檢視了這些交易，得到了一個簡單的結論。他說會計專業人員其實是「裁縫師」。這個問題比金融危機還要更古老：四大會計師事務的審計員通過了安隆、BCCI、許許多多儲蓄與貸款騙局、世界通訊和泰科（Tyco）的醜聞與各種其他問題的帳目評估，直到這些公司崩潰的那一刻才停止。

審計員應該擔任看門狗的角色：他們應該要為了保護投資人、員工與廣大的社會而檢查公司的帳務。金融危機像是一道破空的光線，打在看門狗應該要守護的草原上，讓我們發現原來這些看門狗一直都在和狼群一起大啖羊隻，雙方之間的合作關係不言自明——狼群就是在金融危機出現之前的繁榮時期賺進了數十億的大銀行和其他參與者，你我則是羊隻。

審計產業是如何加入這些掠食者，開始一起攻擊社會中的其他人的呢？稅務作家兼前任公司稅務稽查員理查德·布魯克斯在他的著作《會計》（Beancounters，該著作揭露了會計這項曾令人自豪的專業如今驚人的腐敗狀況）中回答了這個問題。「到了這個時候，」他在描述安隆的一個段落中寫道，「你可能會想詢問審計員在哪裡。答案是，他們就在這棟建築裡。這就是問題所在。」審計員和安隆之間的關係太過密切，安隆的會計室主任甚至會和負責審計的安達信會計師事務所（Arthur Andersen）裡的主要會計師合夥人一起去度假和打高爾夫球。

到了後來，四大會計師事務所和他們負責審議的公司已經糾纏在一起了，因為他們擔任根本不只審計員的角色。他們涉入了許多領域：替同樣的公司（以及有錢人）設計避稅策略、協助政府設計稅務系統，以及提供顧問與諮詢服務，主題包括了資訊科技系統、是否要在避稅天堂設立SPV、如何監督核電廠、如何管理健保系統、如何清算破產的企業等等不一而足。他們會出現在最意想不到的地方。在二〇一七年的奧斯卡頒獎典禮上，華倫．比提（Warren Beatty）在宣布最佳影片時誤把得獎電影說成《樂來樂愛你》，但事實上評審認為《月光下的藍色男孩》的表現比較好（的確如此）。這是因為普華永道給比提的信封是錯的。這時必定會有許多人想問：到底為什麼普華永道會跟奧斯卡扯上關係？

從本質上來說，四大會計師事務所在做的事，是填補所有因為外包而在公家機關與私營部門中出現的坑洞。填補坑洞能賺的錢實在太多，如今在四大會計師事務所將近一千三百億的全球收入中，審計佔的比例不到四〇％，在英國收入中佔的比例不到二五％。根據最新統計，四大會計師事務所每年光是透過稅務諮詢就能賺進將近三百億，這項業務的內容包括了協助私營企業客戶遵守稅法與逃稅，通常這兩件事會齊頭並進。若你搞不懂他們是如何同時進行這兩個顯然彼此相反的要求的話，你可以思考一下「漏洞」這個詞。

用布魯克斯的話來說，這些公司現在是「兼職審計的顧問公司」。這種狀況帶來了巨大的利益衝突。如果四大會計師事務所靠著銷售顧問服務給大型銀行或跨國公司賺進了數千萬元（以安達信為例，該公司曾在某個時間點預計要向安隆收取一億元的單年服務費），那麼這些公司又怎麼可能會在替客戶清查帳目的時候提出嚴格的質問呢？這些利益衝突可能在上一次金融危機發生之前就增高了風險，而如今依然可能有相同的事情正在發生，只不過這次面對風險的是明顯具有償債能力的主流公司。這些公司金融化的程度越高，面臨的風險就越大。

具有償債能力代表公司擁有的資產多於債務。基礎建設公司卡利里恩倒閉時，社會大眾才發現公司中有超過三分之一的資產都被歸計在名叫「商譽」（Goodwill）的會計項目下——這個含糊的詞語基本上指的是會計對於卡利里恩未來收入金額的評估。短期來說，卡利里恩的帳目裡有越多商譽資產，公司看起來就越強大，也就能借到越多貸款。這樣的機制讓公司可以把未來的價值拿到現在使用，目的是能夠在當下獲得公司想要的事物與利益。但是當公司倒閉了，這種模糊不清的概念就會煙消雲散，只留下資產負債表中的巨大空洞與受到嚴重傷害的債權人。四大會計師事務所通過的各種帳目評估鼓勵了能帶來利益的商譽遊戲，如今我們越來越常在公司中看見商譽這個東西了。等到下一次經濟衰退再次出現時，若利率上升或者投資人對虛幻的商譽失去了信心，那麼全球經濟就有可能會再次經歷會波及整個系統的損失。

為什麼四大會計師事務所會批准這些形同鬼魅的資產？政府清算人在清算卡利里恩的資產時發現了主要原因：這幾間事務所在卡利里恩倒閉之前的十年間賺取了超過七千萬元的服務費。安侯建業和德勒都是審計員，兩方都通過了帳目評估；安永曾提供該公司大規模的顧問工作，而普華永道則提供了諮商服務。事情還沒完。清算員在尋找適合的會計師事務所來處理卡利里恩的無力償付時，認為從卡利里恩賺取「僅僅」一千七百萬英鎊的普華永道是四大會計師事務所裡面利益衝突較小的，因此適合這個工作——但之後又出現了轉折。議會委員會認為，普華永道「沒有能力或者沒有意願預估這項工作需費時多久，或者最後的帳務會是多少錢。普華永道可以自由開價。寡佔市場已經變成獨佔市場了。」根據估計，四大會計師事務所將會從這項善後業務中賺取五千萬英鎊。

這個問題的本質很簡單，任何在羅伯特·博克時代之前的反壟斷人士都能辨認出來：這些公司從深埋在商業模式內的利益衝突中找到有利可圖之處，並發現自己能藉此獲得巨大的市場勢力，這激勵了他們開始利用這些衝突並從中獲利。在此引用會計學教授普雷姆·席卡的說法，審計員這個角色使四大會計師事務所變成了「資本主義的私人警察勢力」。根據法律規定，公司中必須設有會計審計員這個職位，而如今規模最大的那些企業之中的帳務已複雜到瘋狂的地步，只有四大會計師事務所有能力或者有意願接下這份工作。但他們和真正的警察不一樣，支付薪水的不是政府，這些有錢會計師的薪水來自客戶。過去數十年來，在倫敦金融時報一〇〇指數中的公司中，由四大會計師事務所協助審計的公司比例一直落在九九％與一〇〇％之間。巴克萊也佔據了同樣的審計員地位一百二十年之久，直到在歐盟的嚇阻下被迫改變。這些看門狗不只和狼群結為同盟；他們像是已經同居了好幾十年的伴侶一樣，逐漸變得越來越像狼群。

四大會計師事務所如今能利用的利益衝突的規模與數字已經大得足以讓人眼花撩亂了。他們同時還提供大型公司金融化服務、簽下具有保障且有利可圖的合約來協助世界各地的政府設計稅法、幫助避稅天堂處理**它們的**法律以便讓跨國企業與億萬富翁能避開國內稅金，並且協助跨國企業和銀行充分利用這些避稅天堂。

付錢請這些事務所協助英國設計稅法，就像是付錢請強盜建議你家裡該用哪種鎖最好一樣。強盜當然是居家安全的專家，但他們也是最有能力闖進你家的人。（四大會計師事務所與強盜的不同之處在於，四大會計師事務所會幫助客戶小心翼翼地繞過法律，而不像強盜一樣厚顏無恥地直接違法。）四大會計師事務所並不只是被動地提供建議而已；他們一直勤勉用心地在國際稅法上打洞。例如安永，他們擁有一個涵蓋許多國家的「稅務政策與爭議網絡」，並揚言說，在那些媒體可能會報導公司逃稅的敏感地區中，「政策發展提供了低風險的另一種選擇」，他們可以在這些地區「沒有絲毫延遲地執行」稅法更改。「政策發展」當然是在委婉地指稱他們對稅法的遊說與影響。與此同時，根據議會委員聽到的描述，四大會計師事務所的職員在政府中遊走，玩起了「現在是盜獵者，接著變成獵場看守人，接著又變成盜獵者」的遊戲。

四大會計師事務所變成了「使公部門與私部門之間的界線變得模糊的溶劑」，布魯克斯說。「如今『營運國家經濟體』與『在銀行業或四大會計師事務所中工作』已經是同一種職業了。這扇旋轉門意味著他們和政客會用同一種方式看待這個世界，而政客——奧斯本與歐巴馬等人——一旦離開了政府，就會開始賺大錢。那些年紀四十出頭時在財政部工作的人，之後都去了貝萊德這一類的地方工作。曾在醫療衛生服務重組時提供貢獻的人之後都轉至安侯建業旗下，協助安侯建業提供更新、更有競爭力、更零散的醫療衛生服務。」由此可見，果膠狀外星生物依然在穩定地散播它的影響力。

新聞業者傾向於稱四大會計師事務所這些減少稅金的舉動為「避稅」，這個詞語在定義上來說並不違法。但這種稱呼通常都是錯的：若有人對事務所的避稅方式提出質疑，資源充足且真正獨立的稅務法庭很有可能會擊潰這些策略。二〇一三年，普華永道的一位資深職員告訴英國公共帳目委員會，普華永道會硬把避稅策略塞給跨國公司，就算他們認為那種策略被告上法庭之後只有四分之一的機會能存活也一樣。公共帳目委員會會長瑪格麗特・霍奇用另一種說法描述了這種狀況：「你提供這些服務給你的客戶——刻意推銷這些策略——的時候，判斷這種策略有七五%的風險會被判決為違法。」（另一位普華永道的職員否認這件事，他回應說：「我不知道這種說法是哪裡來的；我不承認這項描述。」另一位來自安永的職員則說，自二〇〇〇年代初期他們的標準就已經改進了。）四大會計師事務所的盈餘和營收是綁在一起的，因此就算他們秉持的道德標準不斷下降並且慢慢傾向於反抗——甚至觸犯——法律的界線，我們也無需感到意外。霍奇把這種現象用金融詛咒做出了清楚描述。「真正讓我沮喪的是，」她在某次公開吐槽來自跨國公司的數位倒楣稅務人員時說，「你們原本可以對社會大眾提供很多很棒的貢獻，但到頭來，你們每個人選擇工作的地方都只會削減我國用來建造學校、醫院和基礎建設的可用資源。」她說，真正令人感到無比震驚的是，與事務所進行交易的產業種類非常廣泛。四大會計師事務所一直都很堅定地站在跨國公司的那一邊對抗社會大眾，它們顯然「厚顏無恥，缺乏對於議會與英國人民的尊重」。

相較於富裕國家，發展中國家通常更加依賴公司稅收，他們面對的問題比上述的狀況還要更糟。當一個國家政府想要針對大型跨國公司執行稅法時，政府或許只能找幾位沒有經驗且薪資低廉的稅務官員去抗爭，有時甚至要到國外的法庭打官司。這些官員要面對的將會是一大群頂尖律師以及四大會計師事務所的顧問。這就像是試圖用一根樹枝打退一群獅子一樣。英國慈善機構行動援助（ActionAid）發表了一篇報導，封面是為了微小利益而把南非米勒啤酒（SABMiller）賣掉的迦納籍業主，瑪爾塔・盧特古德（Marta Luttgrodt）的照片。報導總結道，儘管她當年繳的所得稅少於五十英鎊，但是這筆款項已經超過了那年南非米勒啤酒在迦納繳的總稅額。被告知這件事時，盧特古德只簡單地回了一句：「我不相信這篇報導。」她**還能**說什麼呢？

政府把自己的大腦外包給果膠狀外星生物之後，受到的影響就越來越嚴重了。但這種影響還會繼續劣化：果膠狀外星生物的價值觀已經俘虜了英國的文化與社會。近來發生的各種商業與稅務事件把許多記者弄得頭昏眼花，他們開始向反對稅金並贊成法規寬鬆的果膠狀外星生物尋求專業協助，接著又在接受了果膠狀外星生物的觀點之後頻頻點頭。把居家照護也外包出去吧！把大學也金融化吧！把稅務稽查員腳底下的辦公室都賣給避稅天堂的公司吧！讓監獄和刑事鑑識實驗室都私營化吧！把健康醫療公司賣給私募股權吧！讓兩大超級市場巨頭合併吧！每一個事件都從英國其他地區汲取更多財富，注入至倫敦核心中。

全球各地的政府都未能成功控告四大會計師事務所，也沒辦法執行最顯而易見的改革方法：打散這些事務所，尤其是把審計功能從事務所的業務中剔除。他們已經吞下了大眾的高聲質疑，任何來自國家審計局或者任何英美執法單位的調查，頂多也只會讓他們打個飽嗝。二〇一一年，英國競爭管理機構針對他們極高的市場勢力進行了調查，但事務所輕而易舉地一揮棒就把調查行動擊落。事務所的罰款幾乎總是這裡五十萬、那裡一百萬，不會再多了：相較於他們如同巨無霸般的全球收入，這些罰款就像跳蚤的叮咬。四大會計師事務所的幾位老闆，包括在金融危機發生前掌握全局、如今進入了董事會的那些合夥人，都被授予了爵位與騎士封號。相同的地理模式又再度浮現：倫敦核心的四大會計師事務所合夥人以及受益於事務所寬鬆審計方式的公司擁有人賺進了財富，英國的其他地區的其他人則終將遭受巨大的損失。

這樣的運作模式絕不可能使任何國家變得繁榮。

第十一章　證據系統

開始探索

二〇一五年七月，四大會計師事務的一名資深員工告訴我，她很驚訝英國最近竟然刪減了公司所得稅稅率。她滔滔不絕地告訴我，這次的刪減會讓英國經濟成長，最新的夏季預算中甚至還有表格能證明這個論點。我的確在夏季預算中找到了那個表格，就在第五十五頁，那是一個藍綠相間的漂亮圖表，標題是「競爭稅」，圖表中的未來二十年前景明顯展現出一系列的公司稅刪減（從原本的二〇一〇年二八%，到預期的二〇二〇年一八%），這樣的作為將會替英國企業省下將近一百七十億英鎊，吸引到非常多外來投資，刺激新經濟活動，長期來說會使GDP增加一百八十億英鎊。好日子要來臨囉！

然而，我注意到圖表下有一行小字「來源：使用英國稅務與海關總署之可計算一般均衡模型

（Computable General Equilibrium Model）計算與假設性獨占者檢測法（hypothetical monopoly test）分析」。這是什麼意思呢？網路上的枯燥官方文件這麼解釋：首先你要從盒子的一頭放進與稅務相關的眾多數據以及金融狀態，然後轉動把手；該模型將透過公式運算這些數據，在盒子的另一頭丟出答案。但我還是很好奇，這個盒子裡到底有什麼？模型是怎麼運作的？我找不到任何線索，因此我向英國稅務與海關總署提出了資訊公開要求（Freedom of Information request），希望能獲得更多資訊，並耐心地等待回覆。

每個人都知道鉅額金流會把證據扭曲成對其有利的狀態，並想辦法隱藏這種扭曲發生的痕跡。舉例來說，很少有人在聽到這件事時會感到訝異：相較於支持稅率刪減、自由市場與金融法規寬鬆化的右翼而言，左翼智庫的資金來源透明公開程度是比較高的——而且高**很多**。金融利益正持續不斷地以難以察覺的方式滲透至我們的金融新聞與分析之中。舉例來說，若你曾看過歷史學家尼爾．弗格森（Niall Ferguson）廣受好評的影集《金錢崛起》（The Ascent of Money）的話，你是否有留意注意到該節目獲得了開曼群島的贊助，金額是不公開的六位數？經濟學家有時也會創造出在數學計算上顯得很優美，但在混亂的現實世界中卻毫無道理的公式，並因此受人嘲笑。

本章想要闡明的觀念是，無論調查者多麼富有技巧、多麼誠實、立場多麼超然，計量這個動作本身就傾向於站在有利於大銀行與跨國企業的立場上系統性地歪曲事實。其中的原因有很多，但主要是因為對大型企業有利的事物較容易衡量，對廣大社會有利的事務則較難以衡量，因此在我們用證據系統處理調查與計量出來的數字，接著放上報紙頭條並基於證據設立新法規時，企業的利益就已經贏了。

在告訴你英國稅務與海關總署接到我的資訊公開要求後提供了什麼回答之前，我們應該先花一些時間探索「證據」的戰場，以及如何將證據當作武器拿來對付進行中的政策制定。

要求減免公司稅的人主要抱持以下三個論點。第一，他們說減免稅金可以讓當地企業手上留有更多錢，這些錢拿去投資之後能創造工作機會與經濟成長。第二，他們說低稅率會吸引海外投資。第三，他們說減稅就能減少公司以騙人的伎倆減免稅金。這些論點時常伴隨著老派的狗哨片語，例如「具有競爭力的稅務系統」和「在全球競賽中落後」，意圖使眾人熱血沸騰。不過這三個核心論點聽起來似乎很有道理。儘管如此，我們還是會期待負責政策制訂的勤勉政府官提供相關證據，證明事實的確如此，所以政府官員應該要試著做一些調查，或者找專家來做做研究（後者較有可能）。

如果政策制訂者傾向於做出刪減稅務的結論，他們可能會找對商業友善的組織來做研究，例如牛津大學營業稅賦研究中心（Oxford University Centre for Business Taxation）。你或許會覺得「牛津大學」聽起來不錯，但我們的政策決策者或許會知道，這個組織在二〇〇五年建立時，有五百萬英鎊的補助款是來自高盛集團的前任職員克利斯．威爾斯（Chris Wales）所領導的大型跨國組織，一百小組（Hundred Group）。從一開始，這個組織的目的就是利用學術重量來——引用威爾斯在《財會時代》（Accountancy Age）的描述——「使英國企業的稅務系統變得更加具有競爭力」，如果你仔細檢視該組織發表的研究，你就會注意到處處都充滿了這種競爭力訴求。研究中心的領導人麥可．德弗羅（Mike Devereux）教授曾在《金融時報》上發表了一篇文章，名為〈最好的公司稅改革就是廢止公司稅〉。在和他聊天的過程中，我明顯發現他的觀點比《金融時報》上那篇文章的標題所暗示的還要更加複雜，研究中心也的確曾發表過複雜、具有學術複雜度且觀點不同的許多研究。儘管如此，研究中心依舊沒有明說他們獲得的資助中有多少是來自大銀行與跨國企業，但金額很大。研究中心的報告傾向於做出相同的結論：刪減公司稅不是個壞主意。

但我們現在先假設我們的這位政策制訂者是一位理想主義者，受到老派的公眾服務傳統所拘束，希望能由一位沒有利益衝突的學者來完成這項評估。他們找到很多沒有利益衝突的學者，指派了其中一位獨立學者來進行這項工作。他或許一開始會先研究不同時期的各個國家，接著檢視這些國家在減免或者提高公司稅的時候會發生什麼事，接著試著找出一套模式。公司稅減免能帶來更多公司投資、外國進口投資或者更多工作嗎？他可能會使用迴歸分析，這種數學計算方式能夠讓人弄清楚兩件事之間是否有因果關係，又或者數值改變與數值間的關係是來自於其他事物。他可能會找出一些數字，使用「彈性」或「半彈性」等字眼，意思是經濟部門對稅率改變的反應有多強烈。如果他有時間和資源的話，他會檢視不同種類的稅，檢視不同種類的公司和投資人。

他們是外國的綠地投資人（尋找綠地並從零開始建造新工廠）嗎？或者他們只是不斷把錢從這一處轉移到另一處，購買現有的當地公司的股份，對當地經濟只有微小的貢獻？他可能也會試著考慮到在德國刪減公司稅帶來的效果，會不同於在小小的盧森堡或窮困的坦尚尼亞刪減公司稅帶來的效果。他必須努力理解永無止境的資訊，進行多如恆河沙數的調查。計量或許不會是件簡單的事——我們的研究人員必須費盡千辛萬苦才能弄清楚這些數字的意思——但他絕對有辦法得到一些數字做為結論。

這些證據時常會直接帶領我們走入以「公司稅減免會增加投資」為開頭的故事，這當然是件好事。許多已發表的主流研究都會有這樣的開頭。但請想像今天我們的研究學者與政策制訂者比一般人還要更嚴謹。他們挖掘得更深入、詢問了更多研究性的問題，在這麼做之後，這個故事開始逐漸崩毀。他們挖掘得越深入，故事就崩塌得越快。

要弄清楚這個故事的核心，讓我們在此繞個路前往中美洲，檢視公司稅減免意識形態中特別具有影響力的一個部分。二〇一一年，堪薩斯州選出了一位名叫山姆·布朗貝克（Sam Brownback）的市長，他來自堪薩斯州最有錢的家族之一，自稱為農場男孩。他高聲宣稱自己反抗政府並且彈性地支持大型企業，藉由引人注目的噱頭賺來名聲，例如在辦公室白板上寫下國債的多寡並時時更新，替即將退休的副手洗腳，藉此展現出自己如聖經的描述一樣謙卑。他說演化論是「一種理論，而非事實」，曾簽下行政命令允許堪薩斯州以同性戀為由開除職員。在大聲咒罵了說客以及大筆金流在政治中扮演的角色之後，他在影子遊說公司的協助下再次當選，根據一位美國參議員在宣誓後的證詞，該公司在協助他時繞過了競選財務法。

在當選後，布朗貝克簽署了堪薩斯州有史以來最大的稅務減免法案，大幅刪減個人與企業稅。「我們將會在真實生活中進行一次試驗，而且我們旁邊的其他州都沒有降低稅金。」布朗貝克說。他向民眾保證，稅金刪減將會對堪薩斯州的財政核心「注射一針腎上腺素」。

他搭機去拜訪以拉弗爾曲線（Laffer curve）聞名、聲音粗啞的經濟學家亞瑟．拉弗爾（Arthur Laffer）。拉弗爾曲線是一九七四年這位學者在一間飯店的大廳畫給迪克．錢尼（Dick Cheney）看的經濟學圖表。該曲線看起來就像火箭直直朝上時的鈍圓形鼻尖。這個理論的概念是，在稅率〇％時你會獲得的收入是零——但是在稅率一〇〇％的時候你會得到的收入也是零，因為在這個條件下沒有人願意工作。因此圖表中的曲線先是上升之後又落下，其中的某一個點會是稅收最高的甜蜜點。拉弗爾感興趣的是曲線右方往下降落的部分，也就是在你刪減稅金時政府收入會上升！不難看出為什麼迪克．錢尼與繼他之後的那麼多人都如此沉迷於這頓顯而易見的免費午餐：因為人們付的稅金減少，而政府卻獲得了更多稅收。每個人都是贏家！布朗貝克說這是「注射一針腎上腺素」，拉弗爾則說這是「更多受顧員工、更多產出、更多產品、更多銷售稅。」這兩個男人肩並肩，期望人民與企業能像是一波浪潮一樣從密蘇里州衝往堪薩斯州。

七年多之後試驗的結果出爐。事實證明稅金刪減是一顆迅速爆炸的財政赤字炸彈，把財政炸成了一堆殘骸：學校關閉、滿地坑洞、受過良好教育的堪薩斯人逃離堪薩斯州、窮人的稅金過高以及私營企業的工作機會減少。「我收到選民寄來一封又一封又一封的電子郵件告訴我：『停止這個試驗吧，拜託。』」一位共和黨參議員說。當地報紙與全國報紙的頭版都開始報導這件事：「山姆．布朗貝克毀了堪薩斯州：美國最糟的州長與無比保守的意識形態如何毀滅了一整個州」。二〇一四年，超過一百位知名共和黨員公開支持與布朗貝克一起競選州長的民主黨對手。堪薩斯州的狀況實在太差，該州的最高法院裁定教育支出金額因過低而違憲，二〇一七年六月，由共和黨掌控的堪薩斯州立法院取消了許多刪減的金額。布朗貝克默默停止了提供堪薩斯州的季度報告，並公開鼓勵新上任的總統唐納．川普在全國實施他的稅務刪減制度——而川普也照做了。

拉弗爾曲線背後的歷史冗長而不名譽：足夠讓我們認為這個理論在實際操作上是失敗的，而堪薩斯州只是眾多證據中最新的一個證據，證明了拉弗爾曲線並不適合做為政策的普遍指引。你可能會覺得刪減公司稅的確會降低公司想要透過欺騙逃稅的慾望，但真正發生的事正好相反：自一九八〇年代開始全球大幅刪減公司稅，但隨之而來的卻是越來越多的公司稅計畫（逃稅）——過去十五年來與稅務相關的利潤轉移增加了五倍，現在各國政府每年因此付出了三千億至六千五百億的代價，開發中國家面臨的衝擊甚至更大。說到底，難道稅率從二五％下降到二〇％，公司就會停止遊說政府把稅率再下降到一五％嗎？如果說公司在避稅天堂可以繳交〇％的稅，它又何必接受二〇％甚至一五％的稅率呢？

最重要的是：無論再多說客宣揚降低稅率的好處，無論英國稅務與海關總署再怎麼支持某些模型中展現出的美妙拉弗爾曲線，無論這些人再怎麼為了支持降低稅率而扭曲證據，事實證明了降低稅率就是會減少稅收。這帶領我們進到了下一個真正重要的論點。

為了討論這件事，讓我們先在此假設我們這位絕對獨立的研究人員找到了或者發表了一篇研究，顯示公司稅減免的確能使增加政府投資或吸引外國投資人。但這個研究依然無法證明稅金減免是不是好主意，因為研究人員只聚焦於稅金減免帶來的好處，而沒有去研究付出的成本。她知道贏家與輸家在哪裡：贏家就是跨國公司等利益團體，我們通常可以透過利潤、投資額等數字的增加來計量這些團體所獲得的益處。但付出的成本通常會被強加在範圍分散的利害關係人身上，這種影響通常是無法衡量的。

但是政客們想要數字！舉例來說，從一九八一年開始美國聯邦機構就被要求必須在制定法律時以成本效益分析為基礎。因此，我們的研究人員雖然能寫出測量得到的數字，但卻只能對無法測量的成本支出提出警告。對於實際數字的渴望代表政府機構會聚焦於有數字的好處，忽略那些警告。

英國將公司稅從二八％刪減至二〇％，也就是讓本章開頭提到的四大會計師事務職員感到高興的稅務刪減。政府預估該措施將會使英國稅收每年減少一百六十五億英鎊。這些錢多到你可以拿來營運十二間完整的牛津大學。或者你可以拿來營運九間牛津大學，然後把剩下的錢拿來把英國金融行為監管局的資源翻二倍、把政府網路安全資源翻三倍並把英國稅務與海關總署的工作人員翻二倍。又或者你可以在倫敦建造十五座聖巴多羅買大型醫院，而且是每年建造十五座。又或者你可以每年把將近五十萬名小孩送進伊頓就讀，當然前提是伊頓能裝得下這麼多小孩的話。

這些稅務減免真的是值得的交易嗎？英國有因此變得更有「競爭力」嗎？英國的生產力有進步嗎？

事實上，我們沒辦法用數字來回答這些問題。就算研究人員拿出了精確的成本數字——每年一百六十五萬英鎊——你還是距離真正的答案無比遙遠。如果預算刪減導致學校品質下降或者導致打擊犯罪的警戒下降，又或者只是使選民感到不公並且削弱民眾對於稅務系統的支持度，那麼這些支出成本是否有大於投資成長的任何可能性呢？這些支出成本是無法計量的，而且我們也沒有科學或者經濟學上的基礎能夠讓我們決定這樣的利益交換是否值得。

我們的這位獨立學術調查人員現在可能已經覺得頭昏眼花了，但如果她是一位能力良好的調查人員，她就會向我們解釋，只有政治與民主能回答這些問題；數字是沒有幫助的。然而對於數字的短視近利渴望已滲透進了英國某些過去向來受敬重的機構中，這樣的渴望終將會削弱這些機構的可靠度。以財政研究所（Institute for Fiscal Studies，簡稱「IFS」）為例，研究所所長保羅．約翰森（Paul Johnson）告訴我，這個機構「確確實實是一間研究**微觀**經濟學

（microeconomics）的機構」，而公司稅帶來的影響「肯定是微觀經濟學議題」。他告訴我，他們不研究**總體**經濟學（macroeconomics）。這是一件很重要的事，因為微觀經濟學著重於個體與機構的表現，是經濟體中的一個部分，而總體經濟學聚焦的層級則是整個經濟體。

政策制定者最終需要的會是總體影響而非微觀影響，來確認稅務刪減會對整個國家帶來什麼成本與利益。沒有謹慎處理微觀的思考方式有可能會產生經濟學家所謂的「組成謬誤」。對於經濟體中的某個部分有利——在這個例子裡也就是對大企業有利——並不代表對整個經濟體有利。二〇一七年工黨提議調高公司所得稅時，IFS提出了一項研究，表示這麼做不會創造稅收，並提出警告說「在和某些歐盟國家比較時，英國的競爭力程度會相對降低」。

IFS在同一份報告中提出了另一個支持減稅的人最喜歡的老觀點：大幅增加公司稅所造成的負擔很有可能會轉移到勞工身上，換句話說，如果你收的公司稅變多了，公司就會因此把雇用的員工減少，或者把付給員工的錢變少。這樣的論點一點道理也沒有。負責支付公司稅的應該是企業擁有者，他們是最有錢的那群人。唐納．川普在二〇一七年大幅減少稅金就是一個很好的例子：他承諾稅金刪減會使勞工家庭的收入增加四千元，但在最新出爐的統計數據中，預估有八三%的橫財都流入了美國最有錢的那一%人口手上。華爾街銀行、大型科技企業和大型製藥廠因為稅金下降而賺進了大量橫財，預計只有四%勞工人口的薪資或福利出現上升。從本質上來說，事情的真相正好相反：刪減公司稅使得稅金負擔轉移到了勞工身上，因為在政府收入中，勞工支付的比例增加了。

事實上，刪減公司稅還會帶來許多隱藏的支出成本。這裡舉一個例子。如果你刪減的公司稅率夠多的話，高收入者可能會要求他們的雇主不要把薪水或手續費直接發給他們，而是透過個人空殼公司的方式領錢。這麼一來，他們或許就可以不用支付變高的所得稅，而是改成支付較低的公司稅，此外他們也可以時常利用財務工具在不需支付稅金的狀況下把錢拿出空殼公司。所以降低公司稅也會帶來所得稅與國家保險收入降低的風險。事實上，在許多國家中，一開始設立公司稅的關鍵原因就是要把公司稅做為保護個人所得稅的後盾。這是另一個降低公司稅率會導致整體避稅率上升的原因，與你可能預期的狀況正好相反。

請想像看看，如果今天政府遂了某些說客的意，完全取消了公司稅的話，會發生什麼事。你或許可以付出巨大努力，估計出政府在所得稅收部分的損失，並把這些損失加進那一百五十億英鎊中。有鑑於英國的個人所得稅與國家保險的收入金額比公司所得稅的金額還要高六倍，損失有可能會更大。但我沒有注意到目前有任何學者在試著估計這個部分的損失：其中有太多無法計量的部分、太多不斷變動的部分，因此我們可能根本沒有辦法計算出實際數字。

更糟的是，在這之中還存在著一個回饋迴路。若我們降低的公司稅太多，人們會說：「快看，這麼做導致所得稅下降了！我們要把所得稅的最高稅率也調降，才能阻止所得稅繼續下降！」到了最後，這會變成稅務系統內的競賽——這次的競賽並非發生於兩個城市之間，而是兩個稅務系統之間。而這場競賽將一如往常地把金流與權力都往上帶動。此外，還有另一個問題。刪減公司稅很有可能會使那些展現出掠奪性尋租行為（rent-seeking）的企業所獲得的獎勵大於那些真正創造財富的企業。比較一下以下兩間公司，第一間公司投資了一億英鎊在工廠與五百名員工身上，賺進了五百萬英鎊的應稅利潤，第二間公司在債務的推動下雇用五個員工進行股票換手投資，把資產金融化，將二百萬英鎊投資到資訊技術系統中，同樣也賺進了五百萬英鎊的年利潤。如果你把公司稅率從四〇%砍到二〇%，這兩間公司的稅後利潤都會大幅增加一百萬英鎊，從三百萬英鎊變成四百萬英鎊。工廠擁有人會發現公司的資本報酬率上升了一%——一億英鎊中的一百萬英鎊。獲得這些能夠自由運用的錢的確很棒，但絕對稱不上是能夠改變大局的金額。進行股票換手投資的公司則不一樣，他們的資本報酬率大幅上升了五〇%——二百萬英鎊中的一百萬英鎊，資本報酬率增加了五十倍。這麼大一筆錢的確值得他們花時間去遊說政府。

以上的簡單計算能讓我們清楚看出來，為什麼刪減公司稅會鼓勵那些投資方式不對的投資人，此外還會對我在上一章描述的股東價值災難火上加油。刪減公司稅對我們的經濟系統造成的影響，就像是精製糖分會對人體造成的影響——帶來毫無營養的金融熱量，對長期健康造成負面影響。

你要怎麼去測量上述這些事物帶來的長期支出成本，用以對抗那些具有評價標準的利益呢？就算你想測量，你也做不到。就連英國政府官員都承認了這個問題——接著他們就用諷刺的嗤笑草草帶過這件事。「政府的本意並不是去評估所有企業，把他們分成生產者與掠奪者，接著用不同稅率向他們課稅，或許還要加上『掠奪者額外費用』。」財政部國庫秘書大衛・高克（David Gauke）說。「這種作法會使我們對英國稅務與海關總署有很高的額外需求。」

高克先生不應該拿這件事來開玩笑，而且他也說錯了。請記得，國家需要的投資應該要能深根當地經濟，帶來工作機會、技術與長期成長，公司的管理階層應該會把孩子送去當地的學校，公司的生意則應該要能支援當地供應鏈的生態系統。這才是最重要的價值，如果這些公司真的深根於當地了，那麼小幅提升的稅率不應該把它們嚇走。如果今天有一位投資人對稅率較為敏感，那麼從定義上來說他幾乎必定會是淺根的投資人；稅金通常會嚇走的是實用價值低、掠奪性高的投資，這種投資帶來的工作機會與當地連結相對較少。高克先生或許會有興趣想知道這件事：公司稅增加這件事本身就等於是掠奪者額外費用，是個能夠把社會中的無用稻穀殼篩選掉並留下營養小麥的好方法。

高克應該已經知道，英國當初引進所謂的受控外國公司（controlled foreign company，簡稱「CFC」）的時候發生了什麼事——英國對於避稅天堂活動的防禦政策大幅減少，希望能夠吸引外國的跨國公司到英國進行低稅金交易。在二〇一四年，《電訊報》刊登了一篇文章，指出這次修法已被證實是重大成功，文章引用四大會計師事務職員的預測，說修法將會帶來五千份以上的工作機會。「上百間跨國公司都在排隊想要進入英國進行交易，」文章不斷強調，「這將會引進數千份新公司以及上百萬英鎊的額外稅收。」顯然修法「將會增加十億的稅收」。

但實際上發生了什麼事呢？首先，那十億英鎊顯然指的是政府預估修法會**支出**每年十億英鎊的收入損失。我在二〇一五年的一篇小型調查報告中發現，只有六間公司說它們把總部遷至英國。在這六間公司中，我只找出了二間——百慕達起家的保險公司蘭開夏（Lancashire）和廣告與公關公司WPP——他們說稅金是決定性因素。WPP沒有替英國帶來任何新工作；蘭開夏說在進入英國後「或許帶來了五到六份」工作。全球最大的保險經紀人公司怡安（Aon）說，他們的公司進駐英國後帶來了二十份資深工作的機會，但稅務並不是決定性因素。義大利汽車製造商飛雅特（Fiat）也宣布要把稅籍移至英國，他們說稅金是原因之一，但並不是**主要**原因，並表示這次的移入「不會對義大利或其他地方的員工人數造成影響」。前陣子路透社調查了因為這些原因而搬遷至英國的美國公司，結果顯示，確實由這些公司帶來的工作機會只有大約五十個，但路透社之後又補充說，其中一件由稅率驅動的企業異動——自由全球（Liberty Global）收購維珍傳媒（Virgin Media）——造成了六百個工作機會的流失。利益全都流入了大型公司與其擁有者的口袋裡。因此，我們可以在此引用政府自己做出的預估，這種「具有競爭力」的舉動事實上使政府損失了十億英鎊的年稅收，並且最後很有可能會導致工作機會減少。

這種對避稅天堂特別有利的修法影響了其他國家：非政府組織「行動援助」預估這項修法使其他發展中國家每年損失四十億的稅收，金額等同於三分之一的英國外國援助預算。整體來說，該調查清楚表示：「具有競爭力」的公司稅刪減容易吸引利潤轉移的活動，通常不會創造工作或增加財富，並且會造成高額成本支出。IMF在二〇一八年指出，預計有四〇％的全球FDI是「全然人工」——也就是對位於避稅天堂的空殼公司進行的投資，這些投資不會帶來實際金融活動；還有使資金流動到他處的渠道。這件麻煩事徹底破壞了政策決定者依賴的研究，那些研究都宣稱公司稅刪減是一個好主意。

就算有研究人員能跨越這些巨大的障礙，之後他們還是會接二連三地遇到其他障礙。

黑箱證據系統

其中一個障礙是令人震驚的事實：如今這個世界充斥著資本，已和過去截然不同。這件事會從更深的層面改變我們的計量方式。大型公司坐擁迅速增長的巨額未投資金流，根據穆迪公司（Moody's）的資料，在二〇一七年中，美國與歐洲的未投資金流幾乎達到了三兆元。這些錢來自於高額利潤，未來不會被投資到企業生意中，而會以現金、國債和更新穎的金融工具的形式儲存起來。這是社會不平等帶來的結果與反射作用，大型企業與其擁有者解散各種公會並逃稅，利用併購與壟斷的力量來奪取勞工、消費者、納稅人與其他社會大眾擁有的那塊經濟大餅。窮人會把大部分收入都花掉，有錢人花掉的收入百分比則較少，這種財富的向上轉移削弱了我國經濟體中的整體消費能力，因此我們對於公司生產的商品與服務的需求也會降低，這代表他們的投資會變少。這就是為什麼ＩＭＦ和其他研究會發現不平等容易降低經濟成長的主要原因之一。這是長久以來的經濟問題。正如梅納德・凱因斯（Maynard Keynes）曾說過的，他在形容一次世界大戰之前的寡頭政治鍍金時代（與二戰後的黃金時代無關）中的金融全球化與不平等時說：「社會的架構使得絕大部分的收入增長都落入了那些不太可能消費的階層手中。」

這三兆元提出了一個很大的問題，要讓減稅提倡者來回答。為什麼（使公司的高額未投資金流持續增加的）降低公司稅會刺激公司投資？降低公司稅就像是拉緊一條線。有鑑於公司手上的現金數量成長得有多快——根據最新調查顯示成長率高達不可思議的每年六％——任何立基於過去證據的調查都沒辦法把這項因素含括在內。

我們勤奮的研究人員要如何把上述這些事項全都綜合到成本效益分析中？她辦不到。沒有人辦得到。

學術界、政府部門與智庫中的真正專家——包括那些ＩＦＳ的人——全都知道這件事。政府部門被來自兩方的壓力給困住了：一方是堅持要適當使用證據、架構證據的人，另一方的人則想要討老闆或《每日郵報》歡心。「這不只是一群抹了髮油、愛拍馬屁又容易受騙的人接受了那些目光貪婪的瘋狂政客的提議，去修改公司稅率。」在英國與數個其他國家政府部門工作的循證決策（evidence-based policymaking）專家說。「這是真正的內部戰爭，而且是政治上的戰爭。」

誠實的公務員與學者會試著利用適當的描述來建構證據，但在證據系統中，有某些細微之處被刪去了。在我所研究過的一個特定例子中，英國稅務與海關總署直接用一個模組在精美的圖表中「展現出」降低公司稅能帶來經濟大幅成長，然而事實上並沒有任何一個真正的模組能帶出這樣的結論。

美國反壟斷專家肯尼斯．M．大衛森（Kenneth M. Davidson）多年來都把一張紙放在皮夾中，紙上印著一九七七年一篇文章的註腳。「第一個步驟是去測量任何能夠輕而易舉測量出來的事物。」紙條上面寫。「這麼做沒有問題。第二個步驟是忽視那些無法測量的事物，或者隨便賦予這些無法測量的事物一個數值。這是編造或者誤導。第三個步驟是假裝我們無法輕鬆測量數值的事物一點也不重要。這是盲目。第四個步驟是告訴眾人無法輕鬆測量數值的事物根本不存在。這是自殺。」

就像歐內斯特．海明威的經典著作《老人與海》中的那條大魚一樣，證據之上的肉逐漸被剝削殆盡，到了最後只剩下骨頭，這些骨頭被賣給了不提出半點懷疑的社會大眾，好像這些骨頭其實是鮪魚魚排一樣。鯊魚一波波蜂擁而來：「具有競爭力」的共識促使特定學者做出特定結論；企業用大筆金錢選擇調查機構中的「正確」學者；媒體中立場偏頗的記者在扭曲的情境中精挑細選出適合的數字；決策者和政客（例如《每日郵報》或者金融城的政府機關）渴望能做出對自己有利的結論。誠實的公務員與研究人員必須奮力抵抗上述各種逆境，因為英國就是透過這種所謂的「基於證據設立的政策」降低了公司稅。

在我針對「基於證據設立政策的機制」做出資訊公開要求後，英國稅務與海關總署很快做出了回應。他們用電子郵件簡明扼要地正式拒絕解釋「可計算一般均衡」模型；也不願意告知該模型地運作原理或者他們計算時使用了那些數據。他們告訴我，公布這些資訊可能會「對商業利益造成危害，在競爭激烈的環境中削弱我國的承包商。」「商業利益」？我詢問。他們再次拒絕回答，但向我保證這個模式已經由一間名為洛克阿爾卑經濟公司（Loch Alpine Economics）的私營企業同儕審查過了。這是什麼公司？我很好奇。洛克阿爾卑這間公司位於威斯康辛州麥迪遜郊區中的一棟周圍栽滿樹木的美麗大房子裡，公司職員是克利斯多夫・伯林格（Christoph Böhringer）與湯瑪斯・F・盧瑟佛（Thomas F. Rutherford），他們是專精於氣候改變模組的主流專家，顯然他們的業務範遠遠超出了氣候學的範圍。

我們可以在網路上看到他們的評論，他們說英國稅務與海關總署使用的模組（所謂的「跨區儲蓄與投資多領域動態拉姆齊模組」）的「紀錄不完整」，但整體來說可以接受。我並沒有因此對這個模組有更進一步的了解，因此我打了一通電話給盧瑟佛。他的態度警覺，說我的批評「無比天真，簡直可以和福斯新聞報導的氣象變化相提並論」。但他由衷同意這個模組的可信度取決於一開始的假定狀況。洛克阿爾卑的回覆的確讓我對英國稅務與海關總署的黑箱證據系統有了一點了解；這個證據系統依靠的是「競爭市場的新古典效率範式」，再加上「考量純粹效益時將最優化稅務系統歸結於最低可能程度的不同稅金的MCPF平衡」。無論這是什麼意思，只要你略懂芝加哥學派經濟學或者略懂我在本書中提到的各種概念，你就能辨認出這種語言。

上述的黑箱計算方式是一個很好的範例，演示了近來稅金決策圈中出現的新流行：所謂的動態計分或動態模組。這個流行的基本概念很合理：當政府改變稅金時，經濟主體的回應會是建構或者消費更多或者更少事物，試圖躲掉稅金。所以你能預料他們會有什麼反應，把這些反應放進模組中。這些基本概念都沒有錯。理論上來說是如此。但最重要也最困難的問題是：這些模組要如何運作？還有被放進模組中的證據是哪些？任何人都可以扭曲這些模組的輸入數據和內部計算過程，創造出他們想要的結果，這也就是為什麼美國稅務專家愛德華．克萊巴德（Edward Kleinbard）把這種動態計分稱之為「美化減稅的共和黨計謀」。的確，洛克阿爾卑的職員克利斯多夫．伯林格曾發表了一篇論文，他說英國稅務與海關總署使用的模組「對於非專家人士來說注定是『黑箱』」。這套模組是完美的盲目樂觀主義系統，英國稅務與海關總署或許會使用這套系統來產出預先決定好的結果，接著在這個結果上面貼上一張「基於證據設立的政策」的貼紙。為什麼他們要把這種事情當作秘密呢？在我撰寫這本書的當下，川普政權正在使用動態計分技術告訴社會大眾，二兆美元的減稅政策將會賺回二兆美元的利益，非常有拉弗爾的風格。

「在現實世界中，稅金就是生活。」前任美國稅務官員謝爾頓．柯恩（Sheldon Cohen）說。「只要你知道一個人對稅金抱持怎麼樣的態度，你就能知道他的人生哲學。懂得稅法之後，你就能透過稅法看見生活的本質：貪婪、權術、權力、良善。」

而貪婪、權術、權力、良善、民主和其他類似的事物——這些都是你無法用數字衡量的。英國稅務與海關總署的黑箱無法處理這些無法測量的事物；黑箱只能應付等式中能帶來利益的因素。這讓我想起了《大英國小人物》（Little Britain）中由大衛．威廉斯（David Walliams）飾演的那位銀行家，只要有人向他提議調高公司稅，他就會懨懶地敲擊電腦鍵盤，接著用陳悶的語調回答：「電腦說不行。」

現在我們誠實的學術研究人員可能會覺得這是一項無望的工作，但事實上，她還有最後一張牌可以出。她可以放棄計量未知的利益與無法測量的成本，轉而採取捷徑，試著弄清楚降低公司稅會用什麼方式影響**整個**經濟體，測量巨觀的表現，例如經濟成長或者創造出來的工作總數。過去曾有許多人試著這麼做，這一類的研究通常會比往秘密黑箱裡面塞秘密數字還要公開誠實得多，但如今我們面前又出現了新的障礙。

主要的問題在於，降低公司稅通常只代表了經濟活動中的一小部分，通常金額遠小於一%GDP，因此，如果單單這個因素就能越過無數其他因素對經濟造成明顯影響，必定會使社會大眾很驚訝。在任何情況下，僅僅用GDP的漲幅來定義成功與否，都是非常狹隘的一件事。若一個國家成長快速，但成長帶來的大多數利益都流入了少數巨頭的口袋裡的話，你我都不一定會想要生活在這個國家。透過河川汙染與空氣汙染帶來成長的國家也是一樣的道理。哈佛經濟學家丹尼．羅德利克（Dani Rodrik）解釋說，經濟學家常以短視近利的態度看待GDP成長，這就是為什麼他們會嚴重誤解貿易全球化，並無法認真看待「經濟利益目前是如何分配到社會的各個階層裡」這個問題。這種短視近利使得極端主義者和煽動者能輕而易舉地獲得社會大眾的支持。

除此之外，減稅支持者還必須克服一些尷尬的史實。黃金時代出現於二次大戰之後，持續了約四分之一世紀，這個時代的公司與所得稅較高，進步的經濟政策一一出現，在黃金時代結束後，稅率快速下降，隨之而來的是長期的成長衰退和不斷增長的社會不平等。對於減稅支持者來說，另一件同樣會帶來麻煩的事，是高稅率的斯堪地那維亞與其他歐洲國家的成長速度，都和低稅率的盎格魯撒克遜經濟體的成長速度一樣快，但是高稅率國家的社會不平等程度較低，人類發展狀況顯然好得多。我們無法用簡單的因果關係來解釋這些狀況，不過它們都是無庸置疑的事實，是減稅支持者在描述自己的論點之前必須先跨越的阿爾卑斯山。

研究公司稅的最好培養皿一樣是美國。美國五十二州提供了許多有效觀點，一部份是因為資料繁多，另一部分則是因為相較於把比利時拿來跟百慕達或孟加拉做比較，把密西根州拿來與密蘇里州做比較顯然合理得多。在針對州稅務系統進行透徹的證據審查後，預算與政策優先中心（on Budget and Policy Priorities）的麥可．馬茲洛夫（Michael Mazerov）總結說：「許多學術研究都發現州稅率與各種州經濟表現並沒有相關性……還有一些研究則發現，高稅率事實上與較好的經濟表現有關聯。」

讓我們再次回到堪薩斯州，這次我們要去的地方是馬奎特，一個位於偏遠郊區，正逐漸衰退，有些老舊，住了六百位居民的農村。二〇一四年，馬奎特的最後一間學校也關閉了，這是布朗貝克的「注射一針腎上腺素」減稅政策帶來的直接結果。在最後一次校務會議中，憤怒的家長們舉著一張張紙板，上面寫著家裡有幾位孩子失去了能夠念書的學校，不過，當地的生意人也同樣不喜歡減稅政策。「對做生意的人來說，能有那些老師在馬奎特工作才是好事；他們會在當地消費，用這種方式來幫助你。」雜貨店的老闆史蒂芬．派伯說（Steve Piper）。「如果你的銷售額下降了，如果你賺不到錢，那麼稅率就一點意義也沒有。調降的稅金只是一點點錢的一%。如果我想要賣掉我的雜貨店的話，有任何人會想要來馬奎特這個沒有學校的小鎮買下任何一間店嗎？」

派伯指出了一個在談論公司稅時很關鍵且時常被忽略的要點。企業所得稅的課徵對象是利潤，利潤基本上來自於兩個數字相減：收入減去成本。就算在這個算式中的改變相對較小，也有可能對你的利潤產生很大的影響。舉例來說，你的成本是九十六元，你的收入是一百元，那麼你的利潤就是四元。這時只要你的收入下降了微小的三%，就會使你的利潤從四元變成一元，也就是下降了七五%。收入下降五%會使收入變成九十五元，你就會因此破產。相反的，把公司稅從四〇%大幅降低到三〇%則幾乎不會造成影響：你的利潤會上升一〇%，從四元變成四點四元。因此，若降低稅金會導致大眾服務品質低下，那麼就很有可能會對小型企業造成負面影響，因為降低稅金可能會嚴重損害收入與企業成功因素，但卻幾乎不會減少整體支出。除此之外，高成本低利潤的企業也很容易受到降低稅率嚴重影響，這一類的企業通常會是本地企業中最優秀的企業，因為一般而言它們的勞工人數多且薪資高，有些則深根於當地供應鏈中——正是這一類的企業才能創造出繁榮的當地社群。

接二連三的企業調查都反應出了上述事實。但減稅政策不會在乎你是街角的小店還是全球性的跨國企業。企業執行長不斷抱怨他們需要更多減稅政策。他們的確需要減稅，就像我們的孩子覺得自己**需要**更多冰淇淋是一樣的意思。但當我們詢問公司長官如何決定真正的公司單位要註冊的地點時，他們總是把稅金以外的因子排在首位：法規、健康且受過教育的勞工、良好的基礎建設、通往繁榮的道路、高需求的市場、良好的原料與供應鏈還有經濟穩定——這些因子全都需要稅收來維持。低稅金通常會遠遠落在第五、第六或第七個考慮因素。正如華倫・巴菲特所說：「我和投資人一起工作了六十年，我從來沒有看過任何一個投資人（……）會因為稅金可能上升而拒絕合理的投資。人們投資是為了要賺錢，潛在的稅金從來不會把他們嚇跑。」

你可以用不同的角度解讀這件事。在全球較有錢的國家中，高稅率國家的整體GDP表現和成長狀況都和低稅率國家相當，但高稅率國家的健康與社會狀態比較好，社會不平等則較不明顯。或者我們可以引用《金融時報》的首席經濟評論員馬丁・沃爾夫的話：「相較於低稅率國家，高稅率國家能更成功地達成社會目標。他們達成這些目標的同時並沒有受到經濟懲罰。」

證明國家不應調降公司稅的例子都非常強而有力，而支持調降公司稅的研究為何錯誤的原因多如恆河沙數，要一一列出來實在太過耗時。我在這裡描述的只不過是九牛一毛。但接下來的論點更加重要。事實上，我針對這個領域已經列出或者可以列出的所有論點都可以在修正後一用到其他經濟領域——其實幾乎所有與大型營行及跨國企業相關的領域都適用這些論點。原因很簡單：特定政策能對企業帶來的利益通常都很容易衡量，但這些政策在其他方面造成的許多支出成本則很難計量。例如若我們想要計算裁員能替公司增加多少利潤，簡直簡單到不能再簡單。但裁員也會造成支出成本，例如因此破碎的家庭、社會不平等程度增加、消費力降低、毒品使用增加、對共享經濟與社會的信心衰弱。這些支出成本多數是難以衡量的長期影響，但也同樣重要，因此以數字為基礎的成本效益分析會系統性出現偏頗，對企業較有利，對人民則無。正如前任IMF經濟學家賽門．約翰森（Simon Johnson）所說，到了最後「這樣的態度使得我們以為對華爾街有益的事就是對國家有益……一整個世代的決策者都被催眠了。」

或許證據系統以這種方式運作的最重要領域，是在金融方面。英國對待與規範金融產業的方式，遠比公司稅率是多少還要重要得多。英國人在這裡要面對的最重大問題是：維持像倫敦金融城這種大型金融中心的支出成本與利益是什麼？這個問題又讓我們再次回來討論本書的核心：金融詛咒。我們將會在此發現，證據系統與故事中另一個更奇特、更廣泛的面向都面臨了相同的問題。

用對的方法面對問題

二〇〇九年，新任工黨總理阿利斯泰爾．達林（Alistair Darling）與英國財政部不顧社會大眾對於銀行家在金融危機中所扮演的角色有多生氣，提出了倡議，意圖加深並正式化英國政府的金融俘虜現象，或者依照他們的說法，是「加強設立於英國的國際金融服務產業的推廣工作的品質」。他們的目標不是清理或者改革金融危機後的金融城，而是阻斷針對特權的憤怒威脅。這次倡議帶來的結果是「英國城」（TheCityUK），由倫敦金融城公司（City of London Corporation）管理的一站購足式金融遊說團體，該公司名下的地產包括了倫敦市中心英國央行周邊的金融區不動產。

眾所周知，金融城公司不只是當地機構而已；它是**官方**的英國金融行業遊說團體，同時也會替全球各地的金融自由化進行遊說。該公司的歷史要回溯至一千年以前，比英國國會還要早出現，這間公司實在太特別，與英國的其他地方機關都不一樣，女王在進入倫敦金融城時必須先會見倫敦城市長大人（與倫敦市市長並非同一個人），經過市長大人的同意才進入金融城；接下來他會把他的劍獻給女王，以作為對女王效忠的象徵。金融城公司有一位官員，名叫事務官（remembrancer），在國會中佔了一席永久席位，負責面對國會發言人，事務官的工作是向金融城報告目前發生了什麼事——當然他也會對議會傳播金融城的影響力。

銀行、法律與會計事務所和其他私營企業都可以指定投票人在金融城的當地選舉中投票，這代表中國共產黨也可以透過設立在金融城的中國銀行參與英國的選舉。金融城公司同時也是充滿神秘傳統的老男孩網路（old boys' network）中的巨頭之一，這個網絡至今依然在不斷更新。除了過去已存在的許多工會之外——斯金納斯（Skinners）、塔洛錢德勒斯（Tallow Chandlers）、彼尤特斯（Pewterers）等，從古老的貿易協會發展而成的各種金融城同業公會——還有成立於一九九五年、更現代的稅務顧問同業公會，公會成員包括了許多在英國過去稅金決策中曾出現過的知名人士。用經驗老到的評論家貝倫・葛萊斯曼（Baron Glasman）的話來形容，金融城公司是「一間代表資本的中古世紀公社」。世界上的確沒有任何一個機構跟它是相像的。

金融城公司設立英國城時將之當作「具有一致性、策略性並聚焦於金融城—財政部的節點，位於英國發展策略與金融決策的核心。」英國城的官方核心任務是支持「金融服務產業的競爭力」與「向更多英國群眾展示英國金融服務產業的重要性」，以及更進一步的相關事務。英國城的董事會及顧問委員會的成員有許多來自英國、美國與瑞士銀行的代表，還有來自澤西島等避稅天堂、四大會計師事務等地的代表。顧問委員會的委員長是倫敦金融城的市長大人。

英國城列出了金融化服務能帶給英國經濟的各種利益，並源源不絕地把清單提供給媒體。在二〇一七年年尾的最後一次統計中，英國城大肆誇耀英國金融服務的淨貿易順差是七百七十億，排名僅次於英國的兩個國家美國與瑞士相加起來的數字都沒有英國高。英國城表示，金融服務貢獻了七百二十億元的年稅收，雇用了一百萬人，此外相關的專業服務，例如管理顧問、法律與會計等產業也額外增加了一百二十萬名雇員。這些數字很大——非常大——而數字大幅影響了社會輿論。但任何一位閱讀至此的讀者都能輕易地看出，這只是整個故事裡的單一面向。英國城嚴謹地避免提及任何金融過大會造成的支出成本，以及這些成本會對英國經濟的其他部分帶來什麼影響——此外，英國城的數據也一點都不可靠：就連實際的利潤也遠比英國城所說的還要少。

在各種支出成本中，其中之一是荷蘭病：進入英國的金流推高了價格與匯率，而商品價格上升又導致出口商受到負面影響。此外還有人才流失：那些最有才華的人都為了金融城中的高薪工作而離開了其他經濟產業、公民社會與政府。金融化也是成本之一。還有區域性經濟扭曲與不平等程度增加，這是眾多危害民主與社會凝聚的支出成本之一。另一個成本是在全民替銀行買單紓困並看見銀行家具有如此明顯的豁免權之後，越來越多人對英國政府與機構喪失信心。許多支出成本都是無法計量的。民主的價格是多少？社會呢？

真正的價格應該是本書序章中傑拉爾德．艾柏斯坦和胡安．蒙特希諾努力估算出來的數字：英國經濟共承受了四點五兆英鎊的累積淨損失。兩位作者也承認，這個數字會受到各種附帶條件與不確定性所影響，就如同我先前本章中描述的內容一樣。但重點在於，這份研究並不像英國城的報告只評估獲利，這份報告把等式的兩邊都放進來了。這樣的評估較完整也較省時。而且這份報告也很保守，主要是因為許多支出成本都是無法用數據表現的。儘管如此，我們依舊讓英國城繼續推廣全然虛假、甚至根本無意義的單方面故事，讓英國城告訴我們金融行業對英國經濟帶來許多貢獻，而且甚至連政府政策都支持英國城扭曲統計數據，將這些數據當作對國家策略有重要影響的報告。這難道不是金融俘虜現象嗎？

這又引發了兩個大哉問。

其一，如果證據都偏向於支持公司稅減免或者金融法規寬鬆或者其他尚不存在但有利於公司的新自由主義政策的話——無論你的計算模組有多聰明或多誠實，你都**不可能**創造出真正誠實的數字——那麼我們可憐的政策制訂者該怎麼做呢？

事實上，事情沒有表現上看起來的這麼艱難。證據的確很重要，我們也的確需要數字。但糟糕的證據遠比沒有證據還要可怕。此外，證據還能以數據表格之外的別種形式存在。其中一種叫做分析：你可以提出合理的論點與判斷，與同事或社會大眾公開進行討論與辯論。你可以用美國經濟學家先驅詹姆斯．亨利稱為「調查經濟學」的學科來強化分析。離開你的舒適圈，去認識這些不確定性，判斷你的數據表格能在何時幫上忙，還有很關鍵的一點：判斷你的數據表格在何時不會幫上忙。走出門和其他人**對話**。去探索正在發生的衝突：誰是因為什麼原因在用什麼方法和誰一起做什麼事。這對許多經濟學家來說是很困難的事。打電話給那些忙著做出經濟決定的重要人物可能很嚇人，但是這是找出這個世界的運作方式的好方法。

我們還有兩個字詞能夠引導那些被數據拋棄的政策制訂者。第一個詞是「政治」；第二個詞是「民主」。存在於這兩個激烈概念中的，是沉積了數百年的智慧。對我而言，它們就是制定政策時可以依循的所有建議中最適當的建議。

第二個問題如下。如果在制定那些影響跨國企業的特定政策時，我們所作的成本效益數值估計都是胡說八道，那我們又何必相信我們的估計呢？要回答這個問題，我們就要回過頭去討論我們這位誠實的學者，我們該做的事不是測量經濟體其中一部分的利益，並試圖用利益減去經濟體另一部分無法衡量、無法比較的支出成本，我們該做的是使用另一種能夠涵蓋整個經濟體的衡量方式，例如這些政策可能會對長期經濟成長造成什麼影響。對於公司稅而言，這並不是有效的方法，主要是因為降低公司稅在整個經濟體中只佔了一小部分，我們不可能從其他正在發生的瘋狂事件中單獨分隔出公司稅造成的影響。但金融這隻野獸的體型就大得多了：金融資產的金額是英國GDP的十多倍，是目前只英國經濟體中最大的產業，絕對大到足以我們把金融的影響單獨分離出來並進行測量。

雖然在這之中還是有許多不確定性，但我們找出來的這些數字能讓我們從較好的起點出發，開始理解目前正在發生的事。這些數字讓我們看見，英國過大的金融產業正在迫使英國人民付出驚人的淨成本支出。本書所提到的例子只是眾多金融產業中的一小部分。而英國無疑正深受金融詛咒所苦。

總結

脆弱經濟體

二〇一三年十月，英國財政大臣喬治・奧斯本於造訪北京時表示，由於中國的人民幣受到中國官方控制，所以在國際間使用人民幣會受到嚴格的限制，而他的「個人使命」是把倫敦打造成用中國人民幣貿易、投資與給付的全球頂級貿易中心。奧斯本訪中期間，雙方簽訂了條約，中國將撥款八十億英鎊的初始金額給英國，讓外國機構拿來投資中國在人民幣上的使用，並商定英國將會改變自己的銀行規則，以便讓中國的銀行能在更少量監控的狀況下於倫敦運作。在同一次造訪的期間，奧斯本宣布英國將允許中國的公司持有英國核能發電站的全額股份。在該次造訪中達到的許多共識之中，存在的是最簡單的等價交換概念：拿倫敦金融城垂涎三尺的金融開胃菜——如今中國政府逐漸放鬆對人民幣的控制時，金融城決心要成為人民幣的交易中心——交換中國將手伸進英國核能工業的權利。

兩年後，中國總統習近平造訪倫敦，顯然也進行了同等的等價交換。中國央行在倫敦金融城的市場上完成了價值三百億人民幣（約四十七億美元）的中國國庫債券交易，這是中國央行有史以來第一次在中國以外的國家發行債務——在這件事發生的數個小時之前，中國廣核集團簽訂條約，買下了薩莫塞特辛克利角C核電廠（Hinkley C nuclear power plant，是全球史上最昂貴的核電廠）的大量股份。廣核集團也簽署了初步協議要參與另外兩個核電計畫，薩弗克的塞斯威爾C核電廠以及艾塞克斯的布拉威B核電廠，後者將完全由中國進行設計。習近平在綠園受到四十二槍響致敬，在倫敦塔又獲得另外六十二槍響致敬，與女王共乘皇家馬車從林蔭路行至白金漢宮。中國與英國的官員將此描述為英中關係的「黃金時期」。不過才三個月前，美國政府就曾起訴廣核集團花了二十年密謀竊取核電機密。

德蕾莎·梅伊在二〇一六年五月成為首相，她基於安全理由暫停了核能條約，但礙於倫敦金融城的壓力，加之中國提出「一系列警告」英國的拒絕將會對「英中關係的黃金時代」造成傷害，因此在梅伊兩個月後再次重新啟動條約。

從經濟上看來，辛克利角C計畫是一個——根據一位專家所言——「可笑又可怕的交易」：這個交易在金融與科技上有極高風險，此外，在二〇二五年或者更久之後，隨著不斷汰舊換新的能源科技和「智慧電網」提供了更便宜也更安全的替代方案，此交易很可能面臨淘汰。若按此交易按計畫進行，英國消費者預計要支付數百億來補貼此計畫，這個金額已經遠超過電費的正常價格了。英國推行的核能企業在經濟上來看是不可行的，其中有各種複雜的原因，包括了大型利益團體的遊說與對未來電價的意見分歧。但另一個原因是支持英國的軍事核武：若核武背後沒有民生核能計畫，就很難維持能夠支持核武計畫的相關知識系統繼續存活。最後一個原因雖然也涉及到核能金融交易的層面，但將會比單純的金融問題還要更加重要：國家安全。

英國的核能與安全專家在得知中國即將涉足如此敏感的企業後都深感恐懼。倫敦大學學院的核能專家保羅．達夫曼（Paul Dorfman）是提供建議給國防部的眾多專家之一，他說：「如果你自己建造了一座核電廠的話，你就可以手握網路密鑰，透過後門進入我們的能源基礎建設核心。每個人都知道中國的駭客活動令人難以置信：幾乎像是個玩笑。除了我們，沒有任何一個經濟合作暨發展組織中的國家會讓中國靠近他們的關鍵能源或者通訊基礎建設。」我們擔心俄國對英國進行網路攻擊，也擔心俄國的腐敗與犯罪進入倫敦金融城與英國體制，這是正確的憂慮，但與此同時，中國——特別是習近平領導的中國共產黨——可能會對英國與西方國家的證券帶來更深層、更強烈也更多面向的長期威脅。

共產黨用以建造中國企業與經濟力量的政策效果強大，引領數億中國人民擺脫貧困，中國的產業奇蹟擴散到了世界各地，帶來許多正面的經濟影響，最顯而易見的就是我們每個人都很享受的低價進口中國商品。但事情當然沒有那麼簡單。中國自一九七〇年代開始與世界各國貿易，但此一事實卻沒有使中國共產黨的壓迫手段有所減緩。世人時常提起的通常是人權議題——例如中國共產黨攻擊達賴喇嘛，稱他為「披著袈裟的豺狼」這件事就十分著名——但中國的壓迫手段事實上會造成西方國家面臨更廣泛的危險。中國共產黨的野心遍及全世界，習近平曾說過他們的目標是「讓外國人為中國服務」——這是一場範圍極大、訴求單一且包羅萬象的三維全球西洋棋，目的是獲得世界各國中最大的優勢。根據估計，中國的「中央統戰部」每年約獲得中國政府的一百億資金，統戰部會「迷惑、兼併或攻擊已知的群體或個人」，藉此壯大中國共產黨在國內的政治控制能力、增強海外影響力並收集情資。統戰部的訓練手冊將之描述為「一大法寶，可以幫我們解決一萬個問題，爭取勝利」。

中國是快速崛起的強權，因此對全球擺出如此強硬的姿態並非意料之外的事，尤其若針對中國的尖銳政策提出批評的是英國人的話，那就更顯諷刺了；畢竟在過去數十年來，英國也曾一度決心要統治世界、以如同掠食者般的無情態度實踐擴張領土主義。在大英帝國崩潰後取而代之的超級強權美國，也並非——以較委婉的用詞來說——總是表現出樂善好施的模範領袖形象，舉例來說，美國在面對自身近數十年來的經濟擴張後表現出的寡頭經濟與金融化現象時，還有面對「恐怖主義的全球戰爭」時尤其如此。然而，各國行使世界權力時發生的虛偽、且時常駭人聽聞的歷史並不會改變此一事實：中國的崛起代表的不僅僅是更換一個醜陋的主宰國家而已。這樣的權力轉移有可能會威脅到許多我們最珍貴、最重視的理想與信念。中國共產黨認為言論自由、信仰自由、學術獨立與人權這一類的進步價值都是可憎的事物，中國試圖在它所能及的每個地方——包括英國與各個西方國家——削弱這些理想。西方民主國家曾滿懷希望地想把進步價值灌輸給中國：如今我們卻逐漸發現我們必須在自己的家園中保衛這些價值。

與此同時，中國共產黨與他國強權都想要打擊那些自二戰以來一直努力捍衛西方的安全與成就的西方國家盟友。為此，中國利用了他國社會體制中的分裂與弱點：目前它已成功對澳洲與紐西蘭造成重大影響，中國調撥資金給兩國的特定政客，而這只是「逐步使這兩個國家不再視美國為同盟，同時限制他們在公開辯論中討論中國」的大型策略的其中一環。

金融詛咒是分歧的、衰弱的、受寡頭政策影響的，也就是說，在所有大型西方經濟體中，最容易受到中國影響的脆弱經濟體就是英國。二〇一三至二〇一六年間的核能交易就是清楚的預兆，二〇一五受到金融城影響，英國決定成為中國引領的亞洲基礎建設銀行（Asian Infrastructure Bank）的創始會員國之一，該決定導致美國罕見地公開指責英國「為了中國不斷做出調整」。金融城使得英國格外脆弱，因為金融城中的中國共產黨**顯然**能對英國政府造成強大的壓力。從一個簡單的公式就能得出該結論：中國共產黨對金融城中的金融業者具有普遍影響力，金融城從很早開始就控制了英國很大一部份的政策制定、管理法規和打擊犯罪的機關。

其他較難察覺到的敵對勢力可以利用金融城來散播負面影響。一位曾與大型銀行合作的美國反恐專家告訴我，金融城願意與全球最糟糕的惡棍做交易，這將會威脅到過去英美之間的穩固盟友關係。「我總是告訴我同事說：我們不該假設英國在各方面都是我們的朋友——尤其是在與金融相關的事務上。」他說。「我認為英國在這方面的舉動真的是在玩火。美國會開始詢問——這是非常合理的問題——在談及金融時，確切來說英國會在哪些範圍內支持我們、在哪些範圍內反對我們。」他說，如今已經有些美國人意識到金融城的危險遊戲了，英國將會因此在國際上付出「巨大的代價」，而且英國並不會因為自認與華盛頓有「特殊關係」就能抵銷這些代價。「只要有必要把英國丟下公車，美國一定會毫不猶豫地那麼做。」於本書中我們再三看見，金融城對英國政府的「掌握」奠基於「競爭力訴求」之上：尚未決定落腳處的資方或者外國資方的擁有者持續威脅說，若他們不能得到他們想要的，就會重新搬遷至更歡迎他們的地方。

金融城注重的永遠都是自身的利益，若有需要，金融城會毫不猶豫地讓國家在其他方面付出代價，就算遇到了國家安全的問題也不會有什麼不同。金融城的金融機構對要股東負責，這些股東通常來自國外，英國人民的利益則被排在股東之下。敵對強權都知道這件事：它們可以刻意操縱金融城的機構成為能夠造成影響的隱密傳送帶。以金融城最大的銀行怪獸滙豐為例——滙豐的全名是香港與上海銀行（Hong Kong and Shanghai Banking Corporation），是一間總部設在倫敦的跨國企業巨頭。其國際負債表的金額大約落在二兆五千億，金額和英國的國內生產毛額相當。二〇一五年，滙豐宣布「轉向亞洲」的策略，開始將歐洲與其他市場的資源轉移至世界成長的新興重心。二〇一七年，滙豐表示旗下的半數員工以及一百七十億的全球利益中的九成金額都來自亞洲：多數來自香港與中國。單單是這個理由就足以讓我們認為滙豐很有可能會根據中國共產黨的指示行事，而非聽從英國政府的要求。不過更顯而易見的是：滙豐已經讓我們看見，它可以告訴英國政府該怎麼做，而且滙豐也的確這麼做了。銀行最喜歡的施壓方式之一就來自於競爭力訴求：他們週期性地讓政府「複習」他們可以選擇把總部留在倫敦，也可以選擇搬到香港。滙豐的職員會隨意選擇幾個記者與專家，告知說他們在「考慮」把總部移出英國，加強英國全體國民的焦慮。上一次的「複習」發生在二〇一六年，最大的目的是說服政府在處理倫敦金融城的稅務與規章制度時採取較軟化的態度。

如果未來英國繼續追求金融城的競爭力計畫，繼續想著要把倫敦推到中國人民幣國際化與中國經融機構全球擴張的最前線，那麼這種影響途徑將會繼續成長——換句話說，我們將繼續給予中國共產黨特權，範圍不僅限於金融，很可能也會涉及各種其他領域。英國脫歐將使我們的焦慮程度更加惡化，失去部分歐洲市場的可能性在英國使某些人開始高呼英國應該展現「開放貿易」的態度。

規模過大的金融業及金融業的策略形成了一扇敞開的大門，準備好要迎接我們最糟糕的噩夢：窮困、不平等程度劇增、社會衝突增加、經濟危機與停滯、跨國組織犯罪，以及無良菁英對我們其他人作福作威又免除罪責。只要我們不關上那扇門，很快的，更加龐大的全球威脅將會偷溜進來——有些威脅甚至具有核武。

這是在經濟、策略、外交與軍事等各個層面上展開的嶄新競爭。俄國正試著分裂西方國家並削弱其勢力，中國共產黨設立了長遠的目標，希望能支配所有人，如今在全球各地展開的是國與國之間的真正競爭：截然不同於我在本書中描述、由於競爭力訴求而出現的國際虛假經濟「競爭」。英國想要在真正的競爭中保持強勢，因此我們比其他國家都還要更迅速地把那些不明不白地錢吸引進金融城，試圖在虛假的競爭中領先。

現在你應該能明顯看出這並不是能帶來贏面的策略。事實上，金融詛咒指出的途徑與西方國家前進的方向恰恰相反。《金融時報》專欄作家拉娜．福洛荷（Rana Foroohar）以引導式問題描述了該途徑：在二十一世紀的策略對抗大型全球遊戲中，「哪一個國家能控制國內的高收入菁英？」

在金融化與金融詛咒的時代，這些菁英逐漸變成了財富汲取者而非財富創造者，他們正在削弱我們的國家。這讓我想起了不倒翁——給小孩玩的蛋形小玩具，無論你怎麼推不倒翁都能維持站立不倒——的一則廣告標語：「不倒翁會搖晃，但不會跌倒。」不倒翁之所以能屹立不搖，是因為玩具的重量集中在最底部。這個道理也適用於我們這些不平等又受到圍困的民主國家。我國辛勤工作的底層階級與中產階級越是能掌握經濟，我們的國家就越是強盛團結。我國的富人階級持有越多財富，我們的國家就越有可能一推就倒。

財富榨取帶來的不平等尤其危險。不只是因為底層階級與中產階級會強烈地認為自己被排除在外，認為自己已經沒什麼可以失去的了，也是因為億萬富豪階級需要分散我們的注意力，使我們不去鑽研他們的致富之道。因此他們復興了老舊的政治手法：控制媒體將群眾的怒火轉移到別的方向，轉移到那些膚色不對的人身上、性傾向不對的人身上、信仰不對的團體身上。這個世界以前就已見識過這種充滿仇恨的手法了。

著手改變

我希望有些讀者在讀完本書後，會詢問自己一個問題：我要怎麼做才能改變這個現象？改革很困難，金融城手握巨大權力，近日發生的事件又令人沮喪。幸而對於那些想要推動必要改變的人來說，眼前就有一條清晰可見的道路，以及現在正逐漸擴張的龐大空間。

若你想要了解該如何前進，我們可以先從相對近代的改革——全球各地對於避稅天堂的反擊——之中學習。在於二〇一一年出版上一本書《大逃稅》之前，多數人都認為避稅天堂對全球經濟而言只是一場異國的、繽紛的次要表演，大多位於長滿棕梠數的島嶼和瑞士。然而自出書以降，巴拿馬文件與一連創揭露避稅天堂的事件使眾人對避稅天堂有更詳盡的了解，也證實了全球的避稅天堂的規模有多龐大。如今已鮮少有人會爭論全球的避稅天堂是否在世界經濟中扮演了重要角色，或者英國和美國在整件事中的關鍵作用。在酒吧與電影院的排隊隊伍中聽見有人生氣地討論避稅天堂不再是什麼稀奇的景象。這些事件的成效驚人，成功使英國與數個國家逐漸開始重視避稅天堂的存在。

然而，儘管大眾輿論日漸高漲，英國對抗避稅天堂時的實際進展依舊令人沮喪。除了具有影響力的海外勢力顯然很抗拒改變之外，還有幾個重大原因。一方面，英國人時常對於英國在這場海外競爭中扮演的角色抱持矛盾的態度：我們很擔憂避稅天堂對其他國家造成了破壞，但我們也努力試著動員大型的國內聯盟替外國人抗爭——還有（小聲說）我們喜歡金融城替英國帶來的財富。許多人都認為這些財富一定會以某種方式帶來好處：就算他們知道說到底這是一場有害的競賽，他們也只會嘆一口氣，痛惜地說英國被全球競賽困住了，雖然情勢越來越難看，但就算只是為了英國好，我們也該繼續競賽下去。許多人都相信，唯一能夠停止或者抑制這場競賽的方法，就是透過國際合作與統合與其他國家達成多邊休戰協議。這樣的想法創造了新的障礙：尤其是當我們希望能集結各國共同解決特別複雜的問題，例如跨國公司的課稅問題時，簡直就像是在彈簧跳床上好好集結一群松鼠一樣困難。在各個國家中，透過這場競賽獲得財富並掌握了權力的菁英份子，都有動機要確保他們的國家在競賽中徇私舞弊。而絕大多數的選民對於這些複雜又遙遠的全球事務根本沒興趣。你盡可以試試看能否集結十五萬人拿著支持OECD共同申報準則（Common Reporting Standard，此國際計畫的目的是透過各國互相分享金融資訊來增加全球金融透明度）的標語上街。

真正的好消息是，眼下有一條更加強而有力的途徑能走。

在一九八三年的電影《戰爭遊戲》中，演員馬修・鮑德瑞克（Matthew Broderick）扮演一名電腦奇才，駭進了美國國防部的超級電腦中，被牽扯進了一個名為「全球熱核戰爭」的策略遊戲裡。隨著遊戲逐漸影響到真實層面，機器模擬了數千種事態發展，最後做出結論：「這是一場怪異的遊戲。唯一能讓你贏得遊戲的方法，就是不要參與遊戲。」我們如今面臨的正是相同的狀況。若在金融詛咒的分析中，過多的金融活動會傷害國家經濟這件事為真，那麼我們該採取的合理作為就是減少金融活動在國家經濟中的重要性——所以邏輯上來說，你可以也應該要單方面地離開這場競賽。

「單方面」這三個字是重要關鍵。理解這個概念後，我們將拓展出寬廣的民主空間，開始收稅、訂定規範並捍衛我們的經濟與社會。我國將不再那麼迫切地認為自己必須答應那些可能帶有敵意的外國勢力、壟斷企業、避稅天堂操控者、私募股權巨頭和其他財富汲取者所提出的要求。在條件允許的狀況下，國際協調與合作可以帶來幫助也值得一試，但這並非我們想要的改變所需的先決條件。在面對即將到來的風暴時，「退出這場競賽」這個更加直觀的解決方法將會使我國更加強大，並帶來額外的龐大益處：若我們藉由訴諸國家自身利益來解決金融詛咒現象，我們將能動員更多、更有力的支持者進行改革，而非只是與避稅天堂對戰。

如果我們決定要解決金融詛咒，我們可以先從幾個簡單的目標開始。

最一開始帶領全球對於避稅天堂進行反擊的，是稅收正義網，我曾與他們合作過。稅收正義網之所以能過在引起大眾注意這方面獲得驚人的成功，其中一個關鍵因素是他們集結了深厚的跨領域專業知識——這些知識來自於會計、銀行家、律師、記者與經濟學者等——他們以真正激進的態度發聲，願意擺出堅絕、強硬甚至激烈的立場來對抗現有的主流共識。我們搶佔媒體版面，但我們也審慎地鎖定不同區域，一個接著一個，試著喚醒他們，解釋為什麼避稅天堂與他們息息相關。一開始，我們是非政府組織，聚焦於協助開發中國家，向他們解釋為什麼避稅天堂會幫助貧窮國家中的精英份子竊取國家財富，他們竊取的數目遠遠大於外國援助這些國家的金額。我們轉向擔憂不平等現象的團體、擔憂大型銀行與跨國公司掌握過大權力的組織，以及聚焦於地方緊縮政策的團體——我們高聲詢問為什麼在人民面對預算削減時那些跨國公司與億萬富翁卻不需要繳稅。我們的合作對象有公會、人權組織，甚至還有因避稅天堂而減少了稅收且較開明的政府機關。我們每一次行動的目標都只是點燃火星，試著使這些規模龐大的玩家陷入火焰之中。很快的，我們就有了能夠依靠的有力盟友。

我們如今靠著這個方法在相關區域中帶來了覺醒。在此我們可以拿至少和避稅天堂同等重要的反壟斷為例。英國與歐洲並沒有相對有組織的平台能挑戰一般人對壟斷的現有常識：說難聽點，多數民間社會團體與其創建人都只會在面對此議題時一拖再拖。這是一場對抗市場腐敗的戰爭，就像對抗避稅天堂的戰爭一樣，我們有機會能建立盟友，支持各種不同政治傾向的人，從擔心不平等與企業權力過大的傳統左派，到憂慮市場腐敗與有效競爭消失的傳統右派。如今我們需要的是專業、激進、嶄新的公民社會運動，創造出完整的、革命性的方式來重新評價我們這些民主國家該如何應對壟斷企業。美國已逐漸出現此種反制力量了，主要生力軍是「開放市場機構」這個資源稀少但具有高影響力的專家小組。英國與歐洲也亟需此種組織。

我們需要用新的行動反轉腐敗的現狀。為什麼我們的競爭機構允許那些造成經濟崩潰的「大到不能倒」銀行變得比遇上危機之前更龐大？為什麼四大會計師事務所沒有在利益衝突的隱憂下被打散？為什麼他們不為了大眾利益用實際有效的方法規範科技壟斷企業，例如亞馬遜、谷歌和臉書等，反而坐視這些企業從媒體集團與其他努力創造新聞內容的人身上榨取利益，接著再把這些利益全都投入避稅天堂中？為什麼他們要容忍那些「中間人壟斷者」佔據全球供應鏈的關鍵結點，從所有身處於交易網絡中的人身上汲取財富，就像是范伯倫說的傲慢蟾蜍一口吞下經過的蒼蠅一樣？想要改變這些狀況當然困難重重——但若缺乏了有組織的反制力量，我們是不可能推動改變的。

聰明資本控制

若想要解決金融詛咒，我們還可以思考另一個方法。本質上來說，這個方法與「競爭力訴求」完全相反，你可以稱之為「聰明資本控制」。此方法的目標的重心不在於嘗試著控制**流出**我國經濟體的資本，而是精心選擇**流入**經濟體的資本。一般而言，控制的形式不會是限制進出口的資本，而是利用政策制定的形式來保護我國不受危險的全球熱錢影響，使我國經濟運作得更好。

舉例來說，從前蘇聯共和國湧進我國資產市場的數十億在整體上來說並沒有對英國帶來幫助：這些錢使得富有的屋主覺得自己更加富有，帶給不動產經紀人與金融城中的銀行意料之外的好處，將其他人從房地產市場排除——同時也帶來許多風險，例如加速經濟的景氣循環，或者成為媒介，方便讓富有的外國企業毀壞我國政治。英國可以用許多種政策控制流入的資本，例如完全禁止外國資本對房地產進行特定投資、強迫英國的所有房地產受益人都把名字放到檯面上，使資訊透明化、依據不動產的實際大小以每平方公尺計算來課徵地價稅，這些規定將能把那些在英國擁有土地的富有外國人的錢包撬開，獲得持續稅收，英國將可以把這些收入使用在更吸引人也更應該優先處理的社會議題上，例如基本收入。在操作得宜的狀況下，地價稅將會變得不可避免：就算土地屬於不透明的庫克群島信託基金，只要擁有或控制這塊土地並藉此獲利的人沒有每年繳交正確金額的稅款，這塊土地（或者一部份的土地）就會被沒收，由政府的查封人員介入處理。這一類的「聰明資本控制」將使我國的房地產市場重新恢復平衡、減緩房屋興衰的速度、減少空屋量、遏止不平等的現象並把可能的犯罪因子排除在市場之外。另外，我們可以找到聰明的方法來阻礙惡劣的私人股票公司把錢注入到英國。如果對內的投資會成為外資在掠奪我國的生產性經濟基礎時使用的撬棍，那麼我們最好還是先擺脫這些錢為佳。聰明資本控制將會移除稅收減免與落奪的誘因，同時使英國開放真正能創造就業機會的投資進駐。

聰明資本控制的政策可能也可以阻礙倫敦繼續充當人民幣交易的海外中心，這麼做不只是因為身為海外中心有可能會促進中國共產黨影響英國的政策制訂，也是因為這種交易傾向於增加英國經濟體中金融企業的規模與影響力，而從金融詛咒的角度來看這會對英國帶來不利的影響。聰明資本控制有助於大幅增加大型銀行的資本安全緩衝，雖會降低城市利潤，但也會使銀行部門更穩定、更難以用納稅人的錢來賭博，進一步使英國整體受益。聰明資本控制將給予執法機關權力與資源對金融城中的犯罪活動做出適當的管制，這是數十年來的頭一遭。若我們下定決心強制英國管轄下的避稅天堂進行徹底的資訊透明化，並迫使他們不再替全球銀行與跨國企業創造法規與稅務漏洞，那麼英國人民也同樣會受益。

從本質上來說，我們需要進行一場更廣泛的大清洗，清除不好的事物，保留好的事物。金融詛咒讓我們看到了英國經濟有機會能變得更加強壯，以許多其他的方式獲益。

這些並不是**容易**執行的事——我們將會經歷短期的混亂與政治震盪——歐洲的資本自由流動原則有可能會阻礙這些進程。但這樣的改變並非遙不可及。直至目前為止的狀況已證明了「競爭力訴求」其實是阻擋知識的巨大障礙物，它防止眾人看見改變的可能並保護倫敦金融城。社會大眾誤信我們必須在民主與經濟繁榮之間做取捨，認為民主對金融城造成越大的危害，經濟繁榮程度就會下降。但金融詛咒揭露了競爭力訴求其實只是一場有利於億萬富翁的騙局：它是紙牌搭建的房屋，很快就要崩塌。多數有真材實料的經濟學家早已知道這種形式的競爭故事很愚蠢。我國有數百萬名掙扎著生存的人也知道這對他們來說一點用也沒有。但依據專家言論與主流媒體看來，我國絕大部分具有影響力的人都還沒有弄清楚這點。但我們能輕而易舉地移除這個障礙物，對金融詛咒的分析給了我們能夠必需工具。其實沒有所謂的取捨。民主越強盛，就代表經濟會成長得越加繁榮。也代表金融城將會變得比較小也比較好。一旦清除了障礙物，我們將開闢更新、更廣闊的政治可能性。如果說倫敦金融城如序章中的研究所提到的，使英國經濟承受了四兆五千萬英鎊的損失，那麼逆轉金融詛咒將會帶來革命性的收穫。無論對英國的哪一個政黨而言，這都是一個絕佳的機會。這種厚顏無恥的方式會使在企業中的許多人感到沮喪——但如果我們以正確的檢視整體的成效，這個方法將會受到廣大選民的歡迎。有些人時常對於改變的前景感到無望，這些人時常忘記民主其實是強大的武器，忘記民主依然鮮活地存在於我們之間。

如果脫歐繼續進行下去（目前看來將會是如此），英國有兩個方向可以選擇。英國可以試著變成泰晤士河畔的新加坡，成為一座具有「競爭力」的小島，以前所未有的速度參與競賽，用更低的姿態自降身分，追求世界各地的寡頭企業、犯罪與逃稅跨國企業帶來的財富。或者，英國可以走向另一條路，改而追求英國人民的利益。我們如今站在交叉路口：這是奠定英國未來方向的重要時刻。現在我國需要的是革命性的改變。無論我們是否樂意，我們都已經身處於革命的時代之中了。川普和脫歐或許是更大的改變即將出現的前兆。新的威脅正迅速浮出水面，包括不斷成長的金融穩定危機、氣候變遷、俄羅斯、中國、壟斷科技的巨頭、人工智慧、我國逐漸惡化的不平等餵養出逐漸惡化的社會歧見，再再都顯示出了西方國家逐漸衰落的程度。

如果你希望推動國家往對的方向改變，那麼你能做的事有很多：政治行動、捐錢給影響力強大的改革組織或者參加抗議遊行（你會發現「打破金融詛咒」很適合寫在紙板上）。現在我們無需再膽怯了。在臉書上像戰士一樣發送訊息給那些已經同意你的觀點的群體，是遠遠不夠的。只要你能說服一個人意識到我國太過龐大的金融中心會帶來什麼危險，由衷改變他們的思想，你就已做出了強而有力的貢獻。

過去區分左派與右派的政治分歧已死。現今英國中最巨大的政治分歧區分出了兩種人，一種人支持金融化和金融詛咒，另一種人想要讓金融回歸到適切的狀態，服務社會。你站在哪一邊呢？